国民国家と憲法

石川晃司 著

三和書籍

はしがき

　本書は、大学の教養課程で、筆者が担当する憲法（や政治学）を教える際、受講生の手がかりにしてもらうために書いたものである。憲法（や政治学）の入門、概説の類の教科書はたくさん出ており、よいものもたくさんあるが、自分で使うとなると帯に短し襷に長しで、どうにも納得がいかない。そこで、完成された教科書とまではいわないにしても、自分の授業のための「講義要綱」を編むことにした。

　私の考えるところでは、大学での教育には、専門的知識の教授のほかに、批判的精神の涵養という目的もある。前者についてはわかりやすいが、後者については抽象的なことでもあるので、また本書を編むことになった機縁でもあるので、ひと言述べておきたい。

　大学での教育は、高校までの教育とは異なる。高校までの教科書で教えられる知識は、極端なことをいえば、絶対的に「正しい」ものとされている。国（文部科学省）の検定を経た教科書を使い、教員免許という国から与えられた資格を有する教員が、国が定めた学習指導要領に基づいて、小学生、中学生、高校生に教える。いってみれば、高校までの教育は、国がそうあってほしいという国民像に合うように、人々を形成する（mold）ためのものである。ひとつの国が、その統合性を確保するために、そういう国民を育成する教育が必要であるという考え方はわかりやすい。だが、それだけでは困るのもまた事実だ。教えられたことに何の疑問も持たず、既成の知識の正しさを前提し、既知の方法や手順を踏襲することによって、絶えず変動していく社会状況に対処しようとしても難しい。問題にされているのは＜未知＞の状況であり、＜既知＞が通用しないかもしれないのだ。＜未知＞を切り開くことができなければ、社会や国の進歩や発展は望めない。大学の教育に要求されているのは、高校までの基礎的な知識の上に、さらに専門的な知識を積み重ねるというだけでなく、知識を絶えず相対化し組み立て

直しながら新しい局面を開拓していくような批判的精神を涵養することである。そして、私の考えでは、教養教育はこの批判的精神の涵養に大きく寄与すべきものであり、それを意識して展開されるべきものである。本書では、単なる知識の受け渡しではなく、憲法とはそもそも何なのか、それはほんとうに必要なのか、現実との接触面は具体的にどうなっているのか、といった問いを受講生に投げかけることを念頭においた。そうすることで、批判的精神の涵養を狙ったつもりである。

　第I部は、近代の国民国家の形成との関係で、憲法や平和の問題を捉えた論説である。国民国家と憲法は切り離すことはできないが、国民国家自体が永久不変なものではなく、また現在さまざまなところから揺さぶられている以上、憲法もとうぜん変化をこうむらざるをえない。こうした現状では、「そもそも」という根本的な問いがますます重要になってきていると考える。

　第II部は、日本国憲法を取り上げている。もちろん、日本国憲法の授業として必要な知識を盛り込んだが、条文の解釈に必要以上にこだわることをしていない。法律の専門家を養成するわけではないからだ。受講生の関心は、憲法が私たちの考え方や生活の中にどのように息づいているのか（あるいは息づいていないのか）、現実の政治や社会の運営にどのように反映されているのか（あるいは反映されていないのか）にある。このような視点からは単に憲法の条文の解釈ではなく、それがどのように具体化されているか（あるいは具体化されていないか）を見ることが必要であろう。また、具体的な問題提起をおこなった箇所も多いため、大げさとはおもいながら、日本国憲法論と「論」をつけることになった。

　以上、偉そうなことをいったが、充分に展開できなかったところも多い。これは他日を期したい。

　これまで三和書籍からは数冊の共著を出させていただいている。これまでと同様に、今回もまた三和書籍の高橋考社長にひとかたならずお世話になった。高橋社長とはずいぶん長い付き合いで、いまさらの感があるが、記してお礼申し上げるしだいです。

石川晃司

目　次

第Ⅰ部　国民国家・憲法・戦争

01　人間・共同体・歴史 ……………………………………………… 2

02　近代という時代 …………………………………………………… 3

（1）**近代というプロジェクトの開始**　4

（2）**絶対王政から市民社会へ**　6

03　国民国家（ネイション・ステイト）の成立と原理 ………… 9

（1）**近代の哲学的国家の構成原理**　9

　　1）人権の定立　10

　　2）民主主義（国民主権）　10

　　3）自由主義　12

　　4）法の下の平等　14

　　5）権力分立　14

　　6）立憲主義　15

（2）**ネイションの形成**　17

　　1）E. ゲルナーの議論　18

　　2）B. アンダーソンの議論　20

（3）**幻想の共同性と憲法体制──普遍性と個別性の矛盾**　22

v

1）ヘーゲルの憲法論　22

2）マルクスの幻想共同体論　25

04　国民国家の変容 30

（1）市民社会から大衆社会へ　30

1）産業革命の進展　31

2）参政権の拡大と福祉の充実　32

3）国家の変容──立法国家から行政国家へ　33

4）19世紀型憲法から20世紀型憲法へ　34

（2）大衆社会の問題点と民主主義　34

1）大衆社会の問題点　34

2）大衆社会の危険性　36

05　国民国家と戦争 37

（1）戦争機械としての国民国家──排除の論理と戦争の不可避性　37

1）暴力装置（軍隊、警察など）の独占　37

2）ナショナリズムと世界大戦　39

（2）「正義の戦争」は存在するか　40

06　国民国家のゆらぎ 42

（1）「冷たい戦争」の評価　42

（2）エトニーの反乱　43

（3）グローバリゼーションとボーダーレス化　48

07　現代の戦争と平和の模索 50

（1）現代において、戦争は如何にして可能か（不可能か）？　50

1）主要国家間の戦争の不可能　50

2）戦争の変質　51

3）「宗教」の解体　52

（2）平和の模索1──EU（ヨーロッパ連合）の試み　53

（3）平和の模索2──日本国憲法第9条の開明性　54

第Ⅱ部　日本国憲法論

第1章　日本の近代化と大日本帝国憲法 62

（1）大日本帝国憲法制定の背景　62
1）封建制解体から近代集権国家への急激な転換　62
2）絶対的な権力中枢確立の必要性　62
3）自由民権運動による憲法制定への圧力　63
4）対外的体裁　64

（2）憲法制定の経過　64

（3）大日本帝国憲法の構造と特色　65
1）絶対主義的要素（国体論）　65
　①万世一系　65
　②総攬者としての天皇　65
　③天皇大権　66
2）立憲主義的要素　66
　①議会制度　67
　②大臣助言制　67
　③司法権の独立　67
　④人権保障　68
3）憲法外機関の存在　68
　①軍部　68
　②元老・内大臣　68
　③枢密院　68

（4）大日本帝国憲法の二元性とその展開　70

第2章　日本国憲法の成立と基本原理 72

（1）日本国憲法の制定　72
1）制定の経過　72
2）制定経過における「実質」と「形式」の矛盾　75
3）「押しつけ憲法論」は妥当か　76

（2）日本国憲法の構成と特質　77
1）日本国憲法の構成と内容（大日本帝国憲法との比較で）　77

2）日本国憲法の三原則　77

第3章　国民主権と象徴天皇制 ……………………………82

（1）国民主権　82

1）国民　82

①国籍　83

②皇族　83

2）主権者としての国民　83

①主権概念の形成（君主主権から国民主権へ）　83

②主権の意味　84

③国民が主権をもつとはどういうことか　84

④国民主権理念の具体化　85

（2）選挙　85

1）選挙の意義　85

2）近代選挙法の原則　85

3）現代日本の選挙区・代表制　86

（3）象徴天皇制の意義　90

第4章　平和主義と憲法9条の意義 ……………………92

（1）憲法9条の独自性と先進性　92

（2）憲法9条の「なし崩し」　96

1）アメリカの対日政策の変更　96

2）自衛隊の創設と日米安全保障条約の締結　97

3）経済成長のアリバイ　99

4）自衛隊合憲発言（1994年　社会党村山内閣）　99

5）自衛隊イラク派遣（2003年　自民党小泉内閣）　102

6）集団的自衛権行使容認の閣議決定と法整備

（2014～15年　自民党安倍内閣）　103

第5章　基本的人権 ……………………………………104

（1）基本的人権の保障　104

1）人権の分類　104

2）基本的人権の一般原則　106

①基本的人権の享有　107

viii

②個人の尊重　107
③人権に伴う責任　107
3）人権を享有する主体　108
①外国人　108
②天皇と皇族　108
③法人など　109
④特殊の法律関係　109
4）法の下の平等　109
①平等とは何か　110
②差別的取り扱いの禁止　110
5）国民の義務　112
①教育を受けさせる義務　112
②勤労の義務　113
③納税の義務　113

（2）精神的自由権　114
1）内面性精神的自由権―思想と良心の自由　114
2）外面性精神的自由権　115
①信教の自由　115
②表現の自由　117
（A）集会・結社の自由　118
（B）言論・出版の自由　119
（C）通信の秘密　120
3）学問の自由　121

（3）経済的自由権　121
1）居住・移転・職業選択の自由　122
2）財産権の保障　123

（4）人身についての自由権　124
1）奴隷的拘束・苦役の禁止　125
2）適正手続の保障　125
3）罪刑法定主義と推定無罪　127
4）被疑者の権利　128
①逮捕令状主義　128
②不法に抑留・拘禁されない権利　128

③捜索・押収令状主義 129

5）刑事被告人の権利 129

①公平・迅速・公開の裁判を受ける権利 129

②証人審問権・証人喚問権 130

③弁護人依頼権 130

④自己負罪の禁止 130

⑤自白の証拠能力の制限 131

⑥自白の補強証拠 131

⑦一事不再理・二重処罰の禁止 132

（5）社会権 132

1）生存権 132

2）教育を受ける権利 135

3）勤労の権利と労働基本権 137

①勤労の権利 137

②労働基本権 138

（6）国務請求権 139

1）裁判を受ける権利 139

2）請願権 139

3）国家賠償請求権 140

4）刑事補償請求権 140

（7）新しい人権 140

1）プライバシーの権利 141

2）知る権利 142

3）環境権 143

第6章　統治機構 ……………………………………………………144

（1）国　会 144

1）国会の地位と性格 144

①国民の代表機関 144

②国権の最高機関 145

③唯一の立法機関 146

2）国会の組織と二院制 148

①国会の組織 148

②二院制の意義　148

③組織上の差異　149

④機能上の差異——衆議院の優越（跛行的両院制）　149

（A）一般的優越　149

（B）両議院の意思が一致しない場合の優越　150

3）国会の議事・議決　151

①立法過程　151

②定足数　153

③会議の公開　153

④両院協議会　153

⑤一事不再議の原則　153

⑥国務大臣の国会への出席　154

4）国会議員の地位　154

①国会議員の資格の得喪　154

②議員の権能　154

③議員の特典　155

5）国会の会期　156

①会期の種類　156

②会期の開始と終了　157

③衆議院の解散　157

④参議院の緊急集会　158

6）国会と財政　158

①租税法律主義　158

②国費の支出と国の債務負担行為の議決権　158

③決算の審査　159

7）議院の権能　159

①議院自律権　159

（A）組織自律権　159

（B）運営自律権　159

（C）委員会制度　160

②国政調査権　161

(2) 内　閣　162

1）行政権　162

①行政権の最高機関としての内閣　162

②行政権と行政委員会　163

2）議院内閣制　165

①議院内閣制の原則　165

（A）内閣の責任　165

（B）衆議院の内閣不信任　165

（C）内閣総理大臣の指名　166

（D）内閣の総辞職　166

（E）国務大臣の資格　166

（F）国務大臣の議院への出席　167

（G）国務報告権　167

②議院内閣制と立法過程　167

（A）議員提出法案と内閣提出法案　167

（B）行政国家化と官僚　169

3）内閣の組織と権能　172

①内閣総理大臣の権限　172

（A）国務大臣の任免　172

（B）国務大臣の訴追の同意　173

（C）内閣の代表　173

（D）法律および政令の署名　173

②国務大臣の権限　174

③内閣の権能　174

（A）法律の執行と国務の総理　174

（B）外交関係の処理　174

（C）条約の締結　175

（D）官吏の事務の掌理　175

（E）予算の作成と国会への提出　176

（F）政令の制定　176

（G）恩赦の決定　177

（3）司　法　177

1）司法権の意義　177

2）戦後日本の裁判制度の特徴　178

①司法権の独立・強化　178

②裁判権の司法裁判所への統一　178

③最高裁判所裁判官の国民審査　179

3）**違憲審査権**　179

①違憲審査権とは何か　179

②違憲審査権の主体　180

③違憲審査権の対象　181

④違憲審査権と条約　181

⑤司法消極主義と統治行為論　182

4）**最高裁判所と下級裁判所**　184

①最高裁判所　184

②高等裁判所　184

③地方裁判所　185

④家庭裁判所　185

⑤簡易裁判所　185

5）**裁判の原則**　185

①司法権の独立と裁判官の身分保障　185

②公開主義　188

③審級制（三審制）　189

④裁判官の中立と当事者の対等　189

⑤自由心証主義　190

6）**検察審査会と裁判員制度**　190

①検察審査会　190

②裁判員制度　191

(4) 地方自治　196

1）**地方自治の本旨**　196

①住民自治　196

②団体自治　197

2）**地方公共団体とは何か**　198

3）**地方公共団体の機関**　198

①議会と地方公共団体の長　198

②住民　199

　(A) 住民の憲法上の権利　200

　(B) 住民の地方自治法上の権利　200

4）**地方公共団体の権能**　201

①自治行政権　201

xiii

②自主立法権　203
　5）地方公共団体の先進的政策　204

付録　日本国憲法 ……………………………………………………………206

凡例

・本文中の引用文については「著者名＝年号」で出典を示した。
年号は出版年であり第Ⅰ部、第Ⅱ部の末尾に文献を示してある。

・憲法条文の項については①、②のように示した。巻末に日本国憲法全文を掲載
したが、こちらでは項については単に1、2と数字をふってあるだけになっている。

第Ⅰ部

国民国家・憲法・戦争

01　人間・共同体・歴史

　個体としての人間は、身体・精神（心）ともに、一定の共同社会における共同生活によって育くまれてはじめて人間とよばれる存在になる。共同生活を営む人々の集合体をいちおう共同社会とよんでおこう。個体としての人間は、共同社会と切り離しがたく結びついており、その結びつきは精神的（心的）な領域にまで及ぶ。自立的な個人から出発するという近代的な個人主義に慣れ過ぎてしまった現代人には、なかなか実感しにくいが、事実として私たちは共同体によって徹底的な嵌入を受けている。私たちは自立的な自我から出発するが、厳密にいえば、そのような自我自体が、共同社会によって、そのようなものとして育まれた一つの産物に他ならない。

　これまでの歴史を顧みると、人間はさまざまな共同社会の在り方を経験してきた。この共同社会の歴史的分類（段階）についてはさまざまあろうが（例えば、マルクス（K.Marx）は、大雑把に（原始的氏族的生産様式）、アジア的生産様式、古典古代的奴隷制、ゲルマン的封建制、資本制生産様式の、4ないし5つの生産様式（の歴史的段階）に対応して、それぞれの共同社会（マルクスの用語を使えば社会構成体 Gesellschaftsformation）がつくり上げられるとしている）、資本主義的な共同社会としての国民国家（nation state）が歴史的な最先端であることは共通の了解となっている。

　いかにも、現在という平面で、世界を振り返ってみれば、さまざまな形態をとった国家が存在する。世界のさまざまな地域には経済発展の段階の相違もあれば、文化的・宗教的な相違もあるし、宗教と社会の関係もさまざまに違うから致し方のないところである。各々の共同社会がさまざまな歴史的条件のもとで成立することによって固有性を獲得する。歴史的な段階によって、その在り方は違ってこざるを得ない。ただ、その中で、近代に入って西欧に成立した国民国家は歴史的な国家としては最先端を走っており、そのモデルは19世紀、20世紀の世界を席捲してきたといってよい。

おもうに、人間とよばれる存在になってこのかた、人間はずっと熾烈な争いを繰り返してきたのではないか。もちろん、一般に動物は本能行動によって生存競争を生き抜いていこうとするわけで、争いを避けることはできない。人間もまた動物である以上、本能行動として自己保存を目指すが、そこにとどまるわけではない。言語や自己意識による抽象的思考が可能になったこと、自由意志をもつこと、嫉妬や羨望といった感情をもつこと、貨幣が発明され財（欲望）の蓄積が可能になったこと、などによって、その生存の在り方はずっと複雑で、争いもまた熾烈なものとなる。人間の歴史を振り返ると戦争を繰り返した歴史であり、だからこそ平和を希求する歴史であった。本稿では、近代という時代に焦点を当て、憲法を含めた近代国家の構成原理や、それとの関連で戦争と平和の問題を考えてみたい。

02　近代という時代

現在、私たちが使っている政治や法・経済の制度や考え方や仕組みは、近代ヨーロッパにおいて生み出された。これらは、いわゆる近代国家、近代社会の形成原理であり、現代国家・現代社会の原型をなしている。抽象度をたかくとれば、西欧の一地域に生み出されたこうした制度や思想が、世界に伝播し一つの普遍的な歴史段階を形成しているというのが現在の世界情勢である。

もちろん、国家も社会も、時代や地域によってそのあり方を大きく変えていく。この近代国家、近代社会に対しても、異議申し立てが現在さまざまなところからなされており、それはこれから本稿が問題にしていくところでもある。だが、これからの世界がどのように変化していこうとも、それは近代国家・近代社会の乗り越えという形でおこなわれるほかない。そしてそのためには近代国家・近代社会がいかなるものであったのかについての理解がなければならない。

私たちが生きている現代の政治社会は大衆社会とよばれるが、これは市民社会が変質したものと捉えられる。したがって、大衆社会を理解するためには市民社会について知っておく必要がある。逆に、大衆社会から市民社会を照射し返すことも市民社会の本質をあきらかにすることにつながる。また、私たちが暮らしている国家は国民国家とよばれるもので、近代に入って成立した国家のあり方で

あり、市民社会や大衆社会と国民国家の成立・展開は密接な関係にある。もちろん、近代的な民主主義もこの時代の産物であるし、憲法もまた国民国家を地固めするためのものという性格をもっている。そして、重要なことは（本稿で問題にしたいことは）、近代という人類史の段階は決して永久不易なものではなく、一つの段階にすぎないということだ。

（1）近代というプロジェクトの開始

　近代という時代がいつから始まったのか。一つの時代が始まるというとき、もちろん象徴的な年代を画することができよう。しかし、現実にはさまざまな要素が相互に結びつけられ作用しあって、これまでとは全く違う統一的な核へと凝集し始めたときにはじめて新しい時代の幕開けが告げられる。その意味では、一種の全体化過程であり、個々の要素の単なる集合ではない。つまり、政治、法、経済にくわえて、文化や思想などの諸領域が、一つの統一的な核のまわりに凝集して、近代という時代が成立しており、部分領域は全体との関連をもってはじめて意味をもつことになる。この章では、この近代という全体化過程について一瞥しておく。

　中世のヨーロッパ社会について大雑把なイメージを語っていくと、ヨーロッパ全体の共通性を保障する枠組みとしてキリスト教（ローマ・カトリック教会）とラテン語があり、一方、民衆の生活基盤としては、各地の領主諸侯を中心とした、農業を中心とした自給自足的な（閉鎖的な）封建共同体が存在していた。人民は移動の自由を制限され、地域ごとに特殊性・封鎖性をもっており、また封建共同体内部においては、強固な身分制秩序が維持されていた。いわば、水平方向にも、垂直方向にも、人民は分断されており、いわゆる後のネイション nation といった一体化した文化的共同体は未成立であり、いわゆるエトニー（ethnie。小民族集団。部族的段階の後を受けて、いくつかの部族を統合した形で成立したもの）の段階にとどまっていた。では、どのようにして、ここから近代社会に移行することになったのか。

　政治的には、ローマ・カトリック教会の支配を脱し近代国家への道が開かれた。ローマ・カトリック教会は、ルターやカルヴァンなどの宗教改革運動によって、キリスト教内部から揺さぶられることになった。汎ヨーロッパ的カトリック教会が分裂し、国王の支持を背景に国家教会が成立するところも出現し、そのことによってさらに

02　近代という時代

国王の権力が強まった。こうして近代国家は当初は、ローマ・カトリック教会への対抗軸を形成した世俗の国王の絶対権の確立という形であらわれた。絶対王政の時代に、例えば主権といった、のちに引き継がれる政治上の重要概念もあらわれたが、この時代がそのまま近代の政治原理を形成するわけではない。市民階級が絶対王政を革命などによって打倒し政治主体となったときに、つまり市民社会が誕生してはじめて近代の国民国家の形成原理があらわれることになる。

　社会的には、農業を産業の中心としていた自給自足的な封建共同体が、生産力を向上させ余剰生産物を産みだすようになると、資本主義的な商品経済が発達する。社会的な交通も発達し、共同体間の交渉も盛んになる。当然のことながら、これは自給自足的な共同体を破壊することになる。あるいは、共同体はここに至って、本質的な意味において、他の共同体を併合する欲求をもつことになる。近代国家が成立し国王が絶対権を握るのは、この意味でも必然的なのである（さらに時代が下れば、工業中心の社会へと徐々に移行していく。工業の発達は、後にいわゆる産業革命を誘発することになる。産業革命は、それまでの社会を激変させることになる）。

　カトリックとラテン語の支配したあまりにも広すぎる地域と、封建領主諸侯の支配したあまりにも狭すぎる地域との中間に、国王を中心とした中央集権的国家が成立した。ここでは人民はまだ「臣民」の位置にあるにすぎないが、後のネイションに結実する一つの共同体意識を形成するうえで決定的な意義をもった。

　経済的には、いま述べたところだが、資本主義という考え方があらわれ、産業の発展によって資本主義経済が飛躍的に発展を遂げていく。資本主義のエートスがプロテスタンティズムの倫理と密接な関係にあったことは、M.ウェーバー（M.Weber）が『プロテスタンティズムの倫理と資本主義の精神』（1904-5）で指摘したとおりで、プロテスタンティズムが強い国においては、経済が発展する傾向が強かった（後の市民革命の主役となった市民階級の主流はプロテスタントである）。しかし、いうまでもないことだが、資本主義はその後、宗教や文化に関係なく世界中に広がることになった。ということは、資本主義を宗教や文化ではないところに、その普遍性の根拠があるということに他ならない。そして、正しく資本主義の拡大する性質によって市場を世界化（グローバル化）し——ということは経済を世界化（グローバル化）していく。このことによって世界の勢力配置に大変化が生じることになった。それまで世界の勢力図の周辺に位置づけられるにすぎなかっ

5

第Ⅰ部 国民国家・憲法・戦争

た西欧諸国が中心となって世界の植民地化が推し進められることになった。

　思想的には、ルネサンスや宗教改革を経て、近代の個人主義への道筋がつけられる。また17世紀には、科学・哲学において実験と観察による客観的な方法が提唱されることになる。とりわけ、デカルトに始まる合理主義の哲学（rationalism）はその後の思想に決定的な重要性をもった。デカルト自身は、政治・社会・歴史といった領域を、科学や哲学の対象から除外したが、その影響は政治・社会理論にまで及んだ。ホッブズやロック、ルソーらの社会契約思想は、いわば自立した個人を出発点に据え、それら個人の関係から社会を規定し、第三権力としての国家の成立を導く、一種の規範理論であるが、そこには合理的（理性的）な判断をおこなう個人が前提されており、デカルト哲学の洗礼を受けたものである。

(2) 絶対王政から市民社会へ

　中世末期の政治的状況を語るとき、しばしば中心が二つある楕円的世界という表現が使われる。ローマ・カトリック教皇と世俗の国王が相争っていたことをたとえてみせたものである。この争いは最終的に国王の勝利をもって終了する。国王の勝利によっていわば近代という時代の幕開けが宣言されることになる。

　だが、私たちが現在使っている政治の制度や思想が生み出されたのは、絶対王政が市民階級によって打倒され、市民階級が政治の主体になってから――いわゆる市民社会が誕生してからである。

　絶対君主は確かに国内的には封建諸侯を打倒し絶対的な権力を形成したであろうが、国際的には他国からの侵略や他国への侵略に常に備えなければならないという不安定な立場におかれている。したがって国王は絶えず国家統一の強化、国力の増強に努めざるをえない。国家という枠組みの中で、言語や文化の統一が徐々におこなわれ、国家としての一体化が促進される。また、国力の増強は産業振興といった形であらわれることになる。逆説的に見えるかもしれないが、国王の絶対権が強いところはど産業が興隆したのである。当然のことながら、こうした産業振興によって一定の財産を形成する人々が出現する。当初は、国王とこれらの人々との間には力の圧倒的な差があったが、これらの人々は徐々に力をつけ、ついには国王に対抗するに至る。ここに至って、絶対王政や封建制に依拠

6

する特権階級に対して異議を唱えた、これらの商業資本家・産業資本家・知識人などが、市民階級とよばれる一つの階級を形成することになる。彼らは、一定の財産を所有しており、その所有する財産に基づいて一定の教養を身につけ自律的な判断が可能になった階層であると想定される。

　封建体制や絶対王政の崩壊過程、さらにそれに引き続く国民国家の形成過程は、国によってさまざまなあらわれ方をするが、典型的なのは市民革命を経由するものである。市民革命というと、イギリス革命、アメリカ独立戦争（革命）、フランス革命がすぐに頭に浮かぶが、これらは厳密にいうと性格がことなる。イギリス革命の場合は、国王対議会（市民階級）という対抗の構図だが、革命というよりも復古という色彩が強い。また、アメリカ独立戦争（革命）の主眼は本国（イギリス）からの独立であって、純然たる市民革命ではない。これらに対し、フランス革命は、市民階級が中心となって絶対王政（旧体制）を打破し次の時代を開いたという意味で、市民革命の総決算であった。また、その影響が単にフランスにとどまらず、ヨーロッパ中に広がったという意味でも、最重要な市民革命となっている。そこで、ここではフランス革命を市民革命の典型として取り上げて考えてみる。

　この絶対君主と市民階級の争いにおいて市民階級が勝利し、ここに至って、市民階級が政治主体となる市民社会が出現する。この市民社会において、現在私たちが使っている政治の制度や思想が生み出されてくる。だが注意すべきは、ここでいう市民とは、先ほど述べたように、絶対王制下における産業振興政策によって一定の財産を形成した階級を意味しており、全人民ではない。逆にいえば、市民が政治の主役に躍り出たとはいっても、市民以外の下層民、貧民は相変わらず政治から除外されていることを意味する。異質なものを排除することによって市民社会は成立しているのである。別の表現をすれば、市民社会は全人民の利害を反映したものではなく、市民階級の利害を反映したものである。

　フランス革命を考えるとき重要なことは、革命が市民階級だけではなく全人民的な規模で戦われたことである。市民階級のほかに、パリの下層民や下層農民までもがこの革命に参加した。しかし、市民階級と下層民とでは、革命に参加する背景が異なる。市民階級の利害を考えれば「財産を奪うな（所有権の自由を！）」ということになるであろうが、下層民たちにすれば奪われるような財産はないわけで、「パンを与えよ！」という人間としての生存に関わる基本的な要求から参加していた。だからこそ、革命が過激化し、フランス全土を巻き込む内乱状態を呈すること

第Ⅰ部 国民国家・憲法・戦争

にもなった。また、その展開過程のなかで、革命において唱えられた自由や平等が形式的なものであり、実際には階級差別を撤廃するものではないことがあきらかになっていった。

　結果的に革命軍の勝利に終わり、市民階級は解放され政治的主体の地位についたが、下層民にはなんらの恩恵もなかった。フランス革命は封建的な体制を資本主義的産業体制に組替えようとする政治革命とみることもできるが、これによって解放されたのは市民階級であり、革命に一緒に参加した都市下層民、低賃労働者、下層農民は解放されずに残ったのである。既にロックやルソーなどの思想によって民主主義という理念が知られていたが、後で見るように、市民社会における民主主義は、事実上、市民階級に限定されたものであって、全人民を対象としたものではなかった。

　イギリス革命やアメリカ独立戦争（革命）の後もそうだが、こうした革命の後には、勝利の宣言文が起草される。フランス革命後も「人権宣言（人間と市民の権利宣言 Declaration des droits de l'homme et du citoyen）」が出された。いかにも人間としての権利が謳われている。人間である以上、誰でも与えることのできる権利が謳われている。しかし、実際にその権利に与えることができたのは、市民階級だけであった。例えば「人権宣言」の第1条では「人は生まれながらにして自由にしてかつ平等な権利を有する」とあり、人間一般の視点に立っているといえるが、そのあとの部分では平等の方は後景に退き、さまざまな自由権が前面に押し出されてくる。自由権の内容はさまざまであり、表現の自由、思想・信教の自由などの精神的自由権は、誰にとってもプラスの価値であろうが、経済活動の自由、所有権の自由といった経済的自由権をみれば、あきらかに経済的強者の利益に加担する。つまり、経済的自由の強調は市民階級の利害を反映しているということになる。その歪みは、19世紀の産業化の進展とともにあきらかになってくる。

03 国民国家の成立と原理

ネイション・ステイト

(1) 近代の哲学的国家の構成原理

フーコー（M.Foucault）によれば、フランス革命以後の国家は、一定の哲学に基づいて形成された哲学国家であることに特徴がある。すなわち、

> 「フランス革命以前の国家というのは、きまって宗教というものの上に基礎を置いていた。ところがフランス革命以後の国家は、いわば哲学というものの上に基礎を置くという、驚くべき、それまでには存在していなかった——少なくとも西欧においてはかつて存在していなかった——まったく新しい形態をもち始めたということです。もちろん18世紀以前には無神論的な国家など存在したためしはなく、国家というものは、きまって宗教の上に基礎を置いていたわけです。したがって哲学国家など存在しようもなかったわけです。そして、ほぼフランス革命以後、さまざまな政治的システムが明瞭なかたちであれ暗々裡にであれ、哲学を求めはじめてしまいました。これが真に重要な現象だと思います」（M.フーコー ＝1978）

確かに、近代の国家理論においては社会契約説などをみればわかるように、理念をつくりあげその理念の通りにできているかどうかが真理や価値の基準のように考えられた。こうした考え方の背後には、個人主義やデカルトに代表される近代合理主義があり、「理性的存在としての人間」という観念が控えている。近代は「人間」が力をつけてきた時代とされるが、この場合の「人間」とは「理性的存在としての人間」である。理性的存在としての人間が、政治や社会を自分たちの望むとおりに作り上げることができるという自負と野望が背景にある。政治や社会について、社会契約説に代表されるような「かくあるべし」という当為を前面に押し出す規範理論が出てくる。基本的人権、民主主義（国民主権）、自由主義、立憲主義、法の下の平等、権力分立などの近代国家を支える原理は、理性の哲学や規範理論によって当為としてもたらされたという側面が大きい。もちろん、フーコー

第 I 部 国民国家・憲法・戦争

は、哲学と権力は共犯関係にあり、哲学の目指す真理もまた権力に汚染されていることを告発しようとしているのだが、それについてはさて措き、これらの原理について一瞥しておこう。

1) 人権の定立

人権（human rights）とは、人間が生まれながらにしてもつ当然の権利であり、いかなる権力をもってしても奪うことのできない権利をさしている。これは、個人の尊厳の思想、自然法や自然権に基づく社会契約説などによって根拠づけられた。とりわけ、J.ロック（John Locke）が『統治論（市民政府論）』（1690）で主張した政治思想は大きな影響を与えた。ロックによれば、人間は、自然権として自由をもっており、その自由への権利を確実なものとして保障するために、人々の合意すなわち契約によって国家や政府をつくったとする。ここでは、自由権という人権が国家に先立って存在し、国家や憲法は人権を守るためにこそ存在すると考えられている。ロックが抵抗権や革命権を主張したことに、それはよくあらわれている。このロックの人権思想は、アメリカ諸州の人権宣言や1789年のフランス人権宣言を基礎づけることになった。

しかし、19世紀に入ると自然権的な思想に基礎を置く人権論よりも、人権は国家や憲法によって保障される「国民」の権利と考えられるようになった。これは、歴史主義やナショナリズム（nationalism）のもと、国民国家が抬頭してきたことや自然法よりも実定法を重視する法実証主義（legal positivism）が広まったこととパラレルである。この傾向は20世紀前半まで続くことになる。

2) 民主主義（国民主権）

社会契約説にみられるように、権力の成立根拠は市民あるいは人民の合意にあるとする考え方が大きな支持をうけた。これは支配者と被支配者の同一性を主張するものであり、デモクラシーの原理に他ならない。このデモクラシーから国民主権といった派生原理が出てくる。主権という概念自体は、もともとは、絶対王政を擁護したJ.ボダン（J.Bodin）によって、君主権の絶対性を主張するために、唯一不可分の最高権力を指す概念として編み出された。絶対王政が倒されたのち

10

も、最高権力をあらわすものとして主権の概念をそのまま流用し、主権を国民に定位することになった（国民主権）。立憲主義のもとにおいては憲法がすべての法、政治権力を制御することになるが、国民主権の具体的あらわれとして、国民が憲法を制定する権力（pouvoir constituant）をもつことがあげられる。（15頁の立憲主義も参照）

　直接民主制を採用することは事実上、不可能であるから、国民主権を現実の政治に反映させるための仕組みとして代議制を採用することになる。これは、国民から選出された代表者が議会を構成し、主権者である国民の信託を受けて統治権が行使される制度である。

　しかし、注意しなければならないのは、民主主義とはいっても、この時代の実情は、形式的なものにとどまっていることである。ここでいわれている「民」は全人民の意味ではなく、市民の意味であって、完全なる民主主義ではない。政治的不平等は制限選挙制にあらわれる。すなわち納税額（や性別）によって選挙権の有無がきめられた。納税の義務を果たしていない者は政治に対して参加する資格を認められないとされ、多くの人々は依然として政治的には無権利の状態におかれていたのである。20世紀に普通選挙制度の実現とともにもたらされた大衆民主主義との対比でいえば「市民」民主主義とでもいうべきものである。市民社会においては、この憲法を制定する権力は、市民階級に握られていた。国民とはいっても、実質は市民階級がそこでは意味されていたのであって、厳密にいえば、国民主権というよりも「市民主権」であった。

　市民階級が覇権を握ると、無産者層、下層民の弾圧にかかった。いかにも革命では自由や博愛と並んで平等が主張された。しかし、政治的な平等が保障されれば次には経済的な平等が要求されるのは自然の成り行きである。経済的平等をすべての人々に保障することは、「自由」の死活問題になる。一般に、経済の領域においては、自由と平等は背反し自由の領域を大きくすれば平等の領域は小さくなる。自由を第一に重要なものとして標榜する市民階級からするならば、これは容易に譲ることのできない一線であった。

　この制限選挙制による政治的不平等は、しかし、一方では、選挙民の高度な同質性を保障することになった。一定の財産を有し、一定の教養を有し、利害関係もある程度共通している—こうした人々から選出される代表者たちは文字どおり選挙民を代表し、議会は議論を尽くすことによって納得できる一定の結論を導くこ

第Ⅰ部 国民国家・憲法・戦争

とが可能となる。つまり、このような政治的不平等があって政治的主体の同質性が確保され、それによって代議制民主主義が曲がりなりにも機能していたということである。

3) 自由主義

　市民革命は絶対王政から市民階級の自由を獲得するための戦いであった。市民階級は何よりもまず自由を要求したのである。自由というとき、もちろん、さまざまな局面がある。イギリスでもフランスでも、市民革命の中心的担い手である市民は新教徒（プロテスタント）であり、その意味では宗教上の自由が要求されている。市民階級は産業経済活動に従事し財産を形成したが、その財産の保全をめぐって国王に対抗していった。したがって経済活動の自由や所有権の自由もまた重要な局面を形成することになる。良心の自由は宗教的自由の要求であるし、自分たちで政治を運営するという政治的自由は民主主義に結びつく。また、産業経済活動を中心的に担った市民階級からするならば、所有権の自由（私有財産の保全）、経済活動の自由は何よりも優先的に要求されるべき自由であった。それは自由放任主義などに典型的にあらわれる

　ここで、市民社会と国家の関連について触れておきたい。私たち日本人は、国家というと私たちの存在をすっぽり覆ってしまうようなイメージをもってしまいがちであるが、西洋においてはそうではない。とくに近代の市民社会においては。市民階級にとっては、自分たちの生活の場である市民社会こそが主であって、国家（政府）は市民社会のためにこそ存在すると考えられている。こうした考え方は、ロックやアダム・スミスをはじめとする近代の自由主義思想家に共通するものである。当然、それは市民階級の利害を反映したものである。

　市民社会と国家の関係を思想的に鮮明に打ち出したのはJ.ロックであるが、その思想は当時の市民階級の基本的な考え方に合致するものであった。事実、ロックの政治思想は1688年の名誉革命を擁護し、国王に対する市民の権益を明示し保全することを目指したものであった。ロックの理論構成はホッブス（T.Hobbes）に似ており、「自然状態」「自然法」「社会契約」といった観念を根本に据えて政治思想を展開するが、力点の置き方はかなり違っている。ホッブスは人間同士のあるがままの関係つまり「自然状態」を「万人の万人に対する闘

12

争状態」と考えたが、ロックは比較的平和な状態が保たれると考える。ホッブス
の場合には生活資源の有限性と人間の欲望の無限性が直接に対置されるため
闘争状態が帰結されるほかないが、ロックにおいては労働による生活資源の拡大
がおこなわれるために必ずしも戦争状態にはならないとされるのである。そして、
ロックはこの生産労働を所有権（私有財産）の根拠として据えてゆく。自然状態
が比較的平和であるにも関わらず、それを離脱して契約により政治社会を結成す
るのは「それぞれ自分の所有物を安全に享有し、社会外の人に対してより大きな
安全性を保つことを通じて、相互に快適で安全で平和な生活を送る」ために他な
らない（ロック=1690）。すなわち「所有物の保全こそが統治の目的」であるとし、
市民的自由の中核として所有権の自由を措定したのである。この考え方は、当
時、勃興しつつあった市民階級の利益に沿うものであったのである。この観点か
らは、国家はこの所有権を保障する外的な装置として捉えられることになる。ロッ
クにおいては市民社会こそが私たちの生活の実質を形成しているものであり、国
家（政府）はそれを調停する機関としての地位を与えられるに過ぎない。国家と
社会は原理的に峻別され、国家は社会に奉仕するものと捉えられる。したがっ
て、国家（政府）が市民社会の利益を阻害する場合には、国家（政府）が交代さ
せられるのは当然のこととされる（抵抗権）。

　この視点は、A.スミスによってさらに推し進められる。ロックの自由主義におい
ては、もっぱら宗教的な自由、政治的な自由に焦点が当てられていたが、スミスは
これをさらに積極的な経済活動の自由へと展開し、資本主義的な市場経済シス
テムそれ自体を正当化してみせた。スミスよれば、社会秩序を発達させるのは人
為ではなく、人間のもつ自然の性向すなわち利己心と共感（sympathy）の能力で
ある。利己心や共感によって、法や宗教による強制がなくとも、社会はそれ自体と
して十分調和を保つことができる。経済活動にしても、自らの利害関心に基づい
て諸個人が自由に利潤獲得を目指せば、自動的に調和がもたらされ、社会全体の
発展が望めるというのである。すなわち、人間は多くの場合「神の見えざる手（an
invisible hand）によって導かれ、自分がまったく意図していなかった目的を促進
するようになる」のであり、「彼は自分自身の利益を追求することによって、実際に
社会の利益を促進しようと意図する場合よりも、一層有効にそれを促進する場合
が往々にしてある」として個人の利己的な経済活動に積極的な意義を認めてゆ
く自由主義を主張するのである（スミス=1776）。このような立場からは、国家（政

府）は経済活動に介入すべきではなく、その機能は警備活動を含む若干の機能
に限定されるべきであると主張される。いわゆる夜警国家説であり、ここでは国家
は一種の「必要悪（necessary evil）」と考えられていくことになる。

　ロックやスミスの思想は当時の市民階級の利害をはっきりと代弁するものであっ
た。当然、こうした考え方が主流をなすような社会では富める者はますます富み、
貧しい者はますます貧しくなるといった事態が想定される（その後の歴史は事実
そのようになった）。これに対して、ロックは全体の利益が増大することが重要で、
貧富の差の拡大は仕方がないといっている。市民階級の利害を代弁している。

　なお、19世紀に入ると自由主義に対抗するように社会主義が登場するが、（マ
ルクスなどを除けば）自由主義が経済的側面においてもたらす不平等の是正を目
指したものであって、その意味では近代的な思想構図に収まるものである。

4) 法の下の平等

　近代国家においては、自由と並んで平等も主張されるようになったが、この場合
の平等は、法の下の平等という形式的なものにとどまる。自由も平等もフランス革
命の理念の柱となったものであるが、自由と平等は経済的な範疇においては背
反することが多い。革命後に支配的地位にのぼった市民階級は、自由を、とりわ
け経済的な自由を要求したのであって、逆にいえば経済的な平等を認めたくはな
かったのである。事実、19世紀には、労働者階級が平等を求めて、資本家階級
（≒市民階級）と鋭い対立を示すことになる。

5) 権力分立

　権力の分立という考え方はロック（二権分立）やモンテスキュー（三権分立）に
よって主張されたが、その発想は立憲主義と同じである。絶対的な権力の出現を
許さないようにするための方策である。モンテスキュー（Montesquieu）の三権
分立の理論は、絶対君主の下において一元化されていた権力（だから強大で絶
対的なものとなっていた）を、立法、行政、司法と三つに相対的に独立させ、それら
を相互に牽制させることによって、どれか一つの権力が肥大化することを防ぎ（抑
制均衡 checks and balances）、さらに全体としても権力が肥大化することを防ご

うとするものである。日本人は権力者に対して「お上」という意識をもち、ややもすれば私たちの庇護者のように考えがちであるが、西欧においてはそうではなく、権力は恐ろしいものであり、私たちによって制御されなければならないのである。その一つの手段が権力の分立に他ならない。

　ただここで注意しておくべきは、三権分立とはいっても、理念の上では立法権が最も重要視されていたことである。これは、立法府こそが国民（市民）に直結しており、国民の要求を吸い上げ法律化してゆくという作業を担うからである。論理的な順序をいえば法律が制定されてはじめて、行政府はそれを忠実に執行し、司法府はそれらが法に則って行われているかを監視する役割を果たすのであって、立法府がなければ何も始まらない。因みに日本国憲法でも、立法府について「国権の最高機関」といった表現がなされるのは、この理念をふまえてのことである。現代国家においては行政府が大きな力をもつ行政国家化現象が顕著であるが、市民社会においては立法府が文字通り中心的な役割を担っており、この時代の議会中心主義の国家を立法国家とよんでいる。

6) 立憲主義

　こうした市民階級の要求が憲法に結実化する。市民社会において近代憲法体制が整備され、立憲主義（constitutionalism）がとられたが、これもまた人権を保障し、そのために権力の制限を目指すものであった。憲法が現在のような形で成立したのは市民社会になってからである。憲法を成立させたのは、反絶対王政を明確にし、それを保障するためであった。すなわち、近代にはいって、市民階級を中心とした勢力によって絶対王政が打倒され、個人の尊厳を基盤とする市民社会が成立することになると、国家権力も無制約に国民を束縛しうるものではないとされるようになった。いわば、憲法を最上位に据え、国家権力を憲法の下におくことによって、その権力の行使に制限を加えることが目指された。絶対王政下において、君主の絶対権力に苦しみ、革命によって権力を奪取した市民階級からするならば、こうした絶対権力を再び出現させることはどうしても阻まなければならない。そこで、国家権力を憲法の制約の下におき、政治や権力の行使が憲法の定めるところにしたがっておこなわれるという方針、つまり立憲主義が主張されることになったのである。そうして個人の自由や人権を守ろうとしたのだが、これは当

第Ⅰ部 国民国家・憲法・戦争

時の市民階級の利害にもかなうものであった。立憲主義は、たしかに国家権力に
法的根拠を与えるものであるが、同時にそれを制限する原理を含んでいるのであ
る。

　こうした近代の諸制度、理念の根本にあるものは何か。人びとの平和の実現
といえるのではないか。国王を倒して人民が主権を握った。自由や民主主義を
人民の共通の価値理念として提示しそれを護持しようとする。しかし、そうした皆
が比較的一致しやすい価値理念はともかくとしても、その他の面については単純
にいかない。人民とはいっても、個人をとりあげれば人それぞれで、個性も違えば
望むものや信じる宗教も違うし、価値意識も異なる。また、生存に必要なものが稀
少であるとすれば、それをめぐる争いもまた激化しホッブズ的状況が出来しないと
もかぎらない。このように考えるとき、人びとの間に如何にして平和が実現される
か——そのための方策、具体的な制度の構築、などが問題となる。どのように対
処したのか。一つは「公」の領域と「私」の領域とを峻別し、前者を国法の領域へ
と昇華し抽象的な権利で満たしていった（これは後で問題にする）。もう一つは、
法の下の平等、権力の分立、立憲主義といった、権力を制限する制度へと結晶化
したのである。
　近代の政治原理・理念は、人間一般（理性は万人に賦与されている）の立場か
ら語られたという側面をもつ。しかし、実際には綺麗ごとだけでは済まない。市民
社会は市民階級が政治主体として君臨する政治社会である。そこでは市民階
級の利害を中心に政治・法・経済の仕組みや制度が形成されている。つまり、こ
れらの政治原理・理念は、現在、私たちがつかっている政治の制度や思想の「原
型」であるが、同時に、市民階級の特殊利害を反映してもいる。
　またさらに、注意すべきは、これらの「人間」という視点から提示された理念が、
フランス革命以降、19世紀に入り、国家が国民国家（nation state）として立ち
あらわれてくると、「人間」というよりはむしろ「国民」との関連で捉えられることに
なる。J.S.ミル（J.S.Mill）が主張するように、近代の政治制度は国民国家である
ことを前提にしていることである。すなわち、

　　「その（民族の—註）共通感情は、かれらが、他の人びととよりも、かれら同士
　　で共働することを好み、同一の統治の下にあることを望み、また、それがもっぱ

16

ら、かれら自身の、あるいはかれら自身の一部によって統治されるべきことを望ませるのである。……自由な諸制度は、異なった諸民族によって形成されている国にあっては、ほとんど不可能である。同胞感情のない国民のあいだにあっては、ことに、かれらが異なった言語を読み書きしているばあいには、代議制統治の運用に必要な、一致した世論が存在しないのである。……統治の境界は、大体において、民族のそれと一致すべきことが、一般に自由な諸制度の必要条件なのである。」（J.S.ミル＝1861）

　近代のさまざまな制度は、国民（民族＝ネイション）という単位があってはじめて可能になることが語られている。「人間」という次元ではないことに注意しなければならない。しかし、これはロックなどにおいてもすでにあきらかではあったのだ。繰り返しになるが、なぜ自然権を放棄して市民的社会を形成するのかについて、ロックは「社会外の人に対してより大きな安全性を保つ」ためと答えている。ここではあきらかに外部を想定し、それに対して私たちの集団を防衛することが根本におかれている。人類という普遍性を前提しているわけではないことがわかる。

(2) ネイションの形成

　絶対王政を倒し、市民階級が覇権を握って「臣民」の地位から脱したとき、「国王の国家」から「私たちの国家」へと意識のうえで大きな変化が起こったはずである。この「私たち」は一つの国民（nation）へと成長を遂げ、国家は徐々に国民国家nation state）としてその相貌をあきらかにしてくる。もちろん、国民国家の成立は、単に人々の意識の問題ではない。

　国民（民族＝ネイション）とは何か。通常、ナショナリズムというと、郷土や祖国だとか、固有の歴史や文化だとか、およそ情緒に訴えかける側面が強いようにおもえる。また、この共同体は悠久の昔からずっと存続してきた実体であるかのように、感得され理解される場合が多い。そしてここでは、ネイションがあって、しかる後にナショナリズムが主張されている。

　だが、事実は少々異なる。近代に入って、一つのネイションであることをことさらに強調し一体化していかなければならない社会・経済的な必然性が出来したのである。別のいい方をすれば、ナショナリズムによってネイションが成立したのであ

17

る。このことをことさらに述べておかなければならないのは、これから見るように、この国民国家が20世紀の二つの世界大戦の主役をなしており、これからの人類の平和や安定を考えるとき、この国民国家をどのように理解するかが必然的に問われることになるからである。

ナショナリズム（nationalism）は曖昧な概念であり、厳密な定義は難しい。国民の圧倒的多数の至高の忠誠を、現存の、もしくは希望する国家に集中させる政治的信条およびそれに基づく運動と体制と定義しても、その概念の広さを覆い尽くすことにはならない。その曖昧さは、その基になっているネイションの概念の広範さや曖昧さにくわえ、ナショナリズムが一つのイデオロギーとして使われるために、時代や地域によってにさまざまなニュアンスを付加されることになるからだ（ナショナリズムが日本語でも国民主義、民族主義、国家主義などと多様に訳されるのは、そのあらわれの多様性の反映である）。

ところで、ナショナリズムと国民国家に関する現代の議論として、注目しておかなければならないのは、ゲルナー（E.Gellner）とアンダーソン（B.Anderson）の議論である。ここで彼らの議論を振り返っておこう。

1）E.ゲルナーの議論

ゲルナーはナショナリズムについて「政治的な単位と文化的な単位とが一致するべきであると語る政治理論」と定義している。この定義は、ナショナリズムを単なる政治的信条や愛国心といった曖昧なものから説明するのではなく、社会経済的な要因から説明するという意味で画期的であった。確かにナショナリズムといえば、祖国だとか母国語（母語 mother tongue）だとか、情緒的なものに結びつく傾向が強いが、実は、それを推進したのはゲマインシャフトの論理ではなく、近代産業社会の論理、ゲゼルシャフトの論理である。近代産業社会の論理こそが、ナショナリズムに基づく国民国家の成立を促したのだ。見やすいところだが、経済的な要因は社会の変動を理解するうえで基本的である。もちろん、素朴なマルクス主義の経済一元論は論外としても、経済社会的な要因の圧力は大きい。

中世の封建社会は、各地の領主諸侯を中心とした自給自足的地域に細分化しており、人民も地域ごとに特殊性・封鎖性をもっていた（封建体制）。また、その封建社会内部においては、強固な身分制が維持され上層階級と下層階級の共同

体的一体化意識は希薄であった。いわば、中世ヨーロッパは地域的・階層的に、水平・垂直両方向に区画されていたがゆえに、いわゆるネイションといった民族的文化的共同体は未成立であったと考えられる。

それがなぜ、こうした封建社会を脱し、近代の国民国家の形成に向かわなければならなかったのか。ゲルナーはそれを産業上の要請と見たのである。すなわち、産業社会がナショナリズムに実質的な基盤を提供したとする。

ゲルナーによれば、農耕社会においては政治的な単位と文化的な単位は必ずしも対応しなくても構わないが、近代産業社会においては必然的に一致されるべきことが要請される。つまり近代産業社会においては文化の同質性が必然的に要請されるのである。なぜか。次の二点が考えられる。

①農耕社会は基本的に階層的で安定した社会であり、文化はその役割システムの中で個人の地位や役割を内面化させるだけで十分であるが、勃興しつつあった産業社会においては経済成長の原理が支配的であり、そのためには絶えざる革新が要求されることになる。革新とは不安定な職業構造を意味しており、誰しもが安定した社会的地位をもたないことを意味する。産業社会においては、地位が流動的であり連続的であるという意味における平等が必要とされる。

②農耕社会における労働が事物の移動や操作に本質がおかれ、基本的にはシャベルと手押し車とつるはしが労働のシンボルであるのに対し、近代の産業社会におけるそれは、意味的であり言葉や人の操作から成り立っている。これが可能になるのは、システムを動かすような共通のイディオムを身につけたときであり、高文化、すなわち読み書き能力と結び付いた学校で伝達されるような文化を身につけることが必要とされるようになる。このような文化の中でその社会の政治経済的な制度が効果的に働くことになる。かくして「文化と政治がまったく一致していなかった非常に多くの政治単位を前産業社会から受け継いだような世界では、文化と政治を一致させようとする強い努力がなされる」。ナショナリズムはゲマインシャフトの言語を話すが、その形成を促したのはゲゼルシャフトの論理である。

ゲルナーの場合は、あきらかに経済的な問題の優位性を考えて、ネイションが形成されたと考えている。近代産業社会は、資本主義社会であり、それに合うように、さまざまな制度が整備されている。方法としていえば、土台が上部構造の形成を促したという視点を強調している。

第Ⅰ部 国民国家・憲法・戦争

2) B. アンダーソンの議論

　近代の国民国家は、文化と政治を一致させるために、多大の努力を払うことになった。いわば、人々が、一つのネイションという共通の船に乗り込んでいるように思わせる、そういう国家意識を醸成するためにナショナリズムが使われることになったのである。ネイション・ステイトは最初から実質をもつわけではなく「フィクション」である。ナショナリズムは当初、この「フィクション」を実質にするために使われた。つまり、ナショナリズムは統合のための一種の「神話（イデオロギー）」として作用していったのである。ネイションがあってナショナリズムがあるのではない。ネイションを形成するためにナショナリズムが要請されたのだ。実際、例えば典型的な近代国民国家フランスを取り上げても、国語（フランス語）の整備とそれのフランス全土への普及、国歌や国旗のことさらな強調、ラルース事典の編纂などは、ネイション・ステイト（国民国家）を確立するための涙ぐましい努力のあらわれであった。現実に存在する、さまざまな差異をもつエトニー（小民族集団）を一つの同質的なネイションへと纏め上げることがそこでは企図されていたのである。

　この意味で、ネイションの本質を「想像の共同体」（imagined political community）に求めるアンダーソンの議論は説得力がある。すなわち、（近代の）国民（国家）は、同じ文化や言語、生活習慣を共通にしながらも、実際には面識もつきあいもなかった人々が、コミュニケーションの発展により同胞意識をもち出してはじめて成立したものであり、その本質は想像の共同体であるところにある。ナショナリズムは郷土愛といったような、超歴史的で、人間のもつ自然で素朴な感情に基礎を置くものではないし、また国民の自意識の覚醒でもない。それは歴史的に作成された政治的教義であり、しかも、その性格からして、自由主義、社会主義、ファシズムなどに至るまで、さまざまな体制と結び付きうる概念である。

　かくして、明確な国境によって限定された領土をもち、その範囲内において物理的強制手段（警察力・軍事力）を独占し、徴税権、裁判権を行使する、近代の国民国家（主権国家）が立ちあらわれることになる。政治権力が最上位に措かれ、それは末端まで貫徹され、組織的には階層的秩序を形成する。先に述べたように、この西欧に発生した国民国家は、結果としてその後の国家形成の範型（モデル）となる。

20

国民国家形成の動向を大雑把に振り返っておく。西欧の先進諸国において
は、この動きはフランス革命前後からあきらかになりはじめ、イタリアのマッツィーニ
の理論などの影響を受けて、各々の民族は自らの政治的運命を自らが決定すると
いう「民族自決の思想」によって育まれてゆく。イギリス、フランス、ドイツ、イタリアな
どに加え、アメリカ、日本などは、1870年頃までに近代国家としての体裁を整える。
20世紀に入ると、この動きは世界的に広がりを見せることになる。ここには「大衆
民主主義思想」の浸透が大きく絡んでいる。人民大衆の意志を尊重する民主主
義は、自ずから民族自決の方向へ向かうことになるからだ。

第1次世界大戦終結とともに中東欧を中心に近代国民国家形成の第二の波が
起こり、ポーランド、チェコスロヴァキア、ハンガリーなどの多くの国民国家が、かつて
のオーストリア・ハンガリー、ロシア、トルコの諸帝国の領域に出現することとなった。
しかし、これらの地域は民族がモザイク状に絡まっており、一つのネイションとは単
純にいいきれないところがある。今日まで続く民族紛争の火種を既に抱え込んで
いたといえよう。

さらに、第2次世界大戦後にはイギリスやフランスからの第三世界の植民地独
立問題（民族解放運動）としてあらわれる。この民族解放運動は植民地支配国
である先進国の抵抗を受けたが、1960年の植民地独立付与宣言、66年の国
際人権規約の後押しをうけ、60年代には大半の民族が独立した。しかし、アフリ
カの国境線などをみれば一目瞭然のように、植民地時代の名残をそのまま踏襲し
ているところもあり、必ずしも民族の実態を反映しているとはいえない。

民族自決の思想に基づく国民国家の形成という思想はたしかに世界中に波及
した。しかし、実質的に20世紀の政治や経済を支配したのは、イギリス、フランス、
ドイツ、イタリア、アメリカ、日本といった、1870年頃までに近代国家としての体裁を
整えた国々であり、20世紀に入って独立を果たした国々は、それらのいわゆる先
進国に対して従属的な地位に置かれることになった。

ナショナリズムは、またそれに基づく国民国家は、比較的新しい、特殊近代的な
産物であり、社会経済的要因と密接な関連がある。ということは、近代国民国家
は、永遠不変なものではなく「神話」に基づいて作為的に作り上げられたものであ
り、社会経済的要因の変化によっては変容を迫られることを意味する。そして、こ
んにち、この状況は大きく変化しているのだ。例えば、それはグローバリゼーション
などにもあらわれることになる。後で考察することになるが、グローバリゼーション

第Ⅰ部 国民国家・憲法・戦争

の潮流にあって、国民国家は大きく揺さぶられることになる。

(3) 幻想の共同性と憲法体制
——普遍性と個別性の矛盾

　以上、ネイションについての現代の議論を瞥見したが、国民国家の本質を原理的にあきらかにして見せたのは、ヘーゲル（G.W.F.Hegel）とマルクスであった。この古典的な議論は今も色あせてはいない。

1）ヘーゲルの憲法論

　近代の国民国家の本質について、最初に鋭い考察を示したのはヘーゲルであった。ホッブズやロック、ルソーといった思想家は社会契約説をとり、こうした思想をもとにして、近代国家の形成原理を規範的に固めていった。その具体的な内容については、これまで概観したとおりである。

　ヘーゲルは、これに対して内在的な視点からあきらかにして見せる。ロックやルソーにおいては漠然としたかたちでしか認識されていなかった国家と市民社会の分離が、ヘーゲルに至って原理的に峻別される。ヘーゲルによれば、市民社会は諸個人の利己的欲求の体系であり労働の体系である。これに対して国家は国法の媒介によって普遍的な領域として定立されることにより、市民社会や家族といった領域の止揚としてあらわれる。国家の普遍性とはあくまでも観念の上での普遍性であり、諸個人は市民社会においては私的な欲求に支配された私人として生きるのに対して、国家においては客観性・真理性・倫理性を担ったいわば公人として普遍的な生活を営む。国家が国法を媒介として自らを観念の普遍性、絶対精神の顕現として定立するということは、同時に宗教・倫理・道徳・習俗といったものを私的な領域へとそぎ落としていくことを意味する。近代国家の基本的な構造は観念の普遍性としての政治的国家と市民社会の分離にあり、その徹底的な峻別と分離がとりもなおさず近代国家の完成に他ならないのである。

　単に国家と市民社会の分離が近代国家の基本的な構造をなすと現象面で捉えているにすぎないならば卓見であるとはいいがたい。ヘーゲルの近代国家の把握が卓越しているのは、かれが国家の存立を市民社会の外面的な必然性（市

民社会に存する諸利害の対立・抗争の調停者としての国家）として規定するにとどまらず、市民社会の内在的な目的という観点からも説明しようとするからであり、またそれと関連するが、マルクスが指摘するように国家と市民社会の分離をアンチノミーとして捉えているからに他ならない。ヘーゲルは『法の哲学』の中で次のように述べている。

> 「私的権利と私的福祉、家族と市民社会、こうした諸圏にたいして国家は一面では外面的必然性であり、それらの上に立つより高い威力であって、それらの法律も利益もこの威力の本姓に従属し、依存している。しかし、他面、国家はそれらの内在的目的であって、国家はおのれの強さをおのれの普遍的な究極目的と諸個人の特殊的利益のうちにもっており、また諸個人が同時に権利をもつかぎりにおいて国家に対する義務をもつという点にもっている」（ヘーゲル＝1821）

　ヘーゲルにおいて、国家が普遍的絶対的な意味をもちうるのは、それが単に外面的な必然性というにとどまらず、内在的な目的つまり市民社会に散在する諸々の観念の止揚としても捉えられるからである。ヘーゲル哲学の真の出発点とされる『精神の現象学』のなかで、ヘーゲルは感性的な確信から絶対知へと至る止揚の過程を克明に描いている。ヘーゲルが国家を普遍的な観念の共同性の領域として定立するとき、『精神の現象学』の成果を踏まえ、絶対知を国家に担わしめている。しかるがゆえに、国家は私的な領域や第二次的な共同性に対して止揚としてあらわれる。政府といった権力機構の背後には、その正当性の根拠としてこのような観念の普遍性としての国家が厳然と控えているのである。
　国家が観念の共同性を本質としてその普遍性を確立するとき、国家権力の及ぶ範域もまた決定される。そして、この範域のなかで生じるあらゆる現象は、国家との関係を直接的あるいは間接的にもたざるをえない。関係というとき、ここでは視える側面と視えない側面の双方を含んでいる。ヘーゲルにとって、観念の普遍性としての国家が人倫（Sittlichkeit）という風土的な・歴史的な沈殿をもった自然成長的な概念を媒介として表出するものである以上、当該国家に所属する成員は、国家によって観念という視えない側面においても影響を被っていると考えてよい。国家の権力機構である政府の背後には観念の普遍的共同体としての国

第Ⅰ部 国民国家・憲法・戦争

家があり、さらにその背後には市民社会をも含んだ全体的な意味での国家が控えているのであって、国家を最も狭い意味での権力機構とのみ捉えることは的確ではない。

　国家は、社会契約論者が主張するような人為的な創造物ではなく、人類史の自然成長的な過程において必然的に生じたものである。近代に至って国家が市民社会の諸利害の調停者たる位相を占めるようになったと解釈するのは、国家の一側面をみているにすぎず、歴史から特殊近代的な国家像を表面的に切り離し、かくあるべしといった当為としての国家像をそこに読み取った、あるいはすり替えたものに他ならない。国家の本質はあくまでも観念にあり、なかんずく共同性の観念の現代における極限であるということにある。そこには歴史的な沈殿がある。統一性を保持している一つの国家の存立を支えているのは、歴史的に培われてきた文化的な共同性、同質性であり、幻想共同体としての国家（観念上の普遍的共同体）もこのような文化的な共同性・同質性を媒介にしてしか出てきえない。もちろん、ヘーゲルの観念的に過ぎる傾向は批判されなければならない。ヘーゲル自身は自分の立場を現実主義であると考えていたが、彼にとっての現実がとりもなおさず理性であり、物質的・身体的な領域が人間固有の領域としては捉えられていない以上、今日的観点から見るならば観念的であるとの批判は免れない。現実には、共同体によって共同性や同質性の度合は異なるから、共同性や同質性の度合が低い場合は、意図的に共同性や同質性の強調を行うことによって国家意識の強化を計る場合があろう。そして、そうした要請は物質的・経済的な領域に由来することも多いだろうからだ。

　ここで問題にしたいのは、国家は、内に向かってはつまり市民社会に対しては、観念上の普遍的共同体として立ち現れるが、外に向かってはつまり諸外国に対しては、市民社会をも含んだ全体性として立ち現れることである。近代の国民国家は先に述べたような、人権の保障や立憲主義、民主主義、法の支配、権力の分立などの特質をもつ。民主主義が強い国家、君主制が残っている国家など、国家によって濃淡があるにしても、これらは普遍的な価値として定立されている。しかしながら、観念の共同性としての国家は、イギリスやフランス、ドイツといったように個別的に存在している。したがって、究極的なところでいえば、人権の保障などの特質はその国家においてのみ認められるということになる。人権は普遍的な価値として定立されるが、実際は、国民の権利として認められるにすぎないことになる。

24

こうした矛盾は、国家間の戦争において先鋭化される。戦争においては、人権ではなく個別の国家の利害が人権よりも優先されることになる。

2) マルクスの幻想共同体論

　一つのネイションがそれに対応するステイトをもつとき、このステイトはどのように形成されるのか。ネイションそれ自体が擬制の側面をもつが、ネイションはその中から国家（政治的国家）を、ネイションの見かけ上の真髄、普遍的精神として疎外してゆく。国民国家においては、国家（政治的国家）と市民社会の分離がおこなわれる。この分離が近代の国民国家の本質を形成している。こうした近代国民国家の本質や近代国家を成立せしめた市民革命（政治的革命）の本質について、最も先鋭な議論を展開したのは初期のマルクスであった。この議論はいまだに古びてはいない。

　マルクスは次のように語っている。政治的革命がその対象とした古い社会の性格は封建制度であった。この古い社会は「政治的性格を直接的なかたちでもっていた。すなわち、例えば財産とか家族とか労働の様式とかのような、市民生活の諸要素は、領主権、身分、職業団体といった形で、国家生活の要素まで高められていた」（マルクス＝1844）のである。政治的革命は、こうした要素を粉砕し、「市民社会の政治的性格を揚棄した。それは市民社会をその単純な構成部分に、つまり一方では個々人に、他方では、これらの個々人の生活内容である市民的状況を形成する物質的および精神的諸要素に粉砕した。それは、いわば封建社会のさまざまな袋小路のなかへ分割され分解され分散していた政治的精神を釈放した。それはこの政治的精神をこの散逸状態からよせあつめ、市民生活との混合から解きはなち、それを共同体の領域として、すなわち市民社会のあの特殊な諸要素から観念的に独立した普遍的な人民的事項の領域として、すなわち市民社会のあの特殊な諸要素から観念的に独立した普遍的な人民的事項の領域として、確立したのである」（マルクス同前）。ここに至って国家は政治的国家として、つまり幻想の共同体として自らを完成させる。

　マルクスによれば、近代の国民国家は確かに宗教（キリスト教）をはじめとするさまざまな精神的な要素を私的な領域（市民社会）に追いやることによって、自らを政治的な国家として、公民の領域、普遍的な領域として立てることが可能となった。

第Ⅰ部 国民国家・憲法・戦争

これは観念の共同性・普遍性を確立したことを意味する。この「国家の観念主義の完成は、同時に、市民社会の物質主義の完成」（マルクス同前）でもある。個人は国家の一員としては公人であり、一方市民社会の一員としては私人であるという分離がもたらされる。

　　「政治的革命は、市民生活をその構成部分に解消するが、これらの構成部分そのものを革命し批判することはしない。それは、市民社会、すなわち欲望と労働と私利と私権の世界を、自分の存立の基礎、それ以上に基礎づけられない前提、したがって自分の自然の土台としてそれに臨む。結局、市民社会の成員としての人間は、本来の人間、公民（citoyen）とは区別された人（homme）であると考えられる。というのは、政治的人間が単に抽象された人為的な人間であり、寓意的な、法人としての人間であるのに、市民社会の一員としての人間は、その感性的・個別的・直接的なあり方における人間であるからである。現実の人間は利己的な個人の姿ではじめてみとめられ、真の人間は抽象的な公民の姿ではじめてみとめられる」（マルクス同前）

　もちろん、これは倒錯しているのだ。これまで見た通りで、これはヘーゲルが語ったことを批判的に捉えかえしたものである。マルクスはヘーゲルの価値観を逆転させる。すなわち、ヘーゲルは普遍的に抽象された「公」の政治的生活を人間の真の姿であるとしたが、マルクスはそれを仮象に過ぎない批判する。しかし、市民社会に生きる利己的な人間が真の人間であり、政治的な、法人としての人間は偽の姿だなどといっているわけではない。このような分離それ自体が本来の人間の姿を歪めているということなのだ。当然のことながら、この政治的国家と市民社会の分離は解消されなければならず、それはとりもなおさず、政治的解放を超えた人間的解放に他ならない。

　「人間は宗教を公法から私法へ追いやることによって、自分を宗教から政治的に解放する。宗教はもはや国家の精神ではなく」（マルクス同前）なるが、しかし宗教が廃止されるわけではない。政治的国家の完成によって、公人と私人へと人間は分裂するが、これは政治的解放の完結であり、そこでは宗教は温存される。マルクスは指摘する、「政治的解放の限界について思いちがいをしてはいけない。公人と私人への人間の分裂、国家から市民社会への宗教の移動、これ

らは政治的解放の一段階ではなく、その完結なのである。それゆえ政治的解放は、人間の現実的な宗教心を廃止するものではないし、また廃止しようとつとめるものでもない」（マルクス同前）。

　政治的国家は宗教を経由して出てくる。政治的国家は従来の宗教の止揚ではあるが、これは同時に新しい宗教の誕生を意味していた。国民国家はキリスト教を私的な領域へと引き下ろした。しかし、そのことによって「幻想の共同性」としての国家（政治的国家）という新たな宗教を創始することになった。国民が至上の地位へと祭りあげられ、幻想の共同体は国民国家として完成された。国民国家は、政治的国家という幻想の共同性の根幹としており、この観点から見るならば、宗教の克服ではなく、新しい宗教の成立に他ならない。政治的国家は、その意味では現在のところ宗教の最終形態をなしていることになる。宗教が何らかの迷妄や欠陥を有しているならば、それらは国民国家に継承される。ということは現在に生きる私たちも、この迷妄や欠陥から自由ではないことを意味する。問題は、こうした迷妄や欠陥が、必ずしもそのようなものとして私たちに自覚されてはいないことだ。マルクスは政治的解放の限界を次のように指摘している。「政治的解放の限界はただちに次の点にあらわれる。すなわち、人間がある障壁から、現実に自由になっていなくても、国家はそれから自由になりうるということ、人間が自由人でなくても、国家は共和国でありうる」（マルクス同前）のである。

　それは典型的に「国家」主義、「国家」崇拝にあらわれる。現行の国民国家を究極的なもの、固定的・普遍的なものと考え、そこに最高価値を込めていく。そしてこれは、国家的利益を前面に押し出し、戦争へと至る道でもある。

　この国民国家の「経典」は何か。憲法を中心とした法体系である。国民国家は憲法を頂点とする近代法によってその形式を整えられ、さらにそれに従って実質を付与されていく。国法こそが、国民国家の精神であり、いわゆる宗教を、さらには倫理や道徳を止揚したものとしてあらわれる。法＝国家の体制がつくられる。それまでの宗教を私的な領域へと落とし込み、そのこと自体によってみずからを法のもとに完成させたといえる。法の領域を、私的な領域を超えた真の共同性の領域、普遍的な共同性の領域を保障するものこそ、憲法を頂点とした近代法の体系である。

　だが、この普遍的な共同性の領域において真に人倫的生活が実現される（ヘーゲル）かどうかは別である。確かに普遍的な権利を謳いはした。しかし現

第Ⅰ部 国民国家・憲法・戦争

実の民衆がその権利を我がものとすることができたわけではなく、このこと自体が欠陥の一つの表象に他ならない。憲法は普遍的な相貌を身につけてはいるが、全人民の利害を体現するわけではなく、支配階級の利害を投影しているだけである。言葉を換えれば、支配階級の利害の投影を、全人民の利害であるかのごとく錯覚させるところに国民国家が成立している。ここでは法が権利の保障ではなく、民衆を支配する道具に堕してしまっている。

「国家は支配階級にぞくする諸個人がかれらの共通の利害を実現し、あたえられた時代の市民社会全体がその集約的表現をみいだす形態である。したがってそこから、共通の制度はすべて国家に媒介されてひとつの政治的形態をとるということになる。ここからまた、法律があたかも意志に基づくかのような、しかもその実在的な土台からきりはなされた自由な意志に基づくかのような幻想がうまれる。そうなるとこんどは、法[Recht]もまたまったくおなじように、法律[Gesetz]に帰着させられてしまう」（マルクス=1845-6）

「法を純粋意志に帰着させる法的幻想は、所有諸関係がさらに発展すれば誰かが実際には物件をもっていなくても物件に対する法的権原もつことができるという幻想にまでゆきつくことはさけられない」（マルクス同前）

繰り返しになるが、憲法体制の確立は新たな信仰体系の確立である。立憲主義（constitutionalisn）のもとで、すべての権力が憲法のもとに制御される。ここで重要なのは、憲法によって政治体制が安定させられるという側面ではなく、どういう力が憲法を制定することになったのかである。憲法を制定する権力が何であり、それはどのように作用したのか。もちろん、人間が制定するのだ。しかし、抽象的な人間ではない。具体的に、それを必要とする人々が制定したのだ。そしてその人々はいわば社会の必然性に促されて制定する。この社会の必然性とは何か、それが問題となる。それが憲法の性格を決める。

国民国家において国民が主権をもつとは、国家権力の正当性の根拠が国民の総意に求められることを意味する。法的にいえば、憲法を制定する権力を有するところに認められる。この憲法制定権力に国民全員が与ることができるならば、それは完全なる民主政治ということができるであろうが、国民国家の最初の時期

には望むべくもない。既にみたように、市民革命において主役をなしたのは市民階級であり、それによって解放されたのも市民階級であった。したがって、国民国家とはいえ、その実態は市民階級のための国家であり、憲法体制も市民階級の権利保全という色彩がある。基本的人権の中心が当初、自由権であり、とりわけ経済活動の自由が重視されたことはそれを例証する。逆にいえば、解放されないままの残された人々がおり、彼らは権利の上でも無権利状態に放っておかれた。だからこそ、19世紀に産業化の進展によってプロレタリアートとして一つの階級を形成するに至ったこれらの人々は市民階級（ブルジョアジー）に対して反旗を翻そうとしたのである。各々の国の市民階級は連帯しえない。なぜなら彼らの利害は個別の国家と結びついているから。しかし、プロレタリアートは連帯しうる。彼らにとって、国家は自分たちに敵対するものとして共通するから。だからこそ、マルクスはプロレタリアートを国民国家を超える（横のつながりをもった）反権力の拠点として措定し、「万国のプロレタリア、団結せよ」とよびかけることにもなったのだ。

　国民国家である限り、それは内側に向かって収斂していく。つまり、国民ひいては国家意識の強化に向かう。ということはつまり、他の国家に対して排他的に対処することに他ならない。国家意識の強化は他国との対抗関係を前提する。憲法は、この国民国家の意識の最高形態であり、国家の強化をはかるものである。そのように作用するものである。

　近代憲法は、周知の通り、いわゆる国民国家を、それ以前の体制から峻別し、基礎づけるために、制定されている。国民国家の正当化の論理としてみちびかれている。基本的人権を定め、権力の分立を定め、立憲主義を基礎に据える——これらは、たしかに近代に至って確立された個人、近代的個人の擁護を目指したものであり、それ自体が歴史の進歩というべきものであろう。だが、ここで個人とはいっても、実際にはある国に所属する個人として、つまり国民としてあらわれる。だが、この国民なるものも擬制の側面があることはこれまで見てきた通りだ。国民国家という形で、共同性を組織せざるを得なかったのは社会経済的な圧力が大きいのであって、「祖国」といった情緒的なものではない。国語は国語として整備されたのであって、悠久の太古から存在したわけではない。私たちがその中にどっぷりつかっている国民国家は歴史的な形成物であり、その日付は私たちが通常考えているよりもはるかに新しいし、永久不変というわけでもない。そして、フーコーの口吻を真似ていえば、歴史的な使命を終えつつあるかもしれないのだ。

第Ⅰ部 国民国家・憲法・戦争

　こうした一種の虚偽性は国民国家における軍隊や戦争の問題に典型的にあらわれる。だが、この問題に入る前に、国民国家の変容について触れておこう。国民国家の変容は民主主義の変容をもたらし、そのことによって戦争の問題も変質したようにおもわれるからだ。

04　国民国家の変容

(1) 市民社会から大衆社会へ

　先に代議制についてのミルの言葉を引用した。その集団の構成員に一定の同質性が認められないならば、纏まった世論を形成することができないから代議制はうまく機能しない。直接民主制を採用することは事実上不可能であるから、代議制を機能させるためには一定の同質的な纏まりをもった国民国家である必要があるとするものであった。ミルは専ら、外部に対して内部の纏まりをここで強調している。しかし、問題は内部それ自体にもある。「市民」民主主義は、制限選挙制によって、下層民やプロレタリアートを政治過程から排除することによって有権者（政治的決定に参加することのできる者）の同質性を確保することができた。だからこそ、一定の纏まった世論の形成も可能となった。逆説的であるが、異質なものを排除し、有権者を制限したからこそ代議制の民主主義が可能となった。だが、19世紀に入って政治参加の拡大（選挙権の拡大）が行われ、それまで異質なものとして排除されていた人びとが政治過程に入ってくると、民主主義の在り方も大きく変貌することになる。「大衆」民主主義の到来である。

　また、一方では国家と経済との結びつきも大きく変化し、従来の自由放任的な考え方は捨てられ、国家が経済に大きく関与していくことになった。

　これらはいずれも20世紀の世界大戦へとつながる要因を形成することになる。これらの様子を一瞥しておこう。

1）産業革命の進展

19世紀に入ると、ヨーロッパの大陸部においても産業革命が進展し、機械制工業、重工業が盛んになってくる。この産業革命は次の二つの側面で大きな政治社会変動をもたらすことになった。

(A) 生産力が飛躍的に拡大し資本主義的生産様式が確立していく過程で、資本の合理的編成がおこなわれ、寡占化＝独占資本が形成されたことである。経済発展は一層加速化されることになる。それとともに、経済は国家内に収まらず、国際的な経済競争（市場獲得競争）を激化させることになった。

(B) 産業革命は、農業革命と相俟って大量の工場労働者をうみだした。18世紀後半の人口急増によって穀物価格が高騰し、食糧増産の必要性が生じた。この事態に対して、政府は農業経営の大規模化・合理化を推進することになった。これが農業革命である。その結果、職を失った小農民は都市に流入し、都市下層民や下層農民とともに、工場労働者になっていった。市民階級のうち経済的に大きな力をつけるようになった資本家階級は、利潤の追求・生産性の向上を最優先させ、子供や女性を含む労働者たちを苛酷な労働条件の下で酷使していった。ここにフランス革命によって政治的に解放されず、産業革命の恩恵にも与ることのできなかった人々の不満が鬱積してゆくことになる。深刻な労使対立がもたらされたのである。

それまで、いわば社会の中に分散し、一つの階級としての統一性をもたなかった人々が、同じ時間や空間を共有することになって、例えば同じ工場で働き利害をともにすることになって、一つのまとまりを形成するようになった。労働者たちは団結して、賃金労働者として自らを組織し、ブルジョアジーに対抗しようとした。もちろん、当初は、ブルジョアジーは、労働者たちが団結して一つのまとまった勢力になることを阻止しようとする。しかし、プロレタリアートが団結を強めブルジョアジーに対抗していくという趨勢を押しとどめることはできない。社会主義思想（労働者の解放や万人の経済的平等を目指す）の浸透などによって、労働者の団結の気運、解放の気運は高まる一方であった。マルクスとエンゲルスは1948年に過激な政治パンフレット『共産党宣言』を書いて、プロレタリアートに反ブルジョアジー革命への決起を促した。末尾の「万国のプロレタリア、団結せよ！」は有名である。もともと自由主義は、ブルジョワジーの経済的利害を代弁するイデオロギーとしてあらわれ

たが、この点でいえば社会主義はプロレタリアートの利害を代弁するイデオロギーということもできる。

これら（A）（B）のいずれを考えても、もはや予定調和的な楽観論、国家を必要悪とする自由放任主義は維持しがたくなってくる。それまで国家を必要悪として消極的にしか捉えてこなかった資本主義は、ここに至って国家と結びつく志向をもつことになる。

すなわち、（A）に関しては、ブルジョワジーは国家の積極的な経済介入・行政介入を要請することになった。独占資本は国家と結合し、国家独占資本主義体制＝帝国主義が形成されることになった。国際的市場獲得競争へも国家と手を組んで積極的にそれを利用した方が都合がいいからである。

（B）に関しても事態は変わらない。最初は、資本家階級（政府）は団結禁止法を制定して労働運動・社会運動を弾圧したが、しかし、時代の趨勢は動かしがたい。ブルジョワジーはプロレタリアートの反乱を阻止するために、民主主義的要素を導入し労働者の体制内在化をはかることになる。これは大雑把にいえば、政治参加の拡大（参政権の拡大）やさまざまな福祉政策の導入などの形であらわれた。

2) 参政権の拡大と福祉の充実

参政権の拡大は最終的には普通選挙制度の実現に行きつく。1929年に最初の普通選挙制度が実現されたのが、当時、最も資本主義が発達したイギリスにおいてであったことは象徴的である。普通選挙制度の導入は、当然のことながら政治の主体がこれまでの市民階級だけではなく一般民衆に移行したことを意味する。このように政治のプロセスの中に大衆が参入してくる。かつては市民社会は異質なものを排除してその同質性を確保したが、普通選挙制度の実現によって異質な存在を包含した大衆社会へと変質した。これまでの市民中心の政治体制であった市民社会から、全人民が政治の主体となる大衆社会へと、政治社会は変貌するのである。政治の主体としても客体としても、一般民衆（政治的にいえば「大衆」）が政治の過程に入ってくる。大衆という不定形な存在が政治の方向を決定づける要因として出現し、いわゆる大衆社会が顕在化される。

大衆が政治過程に入ってくるということは、大衆の要求を政治が実現していか

なければならないことを意味する。この福祉主義の導入によって、それまで政治が対象としていなかった領域、例えば教育や住宅といった領域が、政治があつかう領域に組み入れられることになる。

3) 国家の変容——立法国家から行政国家へ

いずれにしてもこうした趨勢の中で、必然的に国家の役割が拡大されることになるし、これまでの自由主義、平等主義、さらには民主主義の内容も変わってくる。近代政治の根本原理は変わらないとしても、政治社会の質が変化してしまったために、新たな対応を迫られることになる。かつての市民社会の論理や古典的議会政治の機能条件は根本的に変化したのである。

では、具体的にどのような修正がおこなわれていくことなったのか見てみよう。

a) 国家の役割の拡大と変質

国家は従来の自由放任的な消極国家、「夜警国家」から福祉国家、社会国家、積極国家へと変貌することになる。つまり、市場原理によって提供することができない公共のサービスで、これまでは度外視されていたサービスに関しても、国家が積極的に介入し提供しなければならなくなった。例えば、鉄道や道路などの社会基盤施設、病院などの公衆衛生施設、学校や図書館などの文化施設、などの整備が挙げられる。

こうした国家においては、必然的に行政府の役割が増大することになる。市民社会の国家が立法府を中心におくという理念をもっていたとすれば、大衆社会においては事実上、行政府が中心におかれることになる。これが行政国家化現象とよばれるものである。

行政府の量的・質的拡充がおこなわれることになるが、量的なことをいえば拡大した行政府の機能を担うマンパワーの拡充がある。公務員の数は急激に増加した。質的にも大きな変化がもたらされる。政治が取り扱う問題が質的にも高度に専門化・複雑化していったため、高度な専門的知識を備えた公務員、いわゆる行政エキスパートが必要とされるようになった。ここに至って行政部の政策決定の権限は政治的リーダーよりも行政エキスパート＝官僚に移行する傾向があらわれる。行政府への権力集中は民主主義の理念を脅かすものであるというのも、行政エキスパート＝官僚は国民の信託を得た代表者ではないからだ。

第Ⅰ部 国民国家・憲法・戦争

b) 自由主義の修正

　いわゆる自由放任主義が是正され、最低賃金法、労働組合法、独占禁止法など
を制定することによって、低賃金労働者（社会的弱者）の権益を守ろうとする動き
が出てきた。このことにより、実質的な自由を実現しようとする。すなわち、本来対
等であるべき当事者間が、経済的要因その他により対等でないときには、国が私
人間に介入し、一方の当事者を援助することにより実質的に自由な交渉を可能と
するという方向が出てきた。

　それまでの「権力（国家）からの自由」（消極的自由）という考え方から「権力（国
家）への自由」（積極的自由）へと自由の概念も大きく変容を受けることになった
のである。

c) 平等主義の修正

　生活保護法や健康保険法などの制定により、社会的・経済的弱者の救済策を
打ち出すことになった。本来平等でないものの間で、機械的に平等原則を適用す
ると、弱者が一方的に阻害されることになる。そこで、国家が積極的に私人間に
介入して、弱者を救済し、実質的に平等な状態が出現するように配慮するというこ
とである。

4）19世紀型憲法から20世紀型憲法へ

　こうした国家の変容は憲法にも反映されることになる。それまで政治過程に登
場しなかった人びとの権利に対する要求を聞き入れざるをえなくなった。市民社
会で最初に憲法が制定されたとき、人権については自由権が中心であったが、そ
の中でも経済的自由を際限なく認めれば、経済格差の増大を招く。そこで、経済
的自由権に制限をくわえて、平等を志向する人権——社会権の導入をはかること
になった。社会権を最初に保障した憲法は、1919年のワイマール憲法であるが、
その後多くの憲法に社会権は取り入れられることになった。

（2）大衆社会の問題点と民主主義

1）大衆社会の問題点

それまでは、民主主義とはいっても、政治の主体となっている「民」はあくまでも市民（市民階級）であった。だが大衆の政治過程への登場によって、この「民」は文字通り全国民を意味するようになった。大衆が政治の主体になることによって、民主主義は完成されることになる。しかし、既に触れたように、近代民主主義をはじめとする近代政治の理念と原理は、市民社会において市民の同質性をもとにしてこそ可能になったという側面がある。

　ところが、普通選挙制の導入によって大衆社会（大衆民主主義）が出現すると、かつての市民社会の政治論理や古典的議会政治の機能条件は根本的に変化した。大衆の求める社会的価値は、彼らの生活基盤の違いに応じて多様化し、利害関係も複雑になる。大衆は、討論による合理的な政治的判断をおこなうというよりも、一刀両断的に単純化して物事を捉える傾向があり、またその判断は往々にして情緒的になる場合があるために、その判断をどこまで信用するかについても難しいところがある。こうした大衆社会においては、統一的な世論の形成は難しくなる。大衆の意見を集約し、要求を纏め上げ、政策に反映させることは容易なことではない。実際、当の大衆が自分で何を望んでいるのかすらはっきりと理解していないのではないかとおもわれることもある。

　いま、私は上から目線で大衆を蔑視しているわけではなく、私たちが置かれている状況がそうだといっているのである。大衆社会においては、誰もが大衆であるということに注意すべきなのだ。現代の産業社会では、工業化の進展により大量生産・大量販売・大量消費が可能になった。いわば皆が同じような物に囲まれて生活を営んでいる。また、複数のマスメディアがあるが、しかしそこから流される情報は画一的とまではいわないまでも、似通ったものになりがちである。こうした状況下にあって、皆が同じような情報に取り囲まれ、同じように考え、同じように感じ、そこには多様性が見られなくなっていく。これは危険な兆候である。よく議論で全会一致で可決されたことを「最高」であるかのようにもち上げるきらいがあるが、全会一致などは望ましいことではなく危険ですらある。そもそも、民主主義には意見の多様性の容認が不可欠であり、そこから議論を通して相対的に優れた意見を採用しようとするものだ。こうして採用された意見だからこそ、それが仮に間違っていたことがあきらかになったとき、修正することも可能になる。反対意見、少数意見は貴重であり、尊重しなければならないのである。ところがそうした意識が全体として稀薄になっていくことが問題なのである。

第Ⅰ部 国民国家・憲法・戦争

2）大衆社会の危険性

　現代産業社会では、組織化が徹底され、その組織化の方向は生産至上主義によって決定される。生産を最大限に上げるために、企業は目的合理的に組織化をおこなうのであり、個人のことを考えるわけではない。個人は企業が存続するための歯車にすぎない。そうなれば、労働は苦役以外のなにものでもなくなる。日々の労働に疲れ果てるような状況におかれた労働者大衆に、難しい政治や経済の問題に関心を寄せ、主体的に関わることを要求しても難しいようにおもえる。

　当然、ここからは政治からは遠ざかる道が開かれている。政治への平等の参加が保障されているにもかかわらず、あるいは政治が私たちの生活の隅々にまで入り込んでいるにもかかわらず、逆に私たちは政治に対して無関心になっていく。政治機構、政治の態様は複雑化し、政治的な決定はますます専門化していくなかで、大衆は、政治に参加したり関心をもちたくても「及び難し」の意識が先にたってしまい、後ずさりをはじめてしまうのである。こうした大衆の世論なるものが、どのような危険を孕むかは推して知るべしであるが、実際、相互依存が累積されて明確な方向付けを欠いており、雰囲気に流された無責任で画一的なものになる傾向がある。

　人類は20世紀に二つの世界大戦を経験したが、そのいずれにも大衆民主主義が少なからぬ関係をもっている。第1次世界大戦は、周知のように1914年にオーストリア皇太子夫妻がサラエボで暗殺された事件を契機としているが、この事件は当初はローカルな事件と考えられており、当時のヨーロッパ諸国の首脳は、この事件が世界戦争へと拡大することを予想もしなかったし、望んでもいなかったといわれる。だが、新聞などに煽られて、ひとたび戦争の機運が盛り上がると、イギリス、ドイツ、フランス、ロシアなどの国において大衆が熱狂し兵士として戦争へ向かう志願者であふれかえったという。こうした大衆の、戦争へと向かう熱狂に歯止めをかける術がなかったのである。国民国家は国民を兵士として無限に動員できるから、戦争は自ずからかつてないほどに大規模化するし、またその結果もかつてないほど悲惨になる。

　第1次世界大戦でヨーロッパ諸国は深刻な反省を迫られたが、その舌の根もかわかぬうちに、第2次世界大戦を引き起こした。第2次世界大戦は第1次世界大戦よりも、はるかに原因も責任の所在もあきらかである。世界征服を目指したドイツ

36

のヒトラーによる他国への意図的侵略であったが、ここでも大衆民主主義が一役買っている。政治指導者は操作による支配のために、旗、制服、歌、儀式、祭祀、大集会、神話、イデオロギー、示威行進といったさまざまな象徴を利用するが、ナチスはこの手法を最大限につかってドイツ国民を操作していった。ヒトラー政権の樹立を可能にしたのは、当時もっとも民主主義的であるとされたワイマール憲法体制下においてであった。つまり大衆の支持を受けてであったのである。ヒトラーは政権奪取にあたっても、さらに独裁の強化にあたっても、その支配の独自性は、テロリズムの恐怖によって上から統御しただけではなく、巧妙な宣伝や世論操作を通して大衆（特に下層中間大衆）の自発的服従を組織化することができたところにあったのである。

　以上のことで特に注意しておくべきは、20世紀の二つの世界大戦が、イギリス、フランス、ドイツ、イタリア、アメリカ、日本といった、世界に先駆けて国民国家としての体制を整えた国によって引き起こされたことである。国民国家と戦争には何かしら密接な関係があることをうかがわせる。

05　国民国家と戦争

（1）戦争機械としての国民国家
　　　——排除の論理と戦争の不可避性

1）暴力装置（軍隊、警察など）の独占

　国民国家において最初から一つの国民（nation）としてのアイデンティティが存在したわけではない。だから、このアイデンティティをつくりあげるために言語の統一、文化的同質性の強調といった涙ぐましい努力がおこなわれたことは既に指摘した。だが、そうしたソフト面だけではなく、警察や軍隊といった物理的強制装置も必要とされた。こうした装置によって、秩序の安定がはかられることになる。国内がまだ纏まっていないとすれば、そうした強制装置によって繋ぎ合せて、緊密な接合が出来上がるまで待たなければならない。絶対王政の時代に、近代は始

第Ⅰ部 国民国家・憲法・戦争

まっている。一定の「共通の基盤に立つ範域」が確定され、これが国民国家に継承される。この範域は歴史的にそのように形成されたということだ。国内において諸勢力を統合していくことになるわけだから、そこには武力による秩序化がおこなわれる。国内の平定である。しかし外部に対しては自らの防衛と侵略の装置も同時に必要とされることになる。国内的には警察機関が、国外的には軍隊が、物理的強制装置として整備されていく。

　20世紀の世界大戦は、立憲主義のもとで国民軍を組織していった国民国家の本質に関係している。大規模な戦争は国民国家につきものであり、この点について多木浩二は次のように語っている。

　　「歴史的形成物としての国家では、法は国家を脅やかすいっさいの暴力を、権利主体としての個人から取り上げる。ということは国家が法によって暴力を独占するのであり、軍事力、警察力はもっぱら国家に属していることになる。国家は政治的な単位、カール・シュミットの言う「主権をもつ単位」であり、本質的に政治的な単位である国家は交戦権をもつ。さらにシュミットの言葉を借りると、国家は「みずからの決定によって敵を定め、それと戦う現実的可能性」になる。歴史的な近代国家は、法によって暴力を軍事制度として国家の機構に組みこむのである。したがって国家と暴力は法によって不可分である」（多木＝1999）

　国民国家は傭兵ではなく常備軍を備える。そこでは「私たちの国」の意識に鼓吹されて「祖国」を守ることは当然だという言説が流布されることになる。国民の形成、国民主権の理念は、「私たち」意識の醸成であり、それはとりもなおさず、「彼ら」を排除する論理に他ならない。

　　「国民が主権者である国民国家は、ある程度までは政治的に成熟していなければならず、徴兵制度と選挙制度とはほぼ並行して始まっている。あたらしく国民となった民衆のうち適齢期の男子は、選挙権、被選挙権をもつとともに、すべて強制的に（つまり平等に）戦争に動員される。しかもそれは法的に決められた。この法の設立と強制力によって、国民国家においては、ある程度の民主的な生活が広がるとともに、戦争が国家にとって本質的な事柄になったの

だ」（多木同前）

　こうして憲法を頂点とする近代法はその国を他国から区別する指標となる。また、それはその国においては絶対的な正義とみなされる。法治国家の理念を想起すればいい。だが、国際関係においてはそれは相対化される。どの国家も自らの正義を掲げて戦争に赴くが、その正義は相対的なものにすぎない。だからこそ、戦争終結後に開かれる戦争裁判のごときは戦勝国による敗戦国の糾弾の様相を呈する。そこには客観的な正義があるわけではない。もし、戦争問題に関連して「正義」を問題にするならば、国家を離れた視点から行うほかないことは原理的にあきらかである。国家を根拠に論じられた「正義」は内側に閉じられた「正義」であり、客観的な意味をもたない。

　　「整備された近代国民国家とは、平時から、「暴力」（常備軍）/「非戦闘員としての国民」（いつでも兵士になる）/「経済」（生産、国債その他）の複雑な組み合わせに他ならないのだ。近代国家はいつでも戦争できるように油をさし、磨きをかけられていたのである。これを「戦争機械」と呼んでもよかろう。
　　国民国家というものが成立し、国民が主権をもつものとして登場したとき、はじめて国家は「戦争機械」になりえた。そこでは法定の戦争暴力が常備軍として存在し、いつでも起動しうる状態にある。だから指導者が、戦争の行使を決定すると、法の定めるところにしたがって戦争が始まる。戦争の暴力は合法的なので、あらゆる暴力のなかでどこまで苛酷になってもいいものになる。それだけに途方もない犠牲を生んできた」（多木同前）

2) ナショナリズムと世界大戦

　国民国家は常備軍をもつが、このことは戦争を予定していることを意味する。先にも触れたが、この「戦争機械」はひとたびスイッチが入れられればコントロールがきかないものになってしまう。前世紀の両世界大戦はそれを例証している。
　国家が暴力装置として作用するという事態が往々にしてある。私たちは国家において共同生活を営む。私たちが全人格的に参加する共同体ならば問題は

ない。しかし、実際にはそうはなっていない。軍隊にしても、それを発動させ、戦争に国民を赴かせるのは一部の政治指導者の判断だ。これが国民の意思を代表しているとは到底いえない。そもそも国家にしてからが、国民主権は名目的なものにとどまり、国家利益、国家意思といっても、現実にはごく一部の支配層を代表するものになっている。

　国家が戦争を肯定するというとき、最終的にそうした判断を下すのは政治的な指導者たちである。この政治的指導者たちの、戦争開始の際の「想像力の貧困」については多木が指摘している。ばかばかしく、情けないほどの浅薄な状況認識からなされた判断で、戦争が開始される。ナショナリズムの幼稚な言説に民衆は踊らされ、戦争に突入していくという構図である。多木は「一国の国民生活を犠牲にし、多くの生命を賭すのが戦争でありながら、戦争の開始は意外なほど貧困な政治的想像力で決まってしまう。国家の指導者たちは、戦争をした場合の行く末を厳密に分析したうえで戦争するか否かを決めるというよりも、なによりも戦争へ向かうナショナリズムの高揚のなかで、もうすでに開戦の決断を下してしまっているのだ」と指摘している。日本の対米開戦にしても「戦争を始めた場合に先行きがどうなるか、勝利か敗北か、それを理性的に推論することができなかった。事実、海軍は一年は大丈夫だがそれ以上は保証しかねると言いながら、開戦に同意している。これは一種の思考停止である」（多木同前）と述べている。

　繰り返して強調しておかなければならないことは、世界戦争を後押ししたのが、ナショナリズムに憑りつかれた民衆の熱狂であったということだ。すでに述べているように、これは宗教的な熱狂と質的には同じである。正義を自分たちに定位して、日本においては「鬼畜米英」といったスローガンで（アメリカでは同じような、自分たちが正義であるとして、敵を作り出すスローガンで）、個人的には何の恨みもない人間を「敵」として殺そうとする。考えてみれば、おかしなことで、このおかしなことが大っぴらにまかり通るのが戦争なのだ。

(2)　「正義の戦争」は存在するか

　存在しない。国民国家間の戦争を取り上げてみる。A国とB国が戦争する場合、双方が自らが信じる正義に基づいて、その正当性を主張する。戦争が自衛の名目で始められるのは常套手段だ。だが、そうした正義の根拠はその国の内部

でしか妥当性をもたない。あるいは、その正義が賛同を得られるとしても、本質的な次元においてではなく、単なる数の次元である。つまり、この場合の正義は相対的なものでしかない。戦争におもむかせる正義は、国民国家の道徳や倫理に基礎をおくものであって、またさらに各国の個別的な利害に裏打ちされている。普遍的なものではない。

　普遍的でない理由は、さらにこういうこともできる。第2次世界大戦は当時の先進国家間における植民地争奪（そういいたければ植民地解放でもいい）の戦いであった。植民地争奪という点では共通の正義がある。しかし、あたりまえだが争奪の対象となった国からみれば、こんなものは正義でも何でもない。勝手な正義を押しつけられているだけだ。

　この問題を突き詰めて見せたのは吉本隆明である。吉本の戦争に対する基本的見方は、戦争にはよい戦争もわるい戦争もない、それ自体が悪であるとする見解である。「日本の戦後左翼、市民主義者、進歩主義者たちも、ずっと「戦争はダメだ」「自分たちは平和主義者である」といってきましたが、それは「戦争自体がダメだ」というのとは違います」（吉本＝1999）。

　なぜ違うのか。彼らにとっては、例えば社会主義国家が起こす戦争は「正義」で、自由主義国家が起こす戦争は「悪」であるといった、暗黙の前提に立っているからだ。一方の側に加担して、正義を主張しているだけであり、しかもその根拠は希薄である。

　戦争に正義を認めたら、状況の解釈次第で、戦争それ自体の肯定へと簡単に導かれてしまう。解釈が恣意的にとまではいわないにしても、戦勝国に都合のよいような論理で裁かれていく危険性があることも同じ理屈だ。これは東京裁判で証明済みだ。

　こうした恣意性はどこに由来するのか。国民国家それ自体の存在構造に由来しており、戦争を国民国家の倫理から判断するだけでは、もはや十分ではない。これは、今日の対テロ戦争などを考えるとさらにはっきりする。

　倫理は絶対的なものとして最初から与えられているわけではない。歴史的個別的な性格をもっている。倫理を人類全体にわたる次元で考えることができるかは、これからのことだ。歴史的現在という点では、個別的な国民国家の倫理、さらにそれが昇華された法として存在している。これは、しかし、絶対的なものではない。例えば、私が抱いている倫理観は、日本という国民国家、さらに遡って近代以

第Ⅰ部 国民国家・憲法・戦争

前の日本が歴史的に醸成してきたものに他ならない。それを受け入れているだけである。こうした倫理は奇怪な形をとる場合が往々にしてある。国家のために死ぬべきである、というのが、一つの価値であり倫理であるとするなら、これは奇怪な倫理であるというべきだろう。実際そうした倫理を、国を挙げて称揚した時代があったわけだし、この種の倫理がいまなお完全に廃棄されているわけではない。

06　国民国家のゆらぎ

(1)「冷たい戦争」の評価

　20世紀の二つの世界大戦は人類に（実際には戦争を引き起こした国々に）深刻な反省を強いた。当然のことながら、戦争の防止が考えられなければならない。二度とこの悲惨な戦争を引き起こすわけにはいかない。第2次世界大戦後に世界政治の主導権を握ったのはアメリカであった。アメリカは、これまでの国際連盟に代わる新たな国際組織である国際連合を主導し、軍事力を背景とした世界各地における民主化の進展を企図した。

　一方、ソ連を中心とする社会主義諸国が抬頭し、ソ連は社会主義勢力の拡大を狙って、アメリカを中心とする自由主義諸国と対立するようになった。米ソの直接的な軍事対決にまでは至らなかったが、朝鮮戦争やベトナム戦争などに見られるような代理戦争が勃発することになった。軍事力の拡大競争に拍車がかかり、いわゆる「冷たい戦争」が招来された。

　社会主義諸国の抬頭はこれまでにない新しい状況の出現といえる。しかし、国家対国家という本質は何も変わらなかった。本来、マルクスの思想においては、国家は廃絶されるべきものと考えられていた。革命においてプロレタリア独裁を経由するにしても、そのあとはその独裁を解除することによって同時に国家を解体していくことが考えられていた。ロシア革命を主導したレーニンにはこのことが十分認識されていた（国家枯死論）が、実際には国家解体には至らず、スターリン以後はむしろ国家主義の強化がなされた。ナショナリズムは社会主義にも継承されている。否、それは個人崇拝（スターリン、毛沢東、金日成など）と結びついて、通常の

42

国民国家よりも排他的なイデオロギー国家、あからさまな宗教国家へと変質していった。

これまでの議論であきらかだが、戦争は国民国家に本質的に内在する宿痾である。国民国家を開かない限り、戦争の可能性はいつも存在すると考えるべきものである。社会主義だろうが、自由主義だろうが、イデオロギーにかかわらず、国家を存続させる限り、本質的な状況は変わらない。

また、国際連合にしても同じことがいえる。国家を前提にしたうえでの共同性であるにすぎない。冷戦に対して、国際連合が有効な対応策を講じることができたようにはおもわれない。

1990年頃にソ連をはじめとする社会主義国家が内側から相次いで崩壊し、冷戦は終わりを迎える。アメリカの勝利、自由主義の勝利などと単純にいえることではないが、一つの時代が終り、新しい状況をもたらしたことは確かである。新しい状況——これは、既に統一的な支配権を確立していたと思われた国民国家内部においてエトニーが反乱を示し始めたこと、さらに折からのグローバリゼーションである。これらの二つの動きは連動し、国民国家を挟撃することになる。

(2) エトニーの反乱

すでにゲルナーの所説に言及したが、国民国家の形成にあっては高文化が必要不可欠であった。文字を知らなければ機械を操作するためのマニュアルを理解することができないのである。芸術を理解できるような、あるいは芸術を産出可能な、そういう文化の醸成が試みられたわけではない。こうした芸術文化は意図的・計画的に作りあげられるわけではない。国民国家の形成にあたって必要とされたのは、産業上の要請として引き入れられた文化であった。グローバリゼーションにあって、芸術文化はさしあたって問題とはならない。経済や社会の発展に寄与する文化が要請されるのである。

一方、一つの国民国家はそれ自体のアイデンティティを必要とする。国民からすれば、その国の一員であるという証明が必要である。一つの大きな船に乗っているという共同体意識が必要である。国民国家は、文化や言語、生活習慣において共通性をもっていたにしても、実際には面識もない人々が、コミュニケーションの発展により同胞意識をもち出してはじめて成立したものであり、「想像上の政治

的共同体（imagined political community）」であるところにその本質があるとするＢ・アンダーソンの議論についてもすでに見てきた。このアイデンティティは国内的にも、国外的にも必要とされるものである。

近時、経済のグローバリゼーション、ボーダーレス化と連動しながら、国民国家の内部でエトニーが反乱をおこしてきている。いわば国家よりも、その内部に存在するエトニーの方により強いアイデンティティをもつ人々が、国家に対して反乱を企てている。日本のような民族（ネイション）の同質性が非常に高いとされる国に暮らす私たちには見えにくいところだが、世界の圧倒的多数の国は多民族国家である。世界に存在する民族の数は（定義の仕方によるが）2000とも5000ともいわれるのに対し、国家の数は200弱である。とすれば、少なく見積もっても、単純計算で一国家あたり平均10程度の民族が含まれることになる。つまり多民族国家がいわばあたりまえであり、厳密な意味での「一民族一国家」などというものは存在しない。（日本にしても厳密にいえば多民族国家である。）ネイションのなかにエトニーが融合されていればさほど問題は生じないが、そうでない場合には潜在的に反乱や紛争の火種を抱えることになる。個人にとってみれば、ネイションよりもエトニーこそが事実上自らのアイデンティティの拠りどころという場合が多い。要するにエトニーこそが共同性の実質を形成しているという場合が多いのである。

国家は想像の共同体として人為的に作りあげられたという側面をもつ。その意味ではフィクション性が強いのだ。現在、国家という枠組みがゆらぎ、国家によって押さえつけられていたエトニーが自己主張を企てる。かたちのうえでは国民国家（ネイション・ステイト）であっても、実状はその中にさまざまなエトニーが存在し、これらが、国家に対して反乱を企てて紛争を引き起こしている。「フィクション（擬制）」としての国民国家（ネイション・ステイト）に対する「実質」としての民族が反乱をおこしているのである。この反乱・紛争は先進国から後進国までさまざまな様相を呈している。以下、簡単に触れておく。

先進諸国においてはナショナリズムは解決済みの問題と捉えられていたが、実際にはさまざまな民族問題がエスノ・ナショナリズムとして1960年代後半より発生した。イギリスのスコットランド、ウェールズ、フランスのブルターニュやコルシカ、スペインのバスク、カタロニア——これらの地域の独立問題がそれにあたる。これらの地域は、EC（EU）統合による国民国家を超える巨大単位の形成を背景に、従来の国家の枠からの分離・独立をかちとろうとする。さらにフランスやアメリカなど

に典型的に見られるように、移民などのエスニック集団、マイノリティ集団が自らの権益や文化の独自性を主張して中央政府に反発するといった現象も見られる。

　(旧) 社会主義国においてもエトニーの噴出状況は同じであった。1980年代後半から新しい国民国家形成の動きが顕在化し、ソ連の崩壊の一因が民族独立運動にあったことは周知の事実である。また中国においても、国内には判明しているだけでもかなりの数の少数民族が存在しており、これらは内在的な民族紛争の要因を形成していることは現在まで変わらない。旧ユーゴスラビアの血で血を洗うような悲惨な民族対立状況については、いまだに記憶に新しい。

　旧植民地国の場合は、民族自決ないし一民族一国家という理念のもとに結集したとされるが、現実にはさまざまな民族集団が含まれていた。旧植民地国は、さまざまな部族や民族を含む多民族国家であり、一民族一国家という内実をもたなかった。これらの民族集団こそが実質であり、擬制としての国家を揺り動かしているのである。いずれは、共通の言語や生活様式によって文化的な同一化が達成されるという楽観論もあったが、現在でも内部に民族紛争を抱え政治的に不安定な国が多い。これらの国が独立した頃には国民経済の時代は過ぎ去っており、これがこれらの諸国の経済的離陸を困難にし、現在の経済的停滞の遠因となっている。経済に対する国民の不満も民族紛争を助長する要因ともなっている。

　旧社会主義国や旧植民地国の場合は実質を伴う国民国家であるのかが疑わしいところがある。エトニー問題が未消化・未解決のまま、無理やり国家の体裁を整えたという側面がみられるから、その意味ではなにか小さなきっかけからでもエトニーが反乱を企てることはありうる。だが、西欧の先進国家の場合はエトニーの止揚が国民国家（ネイション・ステイト）の成立に他ならなかったわけで、エトニー問題は解決済みの筈であった。にもかかわらず、エトニーの反乱あるいは強い自己主張が見られたのである。これはどう考えられるべきなのか。

　当然ここで、エトニーがグローバル化の躓きの石となるのではないかという疑念が呈される。経済的には相互依存・相互結合関係が強化されていくことは自明であるにしても、エトニーはさまざまな対立・紛争の火種となるほどに、共同性としては強固だからだ。事実、国家という枠組みが揺らぎはじめたとき、それに呼応するように、このフィクションにそれまで包摂されていた、より共同性の実質に近いエトニーが反乱を起こしはじめている。巨視的な視点をとるならば、このエトニーの反乱は、それがたとえどのような過激なかたちをとろうとも、本質的には近代国家の

解体に伴う後処理以上の意味はもちえないとおもう。だが、問題を複雑にしているのは、グローバリゼーションの進展が直接にエトニーの解体に結びつかないからである。むしろ、国家の相対化によってエトニーが力をもたげてきているというのが現在の状況である。相互依存・相互結合関係が単に経済的なものではなく文化諸領域にも影響を及ぼすことはいうまでもないが、先に指摘したように下部構造に応じて上部構造が決まるわけではなく、そこではあらゆる結びつきが可能である。つまり相対的に独立したものと考えなければならない。

エトニー形成の中核的要因は、宗教であれ、自分がそのエトニーに帰属しているという意識であれ、文化の同質性であれ、言語の共同性であれ、観念的な紐帯にかかわる。もちろん経済的な利害の共同性も加担はするが、専ら問題になるのは観念的紐帯と考えてよいであろう。だからこそ、経済のグローバリゼーションに伴って国家が解体しつつあるのに、エトニーは強固に残っていくように見えるのだ。国民国家に対してフィクショナルな部分がその分だけ少ないのである。

しかし、本質的なことをいえば、国民国家はいうまでなく、エトニーもまた決して絶対的なものではないし、過渡におかれていると解すべきなのだ。いかにエトニーの共同性の強固さを実感的に強調しようとも、巨視的な時間軸を導入するならば、エトニーが解体してゆくことは必然的である。現実の趨勢としてもそうであるし、理論的にもそう考えざるをえないのである。

同じ論理はエトニーを形成する文化的個別性についても適用されよう。私たちは事実上、歴史的に累積された文化の沈殿を背負ってしか生きていけない。私たちはそれを血肉化しているし、確かにそこから出発せざるをえないのだ。だが、伝統、文化的個別性といったものもまた、国家と同様に移行の過程にあると解すべきであろう。今日、人の移動がかつてと比較にならないくらいに盛んになっており、また情報も行き交い、文化の融合は急速に進んできている。この趨勢を押しとどめることはできない。これまでの文化や伝統が「文化財」として保存されることはあっても、私たちによって生きられている文化・伝統は必然的に融合の方向に向かわざるをえないであろう。

これは一種の文化的な帝国主義を意味するものではない。石井洋二郎は、開発と文化の関係に言及して、開発を単なる外部からの抑圧や暴力として認知するのではなく、開発自体が一つの文化であり、新しい文化を創造してゆく契機になると解釈すべきだとしたうえで、次のように述べている。「個別性の保存と普遍性の

拡張という二つの力学がせめぎあうすぐれて今日的なイデオロギー的賭金としてとらえ直し、問題設定のレベルをいわばハードからソフトへと転換することが、私たちにとって緊急の課題なのではないか」（石井 =1998）。

　ここでは、文化の出会いを一方的な関係として捉えるのではなく、その出会いによって相互に変質してゆくという視点が強調されている。私たちがここで融合という場合の視点もこれに近いものであり、新たなものの創出である。そして、私たちはこの融合を自然的な過程ととられるべきことを主張しているのである。

　また、私たちは全く新たな統一的な文化の理念を最初に設定し、それに向かって意図的に文化を再編成してゆくべきだなどと語っているわけでもない。だが、国民文化はさまざまな意識的努力によって構築されたのではなかったか、もしそうだとすれば統一されたグローバル文化をそのようにして構築することも可能なのではないかという反論が予想される。これは形式的には可能にみえるが、国民文化形成の時と現在とでは条件が大きく異なっている。また、国民文化形成にあたって核となった支配的文化が領域内の他の多くの文化を下位文化の地位へと追いやり、それが現在の国家の揺らぎに伴う多文化の噴出状況、さらには対立の原因になっていることを考えればそうすべきでもない。融合という自然的な趨勢において個々の文化がどのようにかかわってゆくかは、その文化の判断に任せるべきであって、もっと広くいうならば歴史の無意識とでもいうべきものに委ねるべきであるようにおもわれる。この道を採ることによって文化におけるグローバル化とローカル化は矛盾のもとにおかれることを脱することができる。

　今日、多文化主義が、多民族国家の多くにおいて主張される。さまざまな文化的背景をもつ人々が、お互いの文化を尊重しあいながら共和をはかろうとする試みはよくわかる。だが、これは一見すると個別性の強調のようにおもわれるが、そうではない。それまで支配的であった文化と個別的な文化を相対化し、それらをすべていわば私的な領域に追いやることを意味している。これは、逆にいえば普遍的な文化へと向かう趨勢を助長するものであることは銘記すべきであろう。その実現の径庭が、私たちが想像するよりも遥かに長いとしても、だ。

　したがって、歴史の方向（サンス）としていえば、国民国家を解体しエトニーへと収斂してゆくのではなく（それは逆行である）、むしろエトニーをもまた開いてゆくことを念頭におくべきであろう。もちろん、現実の政策を考える際には、さまざまな制限、条件がつきまとう。その制限や条件のなかで、私たちは選択をおこなっていく

第Ⅰ部 国民国家・憲法・戦争

わけで、実際にはそこではさまざまな紆余曲折を経験することになろう。だが、重要なことは、この歴史のサンスを積極的に引き受けるという視点を保持しておくことである。

(3) グローバリゼーションとボーダーレス化

　1970年代まで国家と企業の経済活動は密接な関連のもとにおかれていたが、現在、企業の経済活動は国家の枠を超えてしまっている。情報技術の発達によって金融も急激にグローバル化しボーダーレス化している。また、インターネットの急激な普及によって個人レベルでも、情報は国境を超えて行き交っている。要するに国家の地位がさまざまな局面において相対的に低下してきているのである。以下、もう少し詳しく見てみたい。

　　「情報技術の発達と不可分に結びついたボーダーレス化の結果、モノ、ヒト、カネ、企業、情報、犯罪のすべてが、実にやすやすと国境の壁を越えるようになってしまった。資本は安価な労働力と有利な投資条件をもとめて世界中を駆けめぐり、いわゆる多国籍企業はとっくに常識になっている。国際金融市場は、昼夜24時間にわたって、大量の資金を瞬時に文字通りグローバル規模で簡単に動かせる状態になっている。とくにインターネットの急速な発達とともに、貴重なビジネスや災害や文化の情報も、いかがわしいポルノ情報も、簡単に国境の壁をくぐり抜けるようになった」（野田＝1998）

　経済に対する国家の制御能力が著しく低下しており、経済の実質は既に国家の枠内には納まりきらなくなっている。確かに、政治的にはナショナリズムをもとにして国家的統合意識をもつことができても、経済的には世界システムとしての国際経済が中心であり、従来の国家という枠を超えた普遍化傾向が進展しつつある。国家と経済活動の一体性は完全に過去のものになってしまっている。ドイツとアメリカを代表する自動車企業であるダイムラーとクライスラーが合併することなどは一昔前には考えられないことであった。企業の活動にとって国家は枷になっているような観すらある。

　こういった趨勢は多国籍企業（transnational corporations）の発達にも典型

的に見てとれよう。多国籍企業とはその活動が多くの国にまたがっており、複数の国で資産を支配する企業である。資本は国家の思惑などを超えて、自らに有利なように集まりやすいところに集まる。この資本は国家のくびきから逃れさっており、どこの国にも属さずそれ自体として立っている。多国籍企業はその性格上、どの国がどれだけ税金を徴収できるかが判然としない。これは国家の基本権である徴税権を脅かすことに他ならないし、また近年の電子マネーの登場によってその活動の捕捉はますます困難になってきている。

デリバティヴやヘッジ・ファンドといった、国家の制御下を離れ独自の動きをする資本形態が国際金融の舞台に登場するに至って、場合によっては国家をも飲み込むような事態を引き起こしている。マレーシアやタイの通貨危機などはその一例である。

また、コンピュータ化・情報技術の発達は、生産活動にとって言語と文化の同質性のもつ重要性を急激に低下させることになった。オートメ化によって現場での人間関係は生産能率の向上に以前ほどの意味はもたなくなっている。施設さえ整えば、世界中、どの地域でもおなじ品質の製品をつくることができるのである。

こと経済や産業に関しては、グローバリゼーションが進展し、グローブという一つの実体が出来あがっているような観すらある。これが一つの大きな共同体に擬定することができるとすれば、個々の国民国家は地域共同体の位置を占めることになる。この地域共同体はこれからどのような道を採ることができるのだろうか。

近代に特有な人間の集合のあり方であり、政治的な単位となった国民国家（ネイション・ステイト）が現在、揺さぶられつつある。基本的なところでいえば、この解体は産業上の、経済上の、要請とみることができるだろう。これまでそうであったように、だ。経済が国民国家の止揚を要求していると、かんがえるべきだろう。しかし、現実には、その個別性に応じて、さまざまな形をとることになる。

以上みてきたように、経済の普遍化傾向とエトニーの反乱によって、国民国家は挟撃されている。エトニーはネイションのフィクション性に対して、より実質的な共同性に近い。だが、国民国家がエトニーへと解体されるかといえば、そうはならないだろう。歴史の趨勢としては、抽象度の高い共同性へと拡大されてきた。これは動かしがたい。したがって、エトニーの反乱を、積極的な歴史のサンス（方向・意味）として認めるわけにはいかない。エトニーの反乱は解体につながる側面はあるだろうが、それ自体としては解体の本質的要因にはならないようにおもわれる。

第Ⅰ部 国民国家・憲法・戦争

近代の国民国家という政治単位を超える動きを考えるならば、EU（欧州連合）を
挙げるべきだろう。

07　現代の戦争と平和の模索

（1）現代において、戦争は如何にして可能か（不可能か）？

1）主要国家間の戦争の不可能

　原則的に考えれば、主要国家間において戦争が起こることはありえない。もし
大国間で全面核戦争が起これば、世界破滅に等しい。破壊されるのは、人間の
生命だとか建物だとかだけではない。世界を動かしているシステムも破壊される。
そうなったら、何も動かなくなってしまう。コンピュータが機能停止した状態を考え
てみればいい。実際にそういうことが起こる。要するに、主要国家間で戦争が起
これば皆が困る。勝者はいない。

　例えば、現在、日本、中国、韓国の関係は政治や国民感情の次元では険悪に
なっており、一触即発のように解説する向きもあるが、戦争状態になることはありえ
ない。なぜなら、これら三国間の貿易額をみればわかる通り、経済的にこれらの
国は緊密に結びあっているから、戦争を起こすことは不可能である。戦争を起こ
したら、どの国も困る。また、これらの国は世界経済の主要なメンバーになってい
るため、他の国々に及ぼす影響も大きいから、万が一、戦争の危機が具体化すれ
ば、国際社会は徹底的な回避の圧力をかけてくるだろう。

　ただ——それでも危険がないわけではない。歴史を振り返ってみると、そんな
バカなことはありえないだろう、と誰もが思ってもみなかったことが起こっている。そ
の伝でいえば、監視の目を休めるわけにはいかないことも真実である。これは社
会・経済的な動向が、理念や思想とは関係なく独自の動きをしてしまうことに関連
している。

　冷戦の頃のことだが、米ソの核開発（軍拡）競争を想起すればいい。均衡が
重要であるのだから、際限のない開発、必要以上の量的な保持を目指さなくてい

50

いはずだ。つまり、比喩的にいうならば相手にある程度のダメージを与えることができる程度の、威嚇としての核兵器を保有すれば充分だ（それでも実際には使用することはできないのだか）。そう考えれば、1対1で均衡すれば充分なのに、実際には10対10で均衡する。残りの9の部分は無駄である。にもかかわらず、10対10になる。なぜか。経済的な要因が大きい。経済には、押し並べてそういうところがある。いったん、動き始めると善悪関係なく（そういう価値判断とは別個に）動き始めるのである。そうならないという保障はない。

2) 戦争の変質

　2001年9月11日のアメリカ同時多発テロ事件は、戦争に新しい次元を開いた。それまでは戦争が問題になる場合、国民国家対国民国家と戦いの構図であったが、このテロ事件は国民国家対宗教集団（イスラム原理主義）の戦いであり、宣戦布告もなしに無辜の一般市民を巻き添えにしていくことをいとわずに遂行された。これは「倫理上、これは許されないとか、そうしちゃいけないみたいな抑制が取り払われちゃって、「なんでもあり」」（吉本隆明＝2002）になってしまったことを意味する。また、「利害関係やイデオロギー対立による国家間戦争なら、敵と和解もできるし、協定だって結べますが、今回のテロ事件を起こしたような相手とはそれもできない」（吉本同前）のである。これまでの常識や倫理が通用しない。通用しないというとき、国民国家や、国民国家の法、倫理の枠内には収まらないということである。いい戦争、悪い戦争といった区別は国民国家の時代の倫理から出てくるものであって、もはやそれが妥当しない時代になっている。

　事の本質はどこに求められるべきか。

　「国内法とか国際法とかいった現在の「法」や、現在の国民国家の根源にあるものはなんだといったら、それは宗教です。根源にあるというのは、それだけ宗教が古い歴史的根拠をもっているということですが、それは言い方を変えれば、宗教というものが、現在の「法」や現在の国民国家という枠に収まり切らず、その枠を超えているということです。

　そうした古い歴史的根拠をもつ宗教に基づく集団が、国民国家の「新たな敵」として浮上してきた。今回のテロ事件が浮き彫りにしたのは、国民国家同

第Ⅰ部 国民国家・憲法・戦争

士の戦争という従来の近代主義的な観点には収まり切らない「新しい戦争」
の形態です」（吉本同前）

　9.11のテロ事件＝新しい戦争という極限的な状況を契機として、国民国家とい
う枠組みや倫理を超えた問題点が析出してきた。9.11の首謀者であるイスラム
原理主義者たちと、アメリカのブッシュ政権との間には共通のテーブルが存在して
いない。ブッシュ側からすれば従来の戦争の常識が通用しないし、イスラム原理
主義者の側でも国民国家の戦争ルールなどを顧慮しはしないのである。

3）「宗教」の解体

　思想的なことに関して何を目指すべきか。端的にいえば、宗教の解体ということ
になる。ナショナリズムもまた一つの宗教であり、国民国家の教義は憲法に他なら
ない。そして、その教義は排他的な性格をもつ。キリスト教は隣人への愛を語る。
しかし、異教徒に対しては十字軍を組織して「戦争」を仕掛けたことを想起すべき
だ。宗教は本質的にそういう性格をもつ。狭義の宗教ではなく、本質的な意味で
の宗教の止揚が模索されるべきであろう。
　では、国民国家をふくめ、さまざまな形態をもつ宗教を、共通のテーブルにのせ
てその解体への道筋をどのようにつけるのか。本稿で詳しく論じるだけの余裕が
ないが、それらを共通に相対化するためには、それらを包括するような次元で提起
されるような倫理を媒介とするほかない。そこで吉本が提出したのが「存在の倫
理」という概念である。「（9.11テロ事件は――註）何が「善」で、何が「悪」なの
かということを判断するための「根源的な倫理とは何か？」ということを問い直させ
た」（吉本同前）のであり、その「根源的な倫理」を言い当てるために「存在の倫
理」を提出している。当然のことながら、この倫理は国民国家それ自体を相対化
する視点を内包することになる。この人間の「存在の倫理」という観点からして初
めて「「法」とか「政治」とか「社会」とかの倫理性というものを相対化する」こと
が可能になるとする。この視点は吉本にとって重要な意味をもった。というのも、
法や政治といった共同幻想に対して批判的な視点をもちうる拠点をそれは提供
するからだ。もちろん、法・政治・社会のなかにどっぷりつかって、それを外部から
相対化する機会をめったに得ることのない私たちにとってもまた。

52

(2) 平和の模索1——EU（ヨーロッパ連合）の試み

　これまでの近代の主役であった国民国家は、内部の民族の反乱と外部の経済のグローバリゼーションと、双方向から揺さぶられている。国民国家はどこへゆくのか。解体の表現は同時に創成の表現でもなければならない。私たちはここで、一つの方向として統合へ向かうヨーロッパ連合（EU）を考えることができる。

　ゴルバチョフ（旧ソ連書記長）は1992年に次のように語っている。「人類の文明のパラダイム（体系）が変わろうとしている。第二次世界大戦直後のころ、文明の発展はそれぞれの地域的な枠組みにしばられていたが、それが地球規模のものへと急速に変化しつつある。それを象徴するのが、国境を低くして共同市場を設け、さらには外交や安全保障面でも加盟各国が共同行動をとろうとしているEC（後のEU——註）である」。これは的を射たものであり、国民国家が次のステージに入りつつあることを読み取っている。

　小さな国々に分かれ国家主権を振りかざしていがみ合った結果、両大戦を引き起こしたことへの反省から、ヨーロッパでは既に1950年代から国家間の協同を強調する動きがあらわれていた。ヨーロッパ石炭鉄鋼共同体（ECSC）、ヨーロッパ経済共同体（EEC）、ヨーロッパ原子力共同体（EURATOM）を統合して、67年にヨーロッパ共同体（EC）を設立したのはそのあらわれである。だが、この段階では各々の主権をもつ国民国家が主体であり、ECは全体を統括するとはいっても緩やかな枠に過ぎなかった。つまり実際の活動においては、各々の国家が自らの利害を最優先させたのである。

　しかし、70年代以降、ヨーロッパの工業生産の伸び率が、アメリカや特に日本に比較して著しく低かった。1973～1980年の工業生産の伸びを見ると、ECが6％増だったのに対し、アメリカは16％増、日本に至っては26％増になっている。（1980年代初頭にはヨーロッパのパソコンの4/5がアメリカ製であり、ビデオデッキの9/10が日本製であったという。）ヨーロッパはアメリカ、日本の脅威にさらされたのである。この伸び率の鈍さの原因は、各国が独自に規制や障壁を設けたため相互貿易が阻害されたこと、各国の為替レートがたびたび変動し、円滑な決済を妨げたこと、公共事業や政府調達で各国が国内産業を優先し、ECの取り決めを無視したこと、などが挙げられている。要するにECよりも、各々の国家の利害を優先したとこ

第Ⅰ部 国民国家・憲法・戦争

ろにその根本的な原因があったのである。

この厳しい現実を踏まえて構想され締結されたのが、1991年のマーストリヒト条約であった。この条約には、99年までにヨーロッパ中央銀行設立、共通通貨の採用、共通外交・安全保障政策の導入、EC議会の権限強化、EC共通市民権の導入などが盛り込まれたが、基調になっているのは、国家間の経済的な障壁を低くし、ヨーロッパを単一市場にすることによって競争力を取り戻そうとするところにあった。

ヨーロッパ連合（EU、1993年以降、ECを名称変更）が成立し、通貨統合がおこなわれるに至ったことは、歴史が新しい段階に入ったことを意味する。通貨統合は、通貨の発行権という国家主権の一部をより上位の団体（ヨーロッパ連合）に委ねようとするものであって、現在の国際連合などとは次元を異にする。国際連合においては、国家が実体であり単位であって、その分だけ連合は名目的なものにとどまらざるをえないが、ヨーロッパ連合の場合は、国家を相対化させることにより連合の方をその分だけ実体化することになるからだ。つまり、個別の国家を相対化し解体する動きにつながっているのである。

国民国家のもとにあって、反乱・独立を企てたエトニーは当の国民国家の軛から逃れることになる。しかし、EUという、より大きな集団から見るとき、そのエトニーの地位はこれまでよりも弱まることになる。国民国家に対してエトニーはEUに結びつくという道があったからこそ、それを切り札にして反乱を企てることができたが、国民国家が解体の方向に向かい、EUとエトニーが直接に向き合うということになれば、エトニーはこれまで以上に政治的には小さな位置しかしめなくなることは必定である。エトニーも時間の流れの中で全体へと、緩慢にではあるとしても、融合してゆくようにおもわれる。だが、これは一方で、文化的には安定した状態を手に入れることにもつながる。少なくとも、その文化に政治が大きく介入することは避けられるであろうからだ。

(3) 平和の模索2——日本国憲法第9条の開明性

近代の国民国家は、その憲法に拠って、他から峻別して自らの体制を打ち立てるという排他性をもつ。したがって、国民国家が組織された軍隊（国軍）を保持することは憲法上も自明視される。いわば軍隊は国民国家において必須の存在

とされ、事実、憲法でもそのような処理がなされている。しかるに日本国憲法の場合、その前文で平和主義を宣言し、第9条では紛争解決の手段として武力の行使の否定、戦力の不保持を明記している。日本人なら誰もが知っているところだが、日本国憲法第9条は次のようになっている。

①日本国民は、正義と秩序を基調とする国際平和を誠実に希求し、国権の発動たる戦争と、武力による威嚇又は武力の行使は、国際紛争を解決する手段としては、永久にこれを放棄する。

②前項の目的を達するため、陸海空軍その他の戦力は、これを保持しない。国の交戦権は、これを認めない。

9条は完成された国民国家の憲法にうたわれた平和条項としては最も徹底している。もちろん、平和の重要性、戦争反対を主張する憲法は存在する。しかし、軍隊の保持までも認めないとして徹底した立場を貫いているのは日本国憲法第9条だけである。この条項は、あきらかに近代の国民国家の憲法の文法から失格している。戦争に正義も不正義もないのであって、戦争それ自体を否定するという徹底した理念が9条には表明されているからだ。もし、国民国家に軍隊がつきもので、さらに戦争がつきものであるとするならば、国民国家のそうした理念にこそ、9条は戦いを挑んでいるといっていい。

9条が掲げた平和主義に、現在でも言及する意義ははっきりしている。戦争が起こる可能性がいまだに排除されていないからである。かつて人類は二度の世界大戦を経験したが、こうした大戦に至る条件はいまだに手つかずのままに残されているのではないか。もちろん、私たちは失敗から多くの教訓を学ぶことは確かだし、戦争を防止するための技術が蓄積されていることも確かであろう。また現在世界経済の主要なメンバーになっている国々の間では経済的相互依存関係が存在するため、全面的な戦争が起こることも考えにくい。しかし、本質においては何も変わっていないのではないか。それどころか、戦争を知らない世代が増えてきて、また戦争の記憶が薄れてくると、ぞろ「個人（自分）の存在を超えた大切な価値がある」といった口当たりのいい勇ましい国家主義・全体主義が抬頭してくる。その傾向はいたるところにみられる。

かつて米ソ間で核兵器開発競争がおこなわれていた頃は、逆説的なことだが、

第Ⅰ部 国民国家・憲法・戦争

核兵器による戦争、（小さな代理戦争はともかく）大国間での全面戦争は起こらないと思われた。しかし、核兵器は現在多くの国が所有している。おそらく核兵器を所有する国はこれからも増え続けるであろう。世界として、核兵器を廃絶しようとする方向に向かっていないからだ。既に以前から核兵器を保有している国が、自らの核兵器を廃棄する道筋を示すことなく、核兵器をまだ所有していない国にその開発・所有を禁じている。ずいぶん身勝手な、論理にならない論理であって、これが素直に受け入れられると考えるならどうかしている。北朝鮮やISのような国家が核兵器を保有することが現実の問題となってきており、ということは核戦争も現実の問題になってきているということだ。

21世紀に核兵器をはじめとする大量破壊兵器を使用して世界大戦が起こってしまえば、そのまま人類の破滅に導かれる可能性すらある。こうした戦争を起こしても誰も利益を得ることがないし、もちろん誰も望みはしない。しかし、既に見てきたようにこれまでの世界大戦もそうだったのである。19世紀までの西欧諸国は、文明の最先端を走っており、理性的存在としての人間という自負をもっていた。その文明人が、人類史上かつてないほどの戦禍をもたらした。第1次世界大戦後の西欧が精神的にも危機的な様相を呈するのは、それまでの自信の反動である。当然、深刻な反省がおこなわれたが、すぐに、さらに大規模な第2次世界大戦を引き起こしている。もはやここでは戦争に対するコントロールが利いていない。

この事態は改善されたのだろうか。もちろん戦争防止のための技術はそれなりに発達したであろう。しかし、両大戦をみると、コントロールしきれるはずだったのが出来なかったのである。歴史はそれを示している。ということは、また起こる可能性があるということだ。

さらにまた、戦争防止の技術論ではなく、本質的な意味での戦争防止はどのように議論されるのか。そもそも戦争が起こった条件は何だったのか。先に大戦に至る条件は手つかずのままに残されているといったが、その手つかずの条件とは何か。国民国家の存在である。あるいは国民国家の幻想性・擬制性に対する信仰である。二つの世界大戦が国民国家間で起こったことの意味を私たちは重く受け止める必要がある。管見の限りでは、これらの戦争は国民国家の本質にかかわる問題を提起している。

20世紀の歴史は両大戦だけでなく、内乱などを通したホロコーストが頻繁に起こった歴史でもあった。これらも国民国家の本質との関連で理解される。また、

21世紀に入って間もなくの、9.11のテロ事件は戦争の様態を変えたといわれている。確かにブッシュがいみじくも語ったように、このテロ事件は「新しい戦争」だったのだ。これも国民国家間の戦争ではなく、またこれまでなかったパタンだから、その意味で確かに新しい。しかし、戦争に参加している一方が国民国家であることは否定できないし、テロ集団に対する対処は武力による報復であり、これまでの国民国家の対応の枠をいささかも出てはいない。要するに、本質的な対応はまったく変わっていない。確かに国民国家間での戦争は起こりにくくはなっているだろうが、テロを媒介として、これまでとは違った戦争形態がもたらされ、これまでと同じように制御(コントロール)がきかなくなる危険性が存在する。

これはどう考えられるべきなのだろうか。国民国家の本質や理念、さらにはその存在の変更を提起しているのではないか。後で見るが、国民国家だからこそ、国民を兵士とする大規模な軍隊を組織することが可能となったことなども考え併せると、国民国家と軍隊の関係についての本質的な論議が必要となる。多木浩二が近代の国民国家と大規模な戦争が深い関連のもとにおかれていることを指摘し次のように述べているのは正鵠を射ている。

　　「20世紀の大きな戦争は国民国家間で行われてきた。軍事的観点からみると、国民国家はすべての国民を戦争に巻きこむ装置であった。したがって20世紀の戦争を問うことは、国民国家とはなにか、またそれが軍事力をもち、いつでも戦争できる態勢にあるのはなぜか、を問うことである」(多木=1999)。

日本国憲法9条は、ある意味で国民国家の解体を志向するものである。国民国家を解体すること自体に、異議のある向きは多いに違いない。しかし、国民国家は、人類史の中で考えれば、ごく最近に成立した日付の新しいものであって、しかも永久不変のものではないことを、私たちは銘記すべきであろう。ポスト国民国家がどのような形をとるかはわからない。しかし、それは国民国家の止揚というべきであって、単なる解体や廃棄ではないと考えるべきだ。

日本国憲法9条を梃子にして世界平和へと一石を投じ貢献していくという積極性を、日本は残念ながらこれまでついぞもつことがなかった。第Ⅱ部の日本国憲法論で細かく論じるが、日本国政府がやったのは憲法9条をなし崩しにしたことだけ

第Ⅰ部 国民国家・憲法・戦争

だったのである。

[主要参考文献]

J.ロック　1690『統治論』（宮川透訳、『ロック　ヒューム』中央公論社　1968)

A.スミス　1776『国富論』（水田洋訳、『世界の大思想　スミス』上・下、河出書房新社　1969)

W.F.ヘーゲル1821『法の哲学』（藤野・赤沢訳、『ヘーゲル』中央公論社　1967)

K.マルクス　1844「ユダヤ人問題によせて」（花田圭介訳、『マルクス　経済学・哲学論集』河出書房、1967)

K.マルクス　1845-6「ドイツ・イデオロギー」（中野雄策訳、『マルクス　経済学・哲学論集』河出書房、1967)

J.S.ミル　　1861「代議制統治論」（水田洋訳、『世界の大思想　ミル』河出書房新社　1969

M.フーコー　1978「世界認識の方法」（吉本隆明『世界認識の方法』（対談集）中央公論社）

A.ギデンス　1985『国民国家と暴力』（松尾精文・他訳、而立書房、1999)

A.D.スミス　1986『ネイションとエスニシティ——歴史社会学的考察』（巣山他訳、名古屋大学出版会　1999)

B.アンダーソン1983『想像の共同体』（白石隆・他訳、リブロポート、1987)

E.ゲルナー　1983『民族とナショナリズム』（加藤節訳、岩波書店、2000)

S.ハンチントン　1996『文明の衝突』（集英社、1998)

M.フーコー　1978「世界認識の方法」（吉本隆明との対談　中央公論社）

E.ゲルナー　1992「今日のナショナリズム」（多和田祐司訳、『思想』1993、1月号）

J.グレイ　　1998『グローバリズムという妄想』（石塚雅彦訳、日本経済評論社、1999)

J.トムリンソン　1999『グローバリゼーション—文化帝国主義を超えて』（片岡信訳、青土社、2000)

福田歓一　1970『近代の政治思想』岩波新書

福田歓一　1971『近代政治原理成立史序説』岩波書店

田中克彦　1978『言語からみた民族と国家』岩波新書(1991年新版)

横山三四郎　1992『超国家EC』講談社新書

杉原泰雄　1992『人権の歴史』岩波書店

梶田孝道　1993『統合と分裂のヨーロッパ』岩波新書

吉本隆明　1999『私の「戦争論」』ぶんか社

野田宣雄　1998『二十世紀をどう見るか』文春新書

石井洋二郎　1998「思想としての開発」(『岩波講座　開発と文化2』岩波書店)

榊原英資　1998『国際金融の現場』　PHP研究所

多木浩二　1999『戦争論』岩波新書

関曠野　2001『民族とは何か』講談社新書

長谷川三千子　2001『民主主義とは何なのか』文春新書

吉本隆明　2002『超「戦争論」』1,2　アスキー

藤原帰一　2003『「正しい戦争」は本当にあるのか』ロッキング・オン

長谷部恭男　2004『憲法と平和を問い直す』ちくま新書

柄谷行人　2006『世界共和国へ』岩波新書

石川晃司　2002「発展論と歴史のサンス」『政経研究』(日本大学法学会) 第38巻4号

石川晃司　2010「日本国憲法第9条と国民国家」『研究紀要』(日本大学文理学部人文
　科学研究所) 第80号

石川晃司　2014「共同幻想論の振幅4——無差別殺戮から「存在倫理」へ」『研究紀要』
　(日本大学文理学部人文科学研究所) 第88号

第Ⅱ部　日本国憲法論

第Ⅱ部　日本国憲法論

第1章　日本の近代化と大日本帝国憲法

　実質的な意味における憲法は、いやしくも国家の体裁をとっている以上、必ず存在する。これはわが国でも同じだ。だが、私たちが通常の意味で使う成文憲法としては大日本帝国憲法（明治憲法）が最初である。当然ながら、この憲法には当時、世界の中で日本のおかれていた特殊な状況が反映されることになる。

（1）大日本帝国憲法制定の背景

1）封建制解体から近代集権国家への急激な転換

　大日本帝国憲法制定を考えるとき、封建制解体から近代集権国家への急激な転換という制定の背景を踏まえなければならない。西欧の近代憲法は、市民階級が絶対王政を打倒した後の自らの権利宣言という側面をもつ。しかし、明治初期の日本にあっては、このような市民社会が存在しなかったし、市民階級もまた形成されていなかった。要するに近代憲法の成立条件も担い手となる階層も存在しなかった。そのために、アメリカを含めた西欧諸国のような形で憲法をつくりあげることはできなかった。

2）絶対的な権力中枢確立の必要性

　一方、徳川幕藩体制を崩壊させた混乱期にあって、国内を統一し急激な近代化を成し遂げるためには、絶対的な権力中枢の存在が必要不可欠という問題もあった。国内を統一するための権力の結集点が必要であった。この結集点が天皇に求められた。伊藤博文は「我国に在て基軸とすべきは独り皇室あるのみ、

62

第1章 日本の近代化と大日本帝国憲法

是を以て此憲法草案に於ては専ら意を此点に用ひ、君権を尊重して成るべく之を束縛せざらん事を勉めたり」と述べており、天皇を中心に据えた憲法体制が敷かれることになった。

3) 自由民権運動による憲法制定への圧力

公議輿論の尊重と開国和親を基調とした明治新政府の基本方針をまとめ、明治天皇がその実現を誓ったものが五箇条の御誓文である（1868年4月6日）。

> 五箇条の御誓文── 一、廣ク會議ヲ興シ萬機公論ニ決スヘシ
> 一、上下心ヲ一ニシテ盛ニ經綸ヲ行フヘシ
> 一、官武一途庶民ニ至ル迄各其志ヲ遂ケ人心ヲシテ倦マサラシメン事ヲ要ス
> 一、舊來ノ陋習ヲ破リ天地ノ公道ニ基クヘシ
> 一、智識ヲ世界ニ求メ大ニ皇基ヲ振起スヘシ

とりわけ「廣ク會議ヲ興シ萬機公論ニ決スヘシ」「上下心ヲ一ニシテ盛ニ經綸ヲ行フヘシ」を背景に、公議輿論の中心となる立法議事機関の設置を求めて、副島種臣、板垣退助、後藤象二郎、江藤新平らによって民撰議院設立建白書が出された（1874年）。この建白書は（官選ではなく）民選の議員で構成される立法議事機関の開設を要求し、官僚による専制政治、薩長藩閥による政権運営を批判するものであった。この批判はさらに自由民権運動となって盛り上がり、そのなかで、植木枝盛の『東洋大日本国国憲按』（1881年）や立憲改進党系交詢社起草の『私擬憲法案』に代表されるようなさまざまな私擬憲法案（憲法私案）があきらかにされた。植木の案は、人権の幅広い保障、一院制議会の強い権限、抵抗権・革命権の規定などに特徴があった。こうした圧力もあって、政府としても憲法制定へと向かうことになった。

> 植木枝盛「東洋大日本国国憲按」（1881年）より
> 第5条 日本ノ国家ハ日本各人ノ自由権利ヲ殺減スル規則ヲ作リテ之ヲ行フヲ得ス
> 第72条 政府 恣ニ国憲ニ背キ 擅ニ人民ノ自由権利ヲ残害シ建国ノ旨趣ヲ妨クルトキハ、日本国民ハ之ヲ覆滅シテ新政府ヲ建設スルコトヲ得
> 第114条 日本連邦ニ関スル立法ノ権ハ日本連邦人民全体ニ属ス

63

4）対外的体裁

近代国民国家は憲法によって、自国の統治体制を確立するわけだが、日本も大日本帝国憲法によって、国家の運営の基本方針をあきらかにすることになった。欧米列強に対抗するためには、曲がりなりにも憲法を制定し、近代国家の体裁をととのえる必要があった。

ただ、ここで注意すべきは、憲法の草案についての枢密院での会議（議長・伊藤博文、1888年6月）で、第4条に関して、時の司法大臣・山田顕義が「天皇ハ国ノ元首ニシテ統治権ヲ総攬シ此ノ憲法ノ条規ニ依リ之ヲ行フ」のうち「此ノ憲法ノ条規ニ依リ之ヲ行フ」の部分の削除を求めたのに対し、伊藤は「本条はこの憲法の骨子である。憲法政治といえば、すなわち君主権を制限することなのである。この条項がなければ、憲法はその核となるものを失うことになる。この条項がなければ、憲法政治ではなく無限専制の政体になってしまう」と喝破している。これを見る限り、西欧の立憲主義を採用したいという伊藤の考えが前面に押し出されている。一方、2）で見たように、絶対的な権力中枢が必要であるという認識も、伊藤はもっていた。大日本帝国憲法は、最初から矛盾する内容を含まざるを得なかったということができよう。

（2）憲法制定の経過

民間の活発な私擬憲法案と並んで、政府内でも憲法草案の作成が進められた。その中心となったのは伊藤博文であった。伊藤は1982年ヨーロッパに派遣され憲法の調査をおこなった。とりわけシュタイン（Lorenz von Stein）の影響をうけ、ドイツ・プロイセンで支配的であった君主権の強い立憲君主制を構想する。翌年の帰国後、伊藤は憲法制定、議会開設のための改革を矢継ぎ早におこなうと同時に、井上毅らとともに憲法草案の作成に取り掛かった。

こうしてつくられた草案は枢密院に諮詢したのちに確定され、1889年2月11日天皇によって大日本帝国憲法として欽定発布された。

(3) 大日本帝国憲法の構造と特色

　西欧とは違った背景のもとに成立した憲法であるから、その内容もちがったものとならざるをえない。西欧の近代憲法は、反絶対王政の立場から、さまざまな自由を求める市民階級の権利宣言として出されたという性格をもつ。

　これに対し、大日本帝国憲法においては主権が天皇にあるとされ、天皇のもとに行政、立法、司法が置かれた。行政、立法、司法が分けられていた点では権力の分立が図られている。しかし、西欧の三権分立は、権力を分割しそれらを相互に牽制させることによって絶対的な権力が出現することを否定し、市民の基本的人権を守るためのシステムであるが、大日本帝国憲法においては、その上に天皇が絶対者として君臨しているから、西欧の三権分立とは事情が異なる。

　大日本帝国憲法は、こうした近代憲法の性格を取り入れつつ、絶対主義的な要素（天皇主権）も入れざるをえなかった。いわゆる外見的立憲主義をとっている。

1) 絶対主義的要素（国体論）

①万世一系

　第1条で「大日本帝国ハ万世一系ノ天皇之ヲ統治ス」と規定され、この天皇制は、天皇の子孫も国民も変えることができないとされる。

　近代的な政治文書に「万世一系」のような文学的な表現がもちいられるのは異様だが、このフレーズはその後広く使われ、皇室の永続性が皇室の正統性であることを周知させる強力な道具となった。

②総攬者としての天皇

　天皇は統治権の「総攬者」（統治権力を掌握する者）であり、すべての統治の権能の淵源は天皇にあるとされた。また、他の国家機関のカバーしない事柄はすべて天皇の権能とされた。

　この天皇が日本を統治する体制を国体といい、天皇統治の正当性を根拠づける理論を国体論*という。国体論には井上毅らが提唱した「シラス」国体論と高山樗牛らが提唱した家秩序的国体論の二種が有名である。

第Ⅱ部　日本国憲法論

　憲法制定当初は井上らの国体論を基礎的原理としたが、日清戦争後は高山ら
の国体論が徐々に浸透してゆき、天皇機関説事件以後は、「君民一体の一大家
族国家」（文部省「国体の本義」）として、ほぼ国定の解釈となった。

③天皇大権

　憲法上、天皇が天皇大権とよばれる広範な権限を有していた。議会・内閣・裁
判所に対する国務大権、軍部に対する統帥大権、宮内大臣さらには皇族・華族
に対する皇室大権がある。たとえば、行政・立法・司法の三権は究極的には天皇
に集中する体制になっており、いずれも天皇大権の翼賛（補助）機関の位置づけ
になっている。ただ次に述べるように、こうした天皇の大権が実際に行使されたか
といえば疑問である。しかし、重要なことはこうした天皇の「位置づけ」であり、実
際の権力の行使の後見的な役割を天皇に果たさせることが可能であった点であ
る。政治的な決定や行為は、何であれ、天皇のお墨付きを得れば絶対化・正当化
されるような構造になっているということだ。

2) 立憲主義的要素

　指摘したように、大日本帝国憲法上、天皇は絶対的な地位におかれているが、
その内部においては近代的な憲法の要素も見られる。不完全ながらも、議会、内
閣、裁判所が天皇のもとに設けられた。たしかに天皇は大権をもっており、これら
の機関は天皇大権の翼賛機関といえるが、いま述べたように事実上この大権が
行使されたことはなかったのである。

---

*　国体論の二種
①『シラス』国体論
　大日本帝国憲法起草者の一人である井上毅らが主唱
　古事記神話に基づいて公私を峻別し、天皇は公的な統治を行う（シラス）ものであって、他の
　士豪や人民が行う私的な所有権の行使（ウシハク）とは異なるとする。
②家秩序的国体論
　後に高山樗牛、井上哲次郎らが主唱した国体論
　広く浸透していた「家」を中心とする国民意識に基づき、「皇室は宗家にして臣民は末族なり」
　とし、宗家の家長たる天皇による日本（=「君臣一家」）の統治権を正当化する。

第1章　日本の近代化と大日本帝国憲法

①議会制度

　a）帝国議会が設けられ民選議員が認められたこと、b）帝国議会の参与なしに法律や予算が成立しないことの二点に、大日本帝国憲法の中での立憲主義のあらわれを見ることができる。

　しかし、その権限や組織は、民主的な議会の理念からみて不徹底なものであった。議会は立法協賛組織と位置づけられ、法律制定には天皇の裁可と国務大臣の副署が必要であった。同時代の他の君主国憲法においては、立法権を君主と議会が共有するという制度を採っていることを考えれば、大日本帝国憲法下における議会の権限はかなり制限されたものであった。また政府に対するコントロールは弱く、むしろできるだけ政府が議会の抑制をうけずに行政権を行使できるようにされていた。帝国議会の一院に公選されない貴族院を置き、衆議院とほぼ同等の権限を持たせていたことも、民主的コントロールの点からは弱点となった。

　だが、制度的には、天皇が唯一の立法機関であり、帝国議会は立法機関ではなく天皇の立法協賛機関とされていたにしても、実務上は、帝国議会が可決した法律案に、天皇、行政部が拒否権を行使したことは一度もなく、基本的には帝国議会が立法機関として機能していた。

②大臣助言制

　天皇の国務上の行為は各大臣の「輔弼」（助言）によるべきものとされ、大臣の意思のとおりに天皇が行動することが期待された。実際、運用上は天皇が単独で権限を行使することはなく、内閣（内閣総理大臣）が天皇の了解を得て決断を下す状態が常であった。

　この大臣助言制は、君主（天皇）の独裁を阻止する機能だけでなく、大臣に対して議会の影響が及ぶ限度で、君主（天皇）の行動を民主的にコントロールしうるものであり、大日本帝国憲法の民主的な要素であったと考えられる。

③司法権の独立

　国民が独立した裁判所の裁判をうける権利を保障されたことも大日本帝国憲法の民主的な側面といえよう。大津事件での児島惟謙の対応が、司法権の独立を守った好例である。だが、形式的には「天皇の名において」裁判を行うとされていた（「司法権ハ天皇ノ名ニ於テ法律ニ依リ裁判所之ヲ行フ」［大日本帝国憲法

67

第Ⅱ部　日本国憲法論

57条〕）。また、司法裁判所の他に行政裁判所も認められていたし、特別裁判所の設置も認められていた。

④人権保障

　人権の尊重は近代憲法の大きな特色をなす。大日本帝国憲法の第2章は「臣民権利義務」として、人権に関する保障を挙げている。国民の権利と自由の保障も定めており、個人の尊重という民主的な理念に沿うものであり、このこと自体は大きな進歩であったといえる（しかし、こうした権利は永久のものではなく、天皇の意思によって恩恵的に与えられた、「臣民」である限りでのものであった）。

3) 憲法外機関の存在

　憲法の制約を受けず、天皇に助言を与えることができる機関が存在した。

①軍部

　大臣助言制によって君主独裁の防止や民主的コントロールがある程度可能であったが、軍部および皇室は憲法外機関であり、大臣助言制の埒外にあった。特に軍部は、天皇が自ら統帥するものであり、また統帥権を輔弼する機関であった。内閣からも議会からも独立しており、後に昭和に入って、陸海軍は天皇から直接統帥を受けるのであって政府の指示に従う必要はないとして、満州事変などにおいて政府の決定を無視した行動をとり戦争への道を開くことになった。

②元老・内大臣

　元老、内大臣も、議会からのコントロールをまったく受けずに天皇に助言を与える憲法外機関であり、大臣助言制を弱めることになった。

③枢密院

　枢密院は憲法に「枢密顧問ハ枢密院官制ノ定ハル所ニ依リ天皇ノ諮詢ニ応ヘ重要ノ国務ヲ審議ス」〔大日本帝国憲法56条〕規定されているから憲法外機関ではないが、議会や大臣とは別個に天皇に助言を与えることができた点では、前二者と同じである。

憲法上あるいは形式的に天皇が統治機構上の中心であることはあきらかだが、それを取りまくさまざまな機関があり、中心の決定がどこでなされているのか判然としないところがある。平時にあっては、なんとかとりつくろってやり過ごすことができても、戦争などのクリティカルな局面においては、これはあきらかに指揮命令系統上の弱点として作用する。昭和に入ってから、軍部の独走、狂信的な軍国主義の台頭はこうした弱点のあらわれであった。

明治憲法下の政治機構

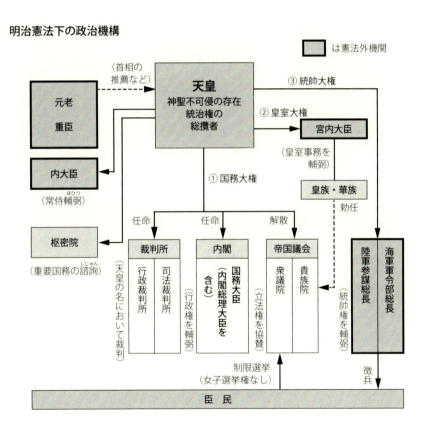

第Ⅱ部　日本国憲法論

(4) 大日本帝国憲法の二元性とその展開

「絶対主義」的な要素と「立憲主義」的な要素との混在

「絶対主義」的な要素：天皇が絶対権をもつ
　　　　根拠：第1条「大日本帝国ハ万世一系ノ天皇之ヲ統治ス」
「立憲主義」的な要素：天皇も憲法に服する
　　　　根拠：第4条「天皇ハ国ノ元首ニシテ統治権ヲ総攬シ此ノ憲法ノ条
　　　　　　　規ニ依リ之ヲ行フ」

　1条と4条は厳密にいえば矛盾する面があり、後に憲法解釈学説上の大きな対立をもたらすことになる。天皇機関説をめぐる憲法論争（1912）にもその二つの立場のちがいがあらわれているといえる。これは国体の在り方をめぐって、憲法の解釈が二つに分かれた大論争であった。

　天皇主権説（上杉慎吉）←第1条
　「天皇は国家そのものであり、天皇の意思によって国家は動かされる」。天皇中心主義が日本の国体そのもの。天皇が統治権をもち日本の主権者である。「自分は日本を君主国だと考えるが、美濃部博士は民主国だとしている」。
　　　　　　　　　　　vs
　天皇機関説（美濃部達吉）←第4条
　「国家はたくさんの機関から成り立つ組織である。天皇もその機関の一つで、「最高機関」である」（『憲法講話』）。主権（統治権）は国家そのものにある。天皇はその頭の部分にあたる。天皇も国民と同じように国家機関の一つである。（民主国といったことはない。）

　論争自体は美濃部達吉の圧勝であった。しかし、昭和に入って世論においては、大日本帝国憲法の立憲主義的な要素は後景に退き、国家主義（軍国主義）、天皇制絶対主義が前面に出てくる。美濃部の著書は発禁とされ、美濃部自身も貴族院議員を辞めることになった。こうして、日本は軍部を中心に大東亜戦争（太

70

平洋戦争）へと突っ走っていくのである。

　この時期の法制を考えると、法制それ自体というよりも政治絡みの動きに全てが巻き込まれていったようなイメージがある。そして、それを分析することがおそらく重要なのだ。現在も含め、日本近代史一般の問題としてもこの視点は重要であるようにおもえる。

第Ⅱ部　日本国憲法論

第2章　日本国憲法の成立と基本原理

　日本国憲法は制定の形式こそ大日本帝国憲法の「改正」という形をとっているが、内容的には法的革命といってもいいほどの別物であった。典型的な部分は、天皇主権から国民主権への変更、憲法外機関として認められていた軍部を廃止し、軍隊自体を認めないとする徹底した平和主義などにみられる。その他にも、日本国憲法においては、基本的人権の尊重や統治システムにおける権力の分立などもあきらかにされており、概して近代憲法の文法にかなうものであった。

(1) 日本国憲法の制定

1) 制定の経過

　制定過程については、図表にまとめた通りだが、ポイントになる点について以下に簡潔にまとめておく。

1945年8月14日　「ポツダム宣言」受諾

　ポツダム宣言は、1945年、ベルリン郊外のポツダムで、第2次世界大戦終結のために行われた、アメリカ・イギリス・ソ連の会談の際に出された共同宣言である。日本に対して無条件降伏を要求した。当初、日本政府は天皇統治大権の不変更（＝天皇制維持）を条件とした受諾を申し入れたが、連合国側は拒否した。結局、日本政府は無条件降伏を受け入れ、このポツダム宣言は連合国による日本占領政策の最高規範となった。また、日本からすれば、この宣言の通りに、新しい国家を建設することを国際的に約束したことを意味する。

　ポツダム宣言から読み取れることは、民主主義の復活強化、言論、宗教および

思想の自由並びに基本的人権の尊重の確立、平和主義の実現を日本政府の責務として課せられていることである。当然、これらの内容が新しい憲法に盛り込まれなければならなかった。

1945年10月11日　連合国最高司令官マッカーサー、憲法改正検討の指示
　　→ 憲法問題調査委員会（松本委員会。松本烝治国務大臣主任）が改正草案の準備
　　　　　1946年2月草案（松本案）作成
　　　　　　：保守的色彩、天皇が統治権を総攬するという原則はそのまま。
　　　　　　とても民主的とはいえない。マッカーサーは拒否。
　　→ マッカーサー三原則を提示して憲法草案の起草
　　　　①天皇の地位　②戦争放棄　③封建制の廃止
　　→ 1946年3月6日　憲法改正草案要綱　発表
　　　　：「民主・自由・平和」の原則の徹底
　日本国政府の動きとは別に、政党や民間団体も憲法改正の試案を発表した。その多くは民主主義的要素を強調したものであったが、それでもこの草案の民主的内容に驚いた。

1946年6月20日　憲法改正草案を第90回帝国議会で議論
　　　　①天皇制をめぐる「国体」の問題
　　　　②戦争放棄　　　　　　　　→これらが激しい議論の的に
　　→ だが、最高司令官の強い要望を背景に、結果的には草案がほぼそのまま成立

1946年11月3日　日本国憲法公布

第Ⅱ部　日本国憲法論

ポツダム宣言（抄）

〔発表 1945 年 7 月 26 日　日本受諾 1945 年 8 月 14 日〕

1　〔戦争終結の機会〕　吾等合衆国大統領, 中華民国政府主席及びグレート・ブリテン国総理大臣は, 吾等の数億の国民を代表し協議の上, 日本国に対し, 今次の戦争を終結する機会を与ふることに意見一致せり。

4　〔日本国の選択肢〕　無分別なる打算に依り日本帝国を滅亡の淵に陥れたる我儘なる軍国主義的助言者に依り日本国が引き続き統御せられるべきか又は理性の経路を日本国が履むべきかを日本国が決定すべき時期は, 到来せり。

6　〔軍国主義の除去〕　吾等は, 無責任なる軍国主義が世界より駆逐せらるるに至る迄は, 平和, 安全及正義の新秩序が生じ得ざる事を主張するものなるを以て, 日本国国民を欺瞞し之をして世界征服の挙に出づるの過誤を犯さしめたる者の権力及勢力は, 永久に除去せられざるべからず。

7　〔日本の占領〕　……日本国の戦争遂行能力が破砕せられたることの確証あるに至る迄は, 連合国の指定すべき日本国領域内の諸地点は, 吾等の茲に指示する基本的目的の達成を確保する為占領せらるべし。

8　〔領土の制限〕　カイロ宣言の条項は, 履行せらるべく, 又日本国の主権は, 本州, 北海道, 九州及四国並に吾等の決定する諸小島に局限せらるべし。

9　〔軍隊の武装解除〕　日本国軍隊は, 完全に武装を解除せられたる後各自の家庭に復帰し, 平和的且生産的の生活を営むの機会を得しめらるべし。

10　〔戦争犯罪人の処罰・民主主義の復活強化〕　……吾等の俘虜を虐待せる者を含む一切の戦争犯罪人に対しては厳重なる処罰を加へられるべし。日本国政府は, 日本国民の間に於ける民主主義的傾向の復活強化に対する一切の障礙を除去すべし。言論, 宗教及思想の自由並に基本的人権尊重は, 確立せらるべし。

11　〔軍需産業の禁止〕　日本国は, 其の経済を指示し, 且公正なる実物賠償の取立を可能ならしむるが如き産業を維持することを許さるべし。但し, 日本国をして戦争の為軍備を為すことを得しむるが如き産業は, 此の限に在らず……。

12　〔占領軍撤収の条件〕　前記諸目的が達成せられ且日本国民の自由に表明せる意思に従ひ平和的傾向を有し且責任ある政府が樹立せらるるに於ては連合国の占領軍は直に日本国より撤収せらるべし。

13　〔即時無条件降伏の要求〕　吾等は, 日本国政府が直に全日本国軍隊の無条件降伏を宣言し, 且右行動に於ける同政府の誠意に付適当且充分なる保証を提供せんことを同政府に対し要求す。右以外の日本国の選択は, 迅速完全なる破壊あるのみとす。

（小田滋・石本泰雄編『解説・条約集』三省堂、外務省訳のカタカナ表記をひらがなに変えたものである。下線部は引用者）

74

第2章　日本国憲法の成立と基本原理

日本国憲法の制定過程

時期区分	年月日	事項
政府の 憲法改正 作業	1945.7.26	ポツダム宣言発表
	8.14	日本政府,ポツダム宣言受諾を回答
	8.15	天皇,ラジオで「終戦の詔勅」放送
	10.4	マッカーサー,近衛国務相に改憲示唆
	10.13	日本政府,憲法問題調査会(松本烝治委員長,いわゆる松本委員会)設置
	11.11	〈共産党,「新憲法の骨子」を発表〉
	12.27	〈憲法研究会,「新憲草案要綱」発表〉
	12.28	〈高野岩三郎,「改正憲法私案要綱」発表〉
	1946.1.1	天皇の「人間宣言」,神格を否定
	1.21	〈自由党,「憲法改正要綱」発表〉
	2.1	毎日新聞,政府の憲法改正案(いわゆる松本案)をスクープ
	2.3	〔マッカーサー,GHQ民政局にマッカーサー三原則にもとづく憲法原案の作成を指示〕
	2.8	〔政府,憲法改正要綱(松本案)を,GHQに提出〕
GHQ案の 作成	1946.2.13	〔GHQ,松本案を否定し,GHQ案(いわゆるマッカーサー草案)を日本政府に呈示〕
	2.14	〈進歩党,「憲法改正案要綱」決定〉
	2.22	〔閣議,GHQ案の受け入れを決定〕
	2.23	〈社会党,「新憲法要綱」発表〉
	2.26	極東委員会,ワシントンで第1回会合
	3.2	政府,GHQ案にもとづく憲法改正草案作成
	3.6	政府,「憲法改正草案要綱」を発表
議会での 審議	1946.4.10	新選挙法による衆議院総選挙(戦後第1回)
	4.17	日本政府,「日本国憲法草案」発表
	6.20	政府,第90回帝国議会に憲法改正案を提出
	8.24	憲法改正案,衆議院本会議で修正可決
	10.6	憲法改正案,貴族院本会議で修正可決
	10.7	衆議院本会議,貴族院の回付案を可決
	11.3	日本国憲法公布
	1947.5.3	日本国憲法施行

注．〈　〉は政党・民間の憲法草案,〔　〕は当時非公開であった。

2) 制定経過における「実質」と「形式」の矛盾

実質：　大日本帝国憲法とは根本的に異なる。たとえば天皇主権から国民
　　　主権への変更。これは日本国の基本原理、根本構造が変更を受けたこと
　　　を意味する。一種の法的革命であり、この大変更の根拠は、いうまでもなく
　　　ポツダム宣言の受諾に求められる。

形式：　日本国憲法は大日本帝国憲法73条の定める改正手続によって成立

第Ⅱ部　日本国憲法論

している。形式的にみれば、両者の間に法的な連続性が存在することに
なる。
　なぜこのような形式をとったのか。ポツダム宣言受諾の時点で、天皇主権から
国民主権への転換は既定であった。しかし、敗戦間もなくの時期であり、国民の
天皇に対する尊崇の念が消えたわけではない。そうしたなかで、天皇をないがし
ろにするような印象をあたえ、国民の反感をかって混乱を助長するわけにはいか
ないという、占領政策上の政治的配慮がはたらいたと考えるのが妥当であろう。

3)「押しつけ憲法論」は妥当か

　「押しつけ憲法論」というものがある。日本国憲法は国民の意思が完全に自由
でない占領下状況において、しかも、以上見たようにマッカーサー（GHQ）主導で
制定された（押しつけられた）ものであるから、日本が完全な独立を回復した後に、
日本国民の自由な意思に基づいて改正されなければならないとするものである。
形だけを見ると、確かに「押しつけ」られたようにみえる。しかし、ここから直ちにこ
の憲法が押しつけられたものであり、改正すべきだとはならない。なぜか。
　①第一に、マッカーサー（GHQ）は、当初、新憲法制定の主導権を日本政府（憲
法問題調査委員会、通称松本委員会）に渡している。これはきわめてフェアであ
り、押し付けようとするものではない。だが、この松本委員会が取りまとめた案は、
ポツダム宣言の内容とかけ離れ、これまでの大日本帝国憲法と変わり映えしないも
のであった。ポツダム宣言受諾は国際公約であり、ましてや無条件降伏であるか
ら、当然これを遵守しなければならない。だが、時の日本政府にはこのことの意味
を甘くみていた、あるいは理解しようとしなかったフシがある。当然、マッカーサー
は松本案を拒否したが、この拒否には十分な根拠がある。
　②この新しい憲法を国民が積極的に受け入れたようにおもわれる。年表でも
見たとおり、政府案の他にも、野党や民間からさまざまな新憲法試案が発表されて
いるが、これらの試案のいずれよりも、マッカーサー草案は進歩的な内容をもって
いた。国民はマッカーサー草案に驚いたが、審議していく過程で民主制に対する
支持が広がっていった。この憲法は受動的に与えられたが、国民はそれを積極
的に受容し、その後も定着させてきた。この側面を重視すれば、単純に押し付け
られたとするわけにはいかない。

76

③憲法制定議会と評される第90回帝国議会の2か月前に衆議院選挙が行われて、憲法改正草案要綱に対する国民の意思が表明されている。その民意をになった議員の圧倒的多数が憲法草案に賛成した。

(2) 日本国憲法の構成と特質

1) 日本国憲法の構成と内容（大日本帝国憲法との比較で）

　前文と全11章から成る。「第2章戦争の放棄」以外、第7章までは、形式的には大日本帝国憲法を踏襲している。日本国憲法は大日本帝国憲法の第73条の手続による改正という形をとって成立した。既述のように、内容的にはほとんど法的革命といっていいほどの大変更だが、混乱を避けるためにこのような形をとった。

　前文は、この憲法の基本的な原理や理念を述べたものであり、内容の上でも1条以下の本文同様重要な部分を構成するものである。前文を変更する場合には憲法改正の手続きを必要とする。情熱がこめられた文章であり、憲法の文言としては異質な感じがするが、それほどまでにこの憲法にかける意気込みがみられる。

　天皇条項が第1章にきているのは大日本帝国憲法との連続性を確保するためのものであり、その実質的な内容は国民主権である。国民主権の次に第2章として、戦力の不保持までも定めた「戦争の放棄」を掲げているのは、この章に込められた重要性を示すものであろう。この条項はこの憲法のもっとも大きな特色をなすものでもある。

　「第8章地方自治」「第10章最高法規」は新設された。第8章は民主政を徹底し、中央集権に対抗するもので権力分立の一環である。第10章は大日本帝国憲法下における天皇主権を否定し、憲法が最高法規であることを強調し立憲主義を徹底させたものである。

2) 日本国憲法の三原則

　一般に日本国憲法の三原則として挙げられるのは、

　　A) 国民主権

　　B) 基本的人権の尊重

第Ⅱ部　日本国憲法論

日本国憲法と大日本帝国憲法の比較

<table>
<tr><td colspan="2">事項</td><td colspan="2">日本国憲法　　公布1946（昭和21）年11月3日
施行1947（昭和22）年5月3日</td></tr>
<tr><td rowspan="3">制定過程</td><td>制定の動機</td><td colspan="2">ポツダム宣言の受諾</td></tr>
<tr><td>制定の中心</td><td colspan="2">日本国政府・連合国軍総司令部（マッカーサー）</td></tr>
<tr><td>模範憲法</td><td colspan="2">主としてアメリカ合衆国憲法</td></tr>
<tr><td rowspan="2">形式</td><td>性格</td><td colspan="2">民定、硬性、成文憲法</td></tr>
<tr><td>皇室典範との関係</td><td colspan="2">憲法は最高法規として唯一のもので、皇室典範は国会が制定する普通の法律となる</td></tr>
<tr><td colspan="2"></td><td></td><td>憲法に基づく諸法律</td></tr>
<tr><td rowspan="11">構成と内容</td><td>第1章
天皇</td><td>日本国、日本国民統合の象徴（国民の総意に基づく）。形式的、儀礼的な国事行為のみを行う。天皇は国政に関与せず主権は国民に（国民主権）</td><td>皇室典範、恩赦法、皇室経済法</td></tr>
<tr><td>第2章
戦争の放棄</td><td>戦争の放棄。戦力の不保持。交戦権の否認</td><td>※自衛隊法</td></tr>
<tr><td>第3章
国民の権利および義務</td><td>永久不可侵の基本的人権。国政上最大の尊重。自由権のほか社会権まで保障。権利の種類も多い</td><td>国籍法、請願法、国家賠償法、教育基本法、労働基準法、人身保護法、刑事補償法</td></tr>
<tr><td>第4章
国会</td><td>国民の代表機関。国権の最高機関。唯一の立法機関。二院制で衆議院と参議院（ともに民選）。衆議院の優越。参議院には解散なし。国政調査権をもつ</td><td>国会法、公職選挙法、裁判官弾劾法、議院規則</td></tr>
<tr><td>第5章
内閣</td><td>行政権の行使。議院内閣制をとり、内閣は国会に対し連帯責任を負う。首相は国会が指名。首相は首長として国務大臣を任意に任免する強い権限をもつ</td><td>内閣法、国家行政組織法、国家公務員法</td></tr>
<tr><td>第6章
司法</td><td>司法権の行使。違憲立法審査権あり
特別裁判所の廃止
最高裁判所裁判官の国民審査</td><td>裁判所法、検察庁法、最高裁判所裁判官国民審査法</td></tr>
<tr><td>第7章
財政</td><td>国会で予算不成立の場合支出が不能
皇室費も国会の議決による
国会の議決なくして課税・支出は不可能</td><td>財政法、会計法、会計検査法</td></tr>
<tr><td>第8章
地方自治体</td><td>地方自治の尊重。自治体の長と議員の直接選挙
住民の直接請求権。地方自治特別法の住民投票</td><td>地方自治法、地方公務員</td></tr>
<tr><td>第9章　改正</td><td>国会の発議によって国民投票</td><td></td></tr>
<tr><td>第10章
最高法規</td><td>基本的人権の尊重。憲法は国の最高法規
天皇・公務員等の憲法尊重擁護義務</td><td></td></tr>
<tr><td>第11章　補則</td><td></td><td></td></tr>
</table>

第2章　日本国憲法の成立と基本原理

		大日本帝国憲法　公布1889（明治22）年2月11日 施行1890（明治23）年11月29日
制定過程		自由民権運動の発展とそれへの対応
		伊藤博文（金子堅太郎、伊東巳代治、井上毅）
		プロイセン（プロシア）憲法
形式		欽定、硬性、成文憲法
		憲法の二元性（憲法典は、大日本帝国憲法と皇室典範との2つからなる）
構成と内容		（第1章　天皇） 神聖不可侵。統治権を総攬する元首（神勅に基づく）。帝国議会の参与なしに天皇のみで行使できる広範な天皇大権をもつ
		天皇の陸海軍の統帥権（統帥権の独立）。宣戦・講和の大権。国民の兵役義務（徴兵制）
		（第2章　臣民権利義務） 恩恵的な「臣民」の権利として規定。法律による制限（法律の保留）。自由権のみで、その種類も少ない
		（第3章　帝国議会） 天皇の協賛機関。二院制で、衆議院（民選）と貴族院（皇族・華族・勅任議員）。両院は対等。貴族院には解散なし。国政調査権なし
		（第4章　国務大臣及枢密顧問） 内閣制度の規定なし（内閣は憲法上の機関ではなく内閣管制による）。国務大臣は天皇の輔弼機関。天皇に対して責任を負う。首相は元老などの推薦に基づいて天皇が任命。首相の地位は「同輩中の首席」にすぎず弱かった。枢密院、顧問官制あり
		（第5章　司法） 天皇の名において裁判を行う。違憲立法審査権は実質的にない 特別裁判所の設置（行政裁判所など）
		（第6章　会計） 予算不成立の場合前年度の施行が可能 皇室費の独立　緊急処分により課税・支出が可能
		規定なし
		天皇が勅令で発議し、国会で議決
		規定なし
		規定なし

79

第Ⅱ部　日本国憲法論

C）平和主義

であり、これらは前文や次の条文などにあきらかである。

「日本国民は、正当に選挙された国会における代表者を通じて行動し、われらとわれらの子孫のために、諸国民との協和による成果と、わが国全土にわたつて自由のもたらす恵沢を確保し、政府の行為によつて再び戦争の惨禍が起こることのないやうにすることを決意し、ここに主権が国民に存することを宣言し、この憲法を確定する。そもそも国政は、国民の厳粛な信託によるものであつて、その権威は国民に由来し、その権力は国民の代表者がこれを行使し、その福利は国民がこれを享受する。これは人類普遍の原理であり、この憲法はかかる原理に基くものである。われらは、これに反する一切の憲法、法令及び詔勅を排除する」〔前文〕

「日本国民は、恒久の平和を念願し、人間相互の関係を支配する崇高な理想を深く自覚するのであつて、平和を愛する諸国民の公正と信義に信頼して、われらの安全と生存を保持しようと決意した。われらは、平和を維持し、専制と隷従、圧迫と偏狭を地上から永遠に除去しようと努めてゐる国際社会において、名誉ある地位を占めたいと思ふ。われらは、全世界の国民が、ひとしく恐怖と欠乏から免かれ、平和のうちに生存する権利を有することを確認する」〔前文〕

「日本国民は、正義と秩序を基調とする国際平和を誠実に希求し、国権の発動たる戦争と、武力による威嚇又は武力の行使は、国際紛争を解決する手段としては、永久にこれを放棄する。

前項の目的を達するため、陸海空軍その他の戦力は、これを保持しない。国の交戦権は、これを認めない」〔9条〕

「国民は、すべての基本的人権の享有を妨げられない。この憲法が国民に保障する基本的人権は、侵すことのできない永久の権利として、現在及び将来の国民に与へられる」〔11条〕

「この憲法が日本国民に保障する基本的人権は、人類の多年にわたる自由獲得の努力の成果であつて、これらの権利は、過去幾多の試練に堪へ、現在及び将来の国民に対し、侵すことのできない永久の権利として信託されたものである」〔97条〕

　国民主権と基本的人権の尊重については、近代憲法の文法に倣っており、また人権に関しては自由権のみならず社会権・生存権にも配慮されていることを考えると、この憲法が優れて20世紀型の憲法であることがわかる。大日本帝国憲法においては主権が天皇にあるとされ、国民の権利も「臣民」である限りで天皇から与えられる権利であったことを考えれば、大きな進歩である。

　20世紀はしばしば戦争と大量殺戮の世紀であるといわれる。日本も第二次世

界大戦を戦った主要国の一つとして自国・他国に甚大な被害をもたらした。また唯一の被爆国として戦争の悲惨を知りぬいている。こうした反省を踏まえ、平和の大切さを憲法に盛り込んでいる。平和の大切さを盛り込むことは、他の20世紀の憲法にも見られるが、我が国のそれは9条にあきらかなように類をみないほど徹底したものであり、かつ他国の平和主義とは質的にも異なる（後述）。

第3章　国民主権と象徴天皇制

　日本国憲法は前文や第1条で主権が国民に存することをあきらかにしている。これはポツダム宣言の主旨に沿うものである。次に述べるように、主権には様々な意味があるが、国民主権という場合、国家権力の正当性の淵源が国民にあり、国民が国家意思を決定することを意味する。

　ただ、それにしても国民とは何か（どのように規定されるのか）、さらには国民主権とは具体的にはどのようにして実現されるのか、といった点について吟味しないと充分な理解は得られない。

　主権者が国民であるとはいっても、個々の国民が日常的に政治を決定しているわけではない。間接民主制の下においては、国民が代表者を選出し、その代表者が政治を行うという形をとる。したがって、代表者の選出である選挙は主権者である国民の政治参加の重要な手段となる。とりわけ「国権の最高機関」である国会の議員を選ぶ選挙は最重要である。

　大日本帝国憲法下の天皇主権から、日本国憲法下の国民主権への変更は大転換であった。この大転換にあたって、国民を納得させる天皇の位置づけが大きな問題となる。日本国憲法では天皇に関して「象徴」という位置づけをおこなうことになった。

(1) 国民主権

1) 国　民

　（既定の事柄として外部から見た場合）
　　　国民＝国家の構成員としての人間。

所在地にかかわりなく属人的に国家に結びつく

①国籍
=正式の国民たる資格。規定の仕方は国によって異なる。

国籍の取得

1) 先天的：血統主義。婚姻した両親のいずれかが日本人の場合、自動的に日本人になる。

2) 後天的：一定の要件を満たした外国人が法務大臣の許可を得て帰化することで取得する。

②皇族
明治憲法下において認められていた華族制度は廃止されたが、天皇については「象徴」として残され天皇制が存置されたために、皇族も例外的に認められている。天皇および皇族は特別な種類として一般国民と異なる扱いがなされている。これは法の下の平等の例外である。

2) 主権者としての国民

①主権概念の形成（君主主権から国民主権へ）
1) 君主主権：　主権は、もともとはフランスの政治学者 J. ボダンが、君主（国王）の権力の絶対性を正当化するために編み出した概念である。近代初期に統一的な国家（後の国民国家）を形成するのに中心的役割を担ったのは国王（君主）であったが、その権力が、神から与えられたものであるがゆえに、他の勢力（教皇の権力や封建領主の権力といった中世的な諸勢力）よりも卓越し絶対性をもつものであるとした（王権神授説）。

2) 国民主権：　市民階級が、経済的な力をつけ国王に対抗するようになり、国によっては革命などを通して王政を打ち倒し政治的な覇権を握るに至る。この主権概念それ自体については温存され、国民主権となった。もちろん、そこには経済的・政治的な理由だけではなく、合理主義の精神、個人主義、契約論的国家観などの思想的な要因が相まっていることは、第Ｉ部にみたとおりである。

②主権の意味

　主権には憲法上、およそ以下の3つの意味が付与されるが、国民主権という場合には以下の1)の意味である。

　　1) 国家意思の最高決定権(最高権力)

　　　：国家の政治を決定する最終かつ最高の決定権を意味する。

　　　：「主権が国民に存することを宣言し、この憲法を確定する。そもそも国政は、国民の厳粛な信託によるものであつて、その権威は国民に由来し、その権力は国民の代表者がこれを行使し、その福利は国民がこれを享受する」[前文]

　　2) 国家の統治権力

　　　：立法・行政・司法権の総称であり、広く領土や国民を支配する国家の権力そのものを意味する。

　　　：「日本国の主権は、本州、北海道、九州、四国……に局限せらるべし」(ポツダム宣言　第2項

　　3) 国家権力の最高独立性

　　　：国家権力は国内的には最高であり、対外的には独立していることを意味する。

　　　：「われらは、いづれの国家も、自国のことのみに専念して他国を無視してはならないのであつて、政治道徳の法則は、普遍的なものであり、この法則に従ふことは、自国の主権を維持し、他国と対等関係に立たうとする各国の責務であると信ずる」[前文]

③国民が主権をもつとはどういうことか

　　1) 国民主権──「国民が最高権力をもつ」とはどういうことか。君主が最高権力をもつという君主主権とはちがつて、具体的イメージがわきにくい。これは、「国家権力の正当性の根拠が国民の総意にある」という理念・「たてまえ」をあらわしている。

　　2) 憲法との関連でいえば、国民が憲法を制定する権力(pouvoir constituant)をもつことを意味する。「この憲法は、国の最高法規であつて、その条規に反する法律、命令、詔勅及び国務に関するその他の行為の全部又は一部は、その効力を有しない」[98条①]とあるとおりで、その

憲法の制定権が国民に存する。

cf. 憲法によって制定される権力（pouvoir constitué）

④国民主権理念の具体化

1) 基本的人権を有することの宣言

  ：国家権力をもってしても奪うことのできないのが基本的人権

2) 国民が憲法上の機関としての地位をもつ（選挙権・被選挙権を持つ者に限定）

  ：公務員の任免、特別の立法過程に参加する権能など

　法の議論は常に後追いになる。法があって、そこから話が進む。概して法は事実として成立した世界を強化することに仕える場合が多い。「国民」にしても、それを自明視したうえでの議論になっている。だが「国民とは何か」といった問いを本質論的に発したらどうなるのだろうか。国民とは、必ずしも自明な概念ではないことが分かる。こうした点については第I部で論じている。

(2) 選　挙

1) 選挙の意義

　国民主権を実現するための手段。直接民主制が、現実的に見て不可能である以上、選挙によって代表者を選出し、その代表者が政治を行うことは、国民の政治参加のもっとも基本的な形となる。

2) 近代選挙法の原則

普通選挙：財産、人種、信条、性別、社会的身分、教育などを要件とせず選挙権を与える。［15条③］

⇔制限選挙：一定の納税額、財産額を選挙権の要件とする。

* 選挙権は合理的な理由により制限を加えることもある。例えば国籍や年齢による制限。服役中や公職選挙法に違反した場合も制限をうける。

平等選挙：一人一票（形式的平等）

⇔不平等選挙（複数選挙・等級選挙）

＊現代的な課題として1票の重みの格差がある。衆議院では2倍までは合憲範囲とされている。

直接選挙：本人が投票所に行って、正式な投票用紙に候補者名を自書して、直接に公務員を選挙する。［93条②］

⇔間接選挙：選挙人が選挙委員を選びその選挙委員が公務員を選挙する制度。ex.アメリカ大統領選挙

秘密投票制：誰に投票したかをあきらかにしない。弱者保護。［15条④］

⇔公開投票制：選挙民に責任ある投票行動をとらせるためには望ましいが。

任意投票制（自由投票制）：棄権しても処罰を加えない。棄権も意思表示。

⇔強制投票制

相対多数制：投票の結果、有効投票数の最多数を得た者が当選となる。

⇔絶対多数制：有効投票の過半数を得ることを当選の条件とする。

3) 現代日本の選挙区・代表制

どのような選挙制度にするかは、その国をどのように構築していくか、どのようにしたいかに関連した大問題である。現在、我が国の衆議院議員選挙で採用されている「小選挙区比例代表並立制」を具体的な例にとって検討してみる。

一般に選挙制度には図表にまとめた3つの類型が認められ、それぞれの特色が見られる。

これらの選挙制度で、票にあらわれた民意の忠実な反映という視点から最も合理的なのは、比例代表制のように見える。小選挙区制には死票が多いという欠陥がある。現在の日本の衆議院議員選挙では「小選挙区・比例代表並立制」を採用している。この制度では、小選挙区制と比例代表制が並立されているが、中心は小選挙区制におかれている。なぜこのように小選挙区制を中心に据えたのか。ここでは90年頃の日本で叫ばれた政治改革を念頭において考えなければならない。

90年頃から政治改革が叫ばれるようになった。この改革において、選挙制度改革が大きな目玉になった。

第3章　国民主権と象徴天皇制

選挙区制度の種類と特色

	小選挙区 (1選挙区1人選出)	大選挙区 (1選挙区複数選出)	比例代表制 (政党の得票数に比例して 議席を配分)
長所	①小党分立を防ぎ、 　政局が安定。 ②選挙費用が比較的 　少額ですむ。 ③選挙違反の取締りが 　しやすい。 ④有権者が候補者を 　よく知ることができる。	①死票が少なくなる。 ②少数派の代表選出を 　可能にする。 ③有能な人物・新人が 　進出しやすい。 ④選挙の公正を 　期しやすい。	①死票が少ない 　(政党の得票数が 　議席数に忠実に 　反映される)。 ②政党政治に適合する。
短所	①死票が多く、 　多数派が不当に有利。 ②ゲリマンダーの 　危険性が大きい。 ③国民の代表としての 　適格性を欠き地方的小 　人物が輩出する。 ④不正選挙の可能性が 　高く、新人・女性の進出 　が困難(現役有利)。	①小党分立を生じ、 　政治が不安定になる。 ②選挙費用が多くなる。 ③有権者が候補者の人格 　や識見をよく知ることが 　できない。	①少数政党の分立により、 　政局の不安定を招く 　傾向がある。 ②候補者と有権者の関係 　が稀薄なため、政治的 　能力に関係なく知名度 　で候補者を選ぶケース 　が見られる。 ③いわゆる「無所属」 　候補が事実上不可能に 　なる。

＊　(注) 死票とは選挙で落選した候補者に投じられて、選出に反映されない票のことである。
　2012年の衆議院選挙では、共産党は470万票(得票率7.9%)を得たが、議席がゼロであっ
　たため、全て死票となった。

＊　ゲリマンダーとは自党に有利なように選挙区割りをすること。1812年、アメリカのマサチューセッ
　ツ州知事であったゲリーが行なったことで有名。その選挙区割りがサラマンダー(ギリシャ神話
　に出てくるトカゲ)に似ていたため、こうよばれた。

＊　日本で、小選挙区比例代表並立制以前には、中選挙区制が採用されていた。これは1選挙
　区から複数名を選出するもので、理論的には大選挙制に入るが、1選挙区あたりの定員が通
　常3～5名と少ないために「中選挙区」と呼ばれた。

＊　一般に比例代表制は、長所、短所ともに大選挙区制のそれを一層明確化したものとなっている。

　現在の小選挙区・比例代表並立制以前に採用されていた中選挙区制のもとに
おいては、自民党が世界に類例を見ない長期政権を持続した。(事実38年の長
きに渡って、政権の座にあった。)半永久的におもわれた政権に安住した自民党
は、90年頃には、リクルート事件や佐川急便事件など、多くの疑獄事件を引き起こ

87

し、国民の信頼を失っていった。一方、野党は野党で万年野党の地位に甘んじ、いわゆる「国対政治」に代表される与野党なれあい政治が横行したため、同じく国民の信頼を失っていった。要するに日本の政治それ自体に対して、国民がノーを突きつけていたのである。

　もとより、政治改革は選挙制度改革に限定されるわけではない。しかし、このような事態の解決に、中選挙区制という選挙制度の改革が大きな目玉になり、紆余曲折を経て、現在の「小選挙区・比例代表並立制」に落ち着いた。これは、小選挙区から295（当初は300）名、比例代表で180（当初は200）名の議員を選出するものであるが、中心は小選挙区制に置かれている。

中選挙区制から小選挙区制へ

選挙区から数名の当選者を出す＝中選挙区制
　①自民党が過半数を占める
　　　　野党は政権を目指さずその地位に安住（特に社会党）
　　→政権交代が望めない（38年間も続いた55年体制）
　　→◎権力エリート（政・官・業の「鉄の三角同盟」）の強化
　　　　◎緊張感なしの与野党「なれあい」政治（国対政治）＝政治の停滞
　②自民党内部の派閥間での争いが激化する（自民党＝派閥連合体）
　　→派閥領袖（「親分」）はカネ集めに奔走する
　　　リクルート事件、佐川急便事件
　　→政治腐敗
　→「政権交代」が可能になるようなシステムの模索
　　「鉄の三角同盟」のメンバーチェンジ＝現実上の政治発展
小選挙区制の導入
　　a）二大政党制になりやすい（→政権交代しやすい）
　　b）与党は安定多数を取りやすい（→政治の安定）

第3章　国民主権と象徴天皇制

衆議院議員選挙における得票率と議席占有率			
第44回衆議院議員選挙（「**郵政選挙**」）　2005年9月11日			
（小選挙区）	得票率	議席数	議席占有率
自民党	47.8%	219	73.0%
民主党	36.4%	52	17.3%
第45回衆議院議員選挙　2009年8月30日			
（小選挙区）	得票率	議席数	議席占有率
自民党	38.68%	64	21.3%
民主党	47.43%	221	73.7%
第46回衆議院議員選挙　2012年12月16日			
（小選挙区）	得票率	議席数	議席占有率
自民党	43.02%	237	79.0%
民主党	22.81%	27	9.0%

　小選挙区制を導入したのは、イギリス型の議院内閣制を志向したからである。すなわち、イギリスのような二大政党制にして政権交代を可能にすることが目指された。しかし、当のイギリスにおいて、近年の選挙において二大政党制が崩れ、第三極が勢力を伸ばしている。二大政党制で、多様化してきている国民の要求を充分に吸い上げることができるのか（多様な政党があってこそ、国民の要求を細やかに吸い上げることができるのではないか）といった問題を踏まえて、今後の日本の政治や選挙を考えることが重要であろう。

　また、この選挙制度の下で、一時的にせよ二大政党制が実現し、2009年自民党から民主党への政権交代がおこなわれたが、民主党政権は国民の期待を大きく裏切り、その後の選挙で大敗した。現在、自民党が圧倒的に優位に立っており、野党はいちおう民主党が第一党ではあるものの分裂状態であり纏まりを欠いている。この選挙制度は政権交代を可能にしやすいとはいえ、それも野党が一つの核に凝集して国民の要求の受け皿になれるという条件のもとでのことである。

　憲法上は国民主権が保障されているが、実質的に日本を支配しているのはだれかとなると単純にはいかない。90年代に実質的支配者として喧伝されたのが、政治家（与党議員）、官僚、財界からなる「鉄の三角同盟」であったが、近年では、この三者にアメリカとマス・メディアを加えた「悪のペンタゴン（五角形）」が指摘されることも多い。

89

第Ⅱ部　日本国憲法論

(3) 象徴天皇制の意義

　大日本帝国憲法では天皇主権であったが、日本国憲法では国民主権へと大きく変えられた。前文で国民主権があきらかにされ、1条でも「主権の存する日本国民」という表現が使われている。にもかかわらず、日本国憲法の第1章が天皇で始まり8か条が収められているのは、日本国憲法が、大日本帝国憲法73条の定める改正手続によって成立し、形式のうえで法的連続性を重視したからであろう。なぜ、こうした措置がとられたかについては前章で述べた通りである。

　天皇は、日本国の象徴であり日本国民統合の象徴であつて、この地位は、主権の存する日本国民の総意に基く。[1条]

　「象徴」という表現は曖昧であり、法的な言語としては厳密な定義がしにくい。それどころか、法の言語としてはなじまないところがあるのだが、一方、こうした表現によってあらわされる内容が、日本人ならば何となくわかるということも事実である。天皇は、いうまでもなく日本の歴史の固有性にその存在理由を持っており、このことがこうした独自の表現をとらせたものといえよう。象徴という地位は「主権の存する日本国民の総意に基く」のだから、それ自体からは何の法的権限も出てこないが、だからこそ意味を持つということもできる。歴史的に見て、天皇は、政治的な権力というよりは宗教的な権威として君臨してきたのであり、この側面を法的な言語に定着させることは難しい。

　天皇は、この憲法の定める国事に関する行為のみを行ひ、国政に関する権能を有しない。[4条]
　天皇の国事に関するすべての行為には、内閣の助言と承認を必要とし、内閣が、その責任を負ふ。[3条]

　大日本帝国憲法においては天皇に絶大な権限が認められていたが、日本国憲法では「国政に関する権能」を持たない――政治的には何の権力も持たない。一定の国事行為を行うだけだが、その国事行為も「内閣の助言と承認を必要」と

するものであって、天皇独自に行うことができるものではない。

　天皇の国事行為は、7条に以下の10項目が定められている、①憲法改正、法律、政令及び条約を公布すること、②国会を召集すること、③衆議院を解散すること、④国会議員の総選挙の施行を公示すること、⑤国務大臣及び法律の定めるその他の官吏の任免並びに全権委任状及び大使及び公使の信任状を認証すること、⑥大赦、特赦、減刑、刑の執行の免除及び復権を認証すること、⑦栄典を授与すること、⑧批准書及び法律の定めるその他の外交文書を認証すること、⑨外国の大使及び公使を接受すること、⑩儀式を行ふこと。このなかで③が議院内閣制との関連で問題になるが、これは後述。

　皇位継承の世襲や摂政の設置など、皇室に関する詳細な事柄については皇室典範に定められている。戦前の皇室典範は大日本帝国憲法と並ぶ最高法典であったが、現行の皇室典範は通常の法律の一つとなっている。

第Ⅱ部　日本国憲法論

第4章　平和主義と憲法9条の意義

(1) 憲法9条の独自性と先進性

　日本国憲法三原則の一つとしての平和主義についてはすでに触れた。ここでは憲法第9条に限定して話を進める。

　近代の国民国家(nation state)は、その憲法に拠って、他国から峻別して自らの体制を打ち立てるという排他性をもつ。したがって、この国家が組織された軍隊(国軍)を保持することは憲法上も自明視される。いわば軍隊は国民国家において必須の存在とされ、事実、諸外国の憲法でもそのような処理がなされている。しかるに日本国憲法の場合、その前文で平和主義を宣言し、第9条では紛争解決の手段として武力の行使の否定、戦力の不保持を明記している。日本人なら誰もが知っているところだが、第9条は次のようになっている。

---

①日本国民は、正義と秩序を基調とする国際平和を誠実に希求し、国権の発動たる戦争と、武力による威嚇又は武力の行使は、国際紛争を解決する手段としては、永久にこれを放棄する。
②前項の目的を達するため、陸海空軍その他の戦力は、これを保持しない。国の交戦権は、これを認めない。[9条]

　9条は完成された国民国家の憲法にうたわれた平和条項としては最も徹底している。もちろん、平和の重要性、戦争反対を主張する憲法は存在する。第2次世界大戦後でも、1946年のフランス第4共和制憲法、1947年のイタリア共和国憲法、1949年のドイツ連邦共和国基本法は戦争放棄をうたっている。しかし、これらは侵略戦争を放棄しているだけであり、軍隊も撤廃していない。軍隊の保持までも認めないとする徹底した平和主義の立場を貫いているのは日本国憲法第9

条だけである。

　9条は太平洋戦争直後の日本において、戦争は二度と起こしてはならないという国民の思いと願いを、事実として端的に反映し宣明したものである。このことをかんがえるとき、この条項が、ひいてはこの憲法が「おしつけ」かどうかは二義的であるようにおもえる。また、アメリカをはじめとする連合国が、日本の武装解除を狙ったものだという見解もさて措いていい。重要なことは、戦争であれだけの犠牲を払ったからこそ、こうした絶対的な平和条項として結実したとおもわれることである。そして、拡大して考えれば、これは単に日本国民の問題ではなく、世界大戦の悲惨を経験した全ての民衆の切なる願いであったということもできる。吉本隆明は次のように語っている。

　　「あの非戦の条項（憲法9条──註）は敗戦間もないころの国民大衆の実
　　感に適っていたし、しかも百数十万人の国民大衆の戦争死によってあがなわ
　　れた唯一の戦利品だということです。敗戦直後の焼け野原、食べ物その他
　　の生活必需品の欠乏、あるいは職もなく家もないという情況のなかで、戦争は
　　もうたくさんだという国民大衆が心底から同感した条項、それが第9条でした」
　　　　　　　　　　　　　　　　　　　　　　　　　　　（吉本隆明＝1995）
　　「わたしは年来、戦後新憲法のうち取柄があるのは第9条だけだと主張して
　　きた。太平洋戦争における国民大衆の犠牲死は、兵士となった人々をはじめ
　　として、百万の単位とかんがえられている。また第二次世界大戦中の世界の
　　大衆の戦争死も百万の単位だとみなされている。この大規模な民衆の戦争
　　死と引かえられるもので、日本国が公共的に得たものは何かを考えると、この
　　憲法第9条の非戦・非武装事項のほかには何もない」（吉本同前）

　だが、この条項は近代の国民国家の憲法の文法から失格していることも事実である。日本国憲法は、いくつかの独自な条項を別にすれば、国民主権、基本的人権の尊重、権力分立といった内容をもっており、近代憲法の文法に倣っている。このいくつかの独自な条項に、第1章の天皇条項と第2章の戦争の放棄があげられる。天皇条項は日本の歴史的固有性に基づくものであって、普遍性の観点からは問題とならない。だが第2章戦争の放棄（9条）は複雑である。この条項は理念として語られたものであり、その文言の一字一句を捉えて「戦力」とは何か、自衛の

ための軍隊は認められるのか、といった議論を起こしても、あまり本質的ではない。その含意するところは二度と戦争は起こしてはならないという決意の表明であり、第2項をみると戦争それ自体の否定である。戦争に正義も不正義もないのであって、戦争それ自体を否定するという徹底した理念が9条には表明されている。

　9条は近代憲法の文法から失格している。この失格の意味をどのように考えるべきか。国民国家が軍隊（国軍）を組織し「正義の」戦争を正当化することを考えれば、この条項はあきらかに異常である。もし、国民国家に軍隊がつきもので、さらに戦争がつきものであるとするならば、国民国家のそうした理念にこそ、9条は戦いを挑んでいるといっていい。

　　「近代以後の民族国家（国民国家──註）の必須条件の一つは、マルクスやウエーバーをまつまでもなく、国家が民衆の自然発生的な自衛武装力とは異なった次元に、国家固有の軍隊（国軍）をもっていることだ。そして現存する「資本主義」国も「社会主義」国も、その憲法のなかに国軍の存在と役割を認めた条項をもっている。わたしたちが現代世界の国家を、近代民族国家から飛躍させる方途を見つけだそうとすれば、国家を開くことが必須の条件になる。そして国軍をもたない条項を憲法のなかにうたっているのは、日本国だけだということは、はっきりしている。」（吉本同前）

　平和が大切だ。然り。戦争などやってはいけない。然り。しかし、現実の国家には軍隊が自明のように存在する。憲法は決して抽象的なものではなく、現実には、個別の国家の基本的なあり方を示すものとしてあらわれる。憲法はその国を固めるものであり、その意味では排他的に作用する。その排他性の証明が軍隊の存在ということになる。国民国家においては、軍隊の存在は自明の前提とされる。通常、憲法においてもそのような取り扱いがなされる。因みに、アメリカ合衆国憲法においては、軍隊（戦力）に関する箇所は、連邦議会、大統領、軍隊、各州の民兵の関係について明示してあるだけで、その理念などについてはいささかも書かれていない。国軍の存在を自明のものとして出発するという事情は、フランスや旧ソ連の憲法においても大同小異であり、国家を開いていくという発想それ自体が存在しない。

第4章　平和主義と憲法9条の意義

アメリカ憲法

第1条　［連邦議会とその権限］
　第8節
　　[12項] 軍隊を募集し、これを財政的に維持すること。ただし、この目的のためにする歳出の承認は、2年を超える期間にわたることはできない。
　　[13項] 海軍を建設し、これを維持すること。
　　[14項] 陸海軍の統制および規律に関する規則を定めること。
　　[15項] 連邦の法律の執行、叛乱の鎮圧並びに侵略の撃退の目的のためにする民兵（Militia）の召集に関する規定をもうけること。
　　[16項] 民兵の編成、武装および訓練に関し規定し、また民兵中合衆国の軍務に服すべきものについて、その統制を規定すること。ただし、各州は民兵に関し、その将校を任命しおよび連邦議会の規定する軍律に従い、その訓練を行う権限を留保する。
第2条　［大統領とその権限］
　第2節
　　[1項] 大統領は合衆国の陸海軍および現に召集されて合衆国の軍務に服する各州の民兵の最高司令官（Commander in Chief）である。大統領は行政各部省の長官から、それぞれの部省の職務に関する事項につき、文書によって意見を徴することができる。

　これに対して、憲法9条は国民国家の、この自明性に挑戦しているのであり、国民国家の解体を志向するものである。つまり、9条を活かそうとするならば「軍事力が物を言う世界を第9条の方向に引き寄せようとする理想と理念の道」（吉本同前）しかない。「（9条は──註）どの資本主義国にもどんな社会主義国にもない「超」先進的な世界認識だといえます。だからぼくは、日本はこれを外に対しても具体的に主張したり、宣明できるようになるべきだとおもっています。いいかえれば、この非戦条項を外に対しても打ち出すことによって、アメリカやロシアといった軍事大国だけでなく、世界中の国家意思を変更させること、それを日本の積極的な外交活動の目標とすべきだとかんがえているのです」（吉本同前）
　私たちは国民国家を永久不変のものだと考えがちであるが、第I部で論じたように、それは比較的日付の新しい、特殊な人間の集まり方を指しており、現在、そのあり方に疑問が呈されているともいえる。憲法9条は、こうした事態との関連で本質

95

第Ⅱ部　日本国憲法論

的に問われる必要がある。

(2) 憲法9条の「なし崩し」

しかしながら、日本国が憲法9条の理念の方に、軍事力が物を言う世界を引きよせてきたかは甚だ疑問である。国民国家を相対化する視点をもつことは、今でも容易ではない。ましてや戦後間もない頃には至難の業であったかもしれない。実際、日本国政府は、国民国家の存在を自明視してそこから出発し、国民国家の論理から9条を解釈しようとした。それは、憲法9条の理想と理念をなし崩しにし、9条と現実との矛盾を拡大させていっただけであった。具体的にどのように「なし崩し」がおこなわれたか。

1) アメリカの対日政策の変更

敗戦後、日本は連合国軍総司令部（GHQ）の統治下におかれた。GHQの中心を占めたのはアメリカであり、実質的に日本はアメリカの支配下におかれた。アメリカの意思は日本国憲法にもあらわれ、その一つが平和主義であり、これは憲法9条に結実した。アメリカにとって、平和主義が日本の軍部や軍国主義の徹底的な解体を意味したことは確かであろうが、平和主義の理想を実現しようと企図したかはわからない。先に触れたように、憲法9条の理念を実現しようとすれば、国民国家の解体のプログラムを含んでいなければならないが、そこまで視点が及んでいるようにはおもわれない。戦争直後のアメリカの対日政策が、日本の徹底的な民主化と非軍事化を柱としていたことだけが確かである。1946年の第90回帝国議会（憲法制定議会）で、吉田茂首相が「9条は自衛権を否定していないが、9条2項で一切の軍備と国の交戦権を認めていないから、自衛権の発動としての戦争も、交戦権も放棄していることになる」と答弁しているが、これは9条を素直に解釈したものといえる。この解釈は、当時のアメリカの意向にも沿うものであった。

しかし、この対日政策は1947年頃からの米ソの冷戦の勃発によって大きな変更をうける。アメリカは日本を東アジアにおける共産主義勢力への防波堤にするという政策上の方向転換をおこなった。「冷戦の始まりをうけて米国では、国防省長官や元大統領といった人びとが、いっせいに共産主義の脅威に対処するため、日

96

本の工業力を利用すべきだという方針を打ち出し」、さらに朝鮮戦争が起こるにおよんで「米国は日本に経済力をつけさせ、その軍事力も利用」するという「対日政策の変化が確定」した（孫崎＝2012）。

2）自衛隊の創設と日米安全保障条約の締結

　上記の対日政策の変化の流れの中で、自衛隊が創設され日米安全保障条約が締結された。

　朝鮮戦争勃発（1950年7月）の13日後に、アメリカは吉田茂首相に政府直属の国家警察予備隊（75000人）の創設を要請した。この国家警察予備隊が後の自衛隊の前身である。吉田首相は、警察予備隊の目的は日本の治安維持にあり軍隊ではないと、同時期に開催された参議院で答弁したが、今となってはこの答弁を認めるのは難しい。警察予備隊は52年に保安隊に改編され、54年には自衛隊として発足した。同時に防衛庁が設置された。

　1951年9月に、日本はサンフランシスコで講和条約（平和条約）とともに日米安全保障条約（旧安保条約）に調印した。さらに翌52年2月には、条約に基づき、具体的な内容を明確にする日米行政協定が結ばれた。この条約は「日本全土における米軍基地の自由使用を認める一方、米国は日本の防衛義務は負わないとするきわめて不平等な条約」であり、その細部を明確にした協定では「占領中に使用していた基地の継続使用や、米軍関係者への治外法権、密約として合意された有事での「統一指揮権（日本軍が米軍の指揮下に入る）」など、占領中の米軍の権利をほぼすべて認める」内容となっていた。60年に安保条約は改定され（新安保条約）、武力の行使に国際連合の目的と両立するという枠をはめたこと、条件付きではあるがアメリカが日本を守る義務があることを明記したことなどが評価できるが、日米行政協定の方は日米地位協定と名称が変更されただけで実態はほとんど変わらなかった（以上、この段落における引用文は孫崎＝2012）。

　自衛隊の創設と日米安全保障条約の締結は、アメリカの意向に連動している高度に政治的な問題なのだが、あきらかに憲法9条と抵触する面を持つことも事実である。この後、憲法9条との関係で自衛隊や日米安全保障条約・地位協定、在日米軍の存在が大きな問題となっていく。政府解釈のうえでも、違憲審査のうえでも、である。

第Ⅱ部　日本国憲法論

　100 〜 101 頁の図表にみるように、政府の解釈は、概して自衛隊に関しては容認し、実質的に憲法9条をなし崩しにする方向に動いてきたといってよいであろう。とりわけ、自衛隊をイラクに派遣した小泉内閣や、解釈改憲を声高に語り集団的自衛権の容認を強行に近いかたちで国会可決した第2次安倍晋三内閣において、その傾向が加速化されている。

　憲法9条に関する違憲訴訟もいくつかおこなわれたが、上級審は概して保守的であり、統治行為論を盾に判断を回避する傾向がある。統治行為論とは、高度に政治性を有する問題に関しては、主権者である国民の政治的判断に依拠すべきであり、司法審査の対象にはならないとするものである。日米安全保障条約の合憲性を争った砂川事件に対する跳躍上告審判決（最高裁大法廷判決・田中耕太郎裁判長）で述べられた見解であり、「本件安全保障条約は……わが国の存立の基礎に極めて重大な関係をもつ高度の政治性を有するものというべきであって……一見極めて明白に違憲無効であると認められない限りは、裁判所の司法審査

憲法9条に関する違憲訴訟判決一覧

	訴訟内容	判決内容
砂川事件	1957年米軍立川飛行場の拡張に反対する学生・労働者が測量を阻止しようと基地内に入ったとして、安保条約に基づく刑事特別法第2条違反（施設又は区域を侵す罪）で起訴された。争点は在日米軍が戦力にあたるか、裁判所が条約の違憲性を審査できるかであった	**第一審** 東京地裁〔1959.3.30〕（伊達判決）一部無罪 9条は自衛のための戦力も一切否定、在日米軍は指揮権の有無にかかわらず戦力にあたり、安保条約は違憲。自衛隊の実態判断なし **跳躍上告** 最高裁〔1959.12.16〕原判決を破棄差し戻し 9条が禁止する戦力はわが国の指揮できる戦力で、在日米軍は外国の軍隊であり、この戦力にはあたらず。安保条約について統治行為論により憲法判断回避
恵庭事件	1962年北海道千歳郡恵庭町の陸上自衛隊演習場隣接の酪農民が、砲火爆撃演習による爆音で受けた家畜の被害補償を要求したが拒否され、事態も改善されなかったため通信線を切断、自衛隊法第121条（防衛の用と供する物の損壊罪）で起訴された	**第一審** 札幌地裁〔1967.3.29〕無罪確定 切断された電話線は、自衛隊法第121条の「その他の防衛の用に供する物」にあたらない。自衛隊（法）については一切判断せず
長沼ナイキ訴訟	1969年防衛庁が北海道長沼町に地対空ミサイル・ナイキ基地をつくるため水源かん養保安林の指定解除を求め認められたことに対し、同町住民が、憲法9条違反の自衛隊ミサイル基地は「公益上の目的」にあたらないとしてその取り消しを求めて提訴した	**第一審** 札幌地裁〔1973.9.7〕原告勝訴（福島判決） 9条は一切の軍備、戦力を放棄しており、自衛隊は禁止されている「陸海空軍」にあたるとして違憲。保安林処分は無効 **控訴審** 札幌高裁〔1976.8.5〕一審判決破棄、訴え却下 保安林の代替施設で住民の訴えの利益は消滅したとし一審判決を破棄、原告の訴え却下。自衛隊の合・違憲問題は統治行為に属し司法審査の対象とならない **上告審** 最高裁〔1982.9.9〕原告の訴えの利益はないとして上告棄却
百里基地訴訟	航空自衛隊百里基地（茨城県小川町）の予定地内の土地の売買をめぐって、土地の所有権とからんで自衛隊の違憲性が争われた。1958年提訴	**第一審** 水戸地裁〔1977.2.17〕国側勝訴 9条は自衛戦争を放棄したものではなく他国からの侵略阻止の実力行動は認められる。統治行為に関する判断は司法審査の対象となじまない **控訴審** 東京高裁〔1981.7.7〕控訴棄却 9条において自衛戦力を判定的に解釈することは本件とは関係ない **上告審** 最高裁〔1989.6.20〕9条は私法上の行為に関連せず、上告棄却

98

権の範囲外のものである」と判示されている。この判決の後、日米軍事同盟の憲法適合性が問われる裁判では、統治行為論で応えることが定着するようになる。

3) 経済成長のアリバイ

9条があるおかげで日本政府は軍備に多額のカネをかけなくてもよかったという側面がある。講和条約に向けての日米交渉で、アメリカ側から執拗に再軍備を迫られたのに対し、吉田茂首相は「再軍備は日本の経済自立を困難にする」と難色を示している。経済的なバランスシートを考えれば、日本は再軍備せずアメリカに防衛を委ねる方がいいに決まっている。軍事費に多額のカネをかけなかったから、朝鮮戦争による特需をステッピング・ストーンにして、60年代以降の高度経済成長が可能になったともいえる。しかし、ここでは、9条の理念は後景に退いている。

4) 自衛隊合憲発言（1994年　社会党村山内閣）

自民党、新党さきがけと連立政権を組んだ1994年7月、社会党（現在の社民党）出身の村山首相が「自衛のための必要最小限度の実力組織である自衛隊は、憲法の認めるものである」と国会で答弁し、それまでの自衛隊違憲論から合憲論に転換した。

> 「歴代の保守的な内閣のどれもが、実質的には自衛隊を存在させ、長距離ミサイルと核兵器をのぞいたあらゆる現代的な機械化兵器で武装した戦闘力をもたせながら、自衛隊の存在を合憲（憲法第9条に合致する）と宣明しないできた。それなのに、あろうことか国民大衆の信任を得ずに内閣の首班となったあげく、自衛隊違憲などをことさら政治的売り物にしてきた社会党の委員長村山富市が、党員に率先して「自衛隊合憲」と宣明してしまったのだ。もし歴代の自民党内閣が保守的というなら村山内閣のこの宣明は超保守的な反動というよりほか言いようがない」（吉本同前）

第Ⅱ部 日本国憲法論

憲法第9条と安全保障に関する政府解釈の変遷

安保・防衛問題関係年表

年	おもな事項
1945	ポツダム宣言受諾〔日本無条件降伏〕
46	日本国憲法公布
48	米国の占領政策転換 「日本を共産主義に対する防壁にする」
1950	朝鮮戦争勃発 マッカーサーによる「警察予備隊」創設の指令
51	サンフランシスコ平和条約調印 日米安全保障条約調印
52	日米行政協定調印 保安隊発足(警察予備隊改組) 日本独立回復(対日講和条約・日米安全保障条約発効)
53	池田—ロバートソン会談(MSA協定受け入れ)
54	自衛隊発足(保安隊改組、防衛庁設置)
56	砂川基地闘争激化(砂川事件)
57	第1次防衛力整備計画
59	東京地裁、砂川事件で在日米軍違憲判決
1960	新日米安保条約調印、安保闘争激化
65	防衛庁の「三矢作戦」計画発覚
67	佐藤首相「武器輸出三原則」発言
69	佐藤—ニクソン共同声明(安保継続・沖縄返還)
1970	安保条約自動延長
71	非核三原則国会決議

自衛戦争も放棄

[1946.6 衆院憲法議会での吉田茂首相答弁]

戦争放棄に関する本案の規定は、直接には自衛権を否定はして居りませぬが、第9条第2項に於て一切の軍備と国の交戦権を認めない結果、自衛権の発動としての戦争も、又交戦権も抛棄したものであります。従来近年の戦争は多く自衛権の名に於て戦われたのであります。満州事変然り、大東亜戦争然りであります。

警察予備隊は軍隊ではない

[1950.7 参議院での吉田茂首相の答弁]

警察予備隊の目的は全く治安維持にある。それが……再軍備の目的であるとかはすべてあたらない。日本の治安をいかにして維持するかというところにその目的があるのであり、従ってそれは軍隊ではない。

「戦力」とは近代戦争遂行能力

[1952.11 吉田茂内閣の統一見解]

憲法第9条第2項は、侵略の目的たると自衛の目的たるを問わず、「戦力」の保持を禁止している。右にいう「戦力」とは近代戦争遂行に役立つ程度の装備、編成を備えるものをいう。「戦力」の基準はその国におかれた時間、空間的環境で具体的に判断せねばならない。「戦力」に至らざる程度の実力を保有し、これを直接侵略防衛の用に供することは違憲ではない。……保安隊および警備隊は戦力ではない。

自衛隊は憲法違反ではない

[1954.12 鳩山内閣統一見解]

第9条は、独立国としてわが国が自衛権をもつことを認めている。従って自衛隊のような自衛のための任務を有し、かつその目的のため必要相当な範囲の実力部隊を設けることは、何ら憲法に違反するものではない。

自衛権発動の三要件に該当すれば海外における武力行動も合憲

[1969.4 佐藤内閣答弁書]

かりに、海外における武力行動で、自衛権発動の三要件(わが国に対する急迫不正な侵害があること、この場合に他に適当な手段がないこと及び必要最小限度の実力行使にとどまるべきこと)に該当するものがあるとすれば、憲法上の理論としては、そのような行動をとることが許されないわけではないと考える。

100

第4章　平和主義と憲法9条の意義

年	できごと
72	沖縄本土復帰
73	長沼ナイキ基地訴訟で自衛隊違憲第1審判決
76	政府「防衛計画の大綱」決定 防衛費の「GNP1%以内」を閣議決定
78	日米防衛協力指針（ガイドライン）決定
1980	自衛隊、リムパック（環太平洋合同演習）に参加
81	日米共同声明で「日米同盟」を明記
83	中曽根首相訪米、「不沈空母」発言
85	「中期防衛力整備計画」決定
86	「国防会議」を廃止、「安全保障会議」設置
87	防衛費のGNP1%枠撤廃閣議決定
88	核トマホーク搭載艦が横須賀入港 潜水艦「なだしお」と釣船衝突事件発生
89	米太平洋軍演習に陸海空自衛隊の参加
91	掃海艇ペルシア湾へ派遣（初の海外出動）
92	国連平和維持活動（PKO）協力法成立、カンボジアに自衛隊派遣
94	村山内閣、自衛隊と日米安保条約を容認
96	ゴラン高原へ自衛隊派遣、安保再定義
97	「日米防衛協力のための指針」改定（新ガイドライン）
99	周辺事態法成立、ガイドライン関連法成立
2001	テロ対策特別措置法成立、インド洋派遣
03	イラク戦争、有事関連三法成立、イラク復興支援特別措置法成立
08	補給支援特別措置法（新テロ特措法）成立
09	海賊対処法成立
14	集団的自衛権行使容認、閣議決定 特定秘密保護法施行
15	安全保障関連法成立

「戦力」とは自衛のための必要最小限度を超えた実力
[1972.11 田中角栄内閣の統一見解]

憲法第9条第2項が保持を禁じている「戦力」は自衛のため必要最小限度を超えるものであります。それ以下の実力の保持は、同条項によって禁じられていないということでありまして、この見解は年来、政府のとっているところであります。

集団的自衛権の禁止
[1972.5 真田内閣法制局第1部長答弁]

……集団的自衛権というのは……わが国自身に対する攻撃がない、第三国といいますか、他国に対する攻撃があった場合には……わが国武力をもってこれに参加するということは、これはもはや憲法第9条が許しているとは思えない。

核兵器・細菌兵器も持ち得る
[1978.3 福田赳夫首相答弁]

憲法の純粋な解釈論といたしましては、自衛のため必要最小限の兵備はこれを持ち得る。それが細菌兵器であろうがあるいは核兵器であろうが差別はないのだ。

「壊滅用兵器」だけ違憲、保有可能の範囲拡大か
[1980.10 鈴木善幸内閣の答弁書]

1976年度の防衛白書では「憲法上、認められる自衛の範囲を超えるもの」として、「他国に攻撃的な脅威を与えるような長・中距離弾道弾（ICBM、IRBM）、攻撃型航空母艦、長距離爆撃機の保有」をあげていたが、攻撃的脅威という表現が壊滅的破壊へと変化している。一方で答弁書は、非核三原則堅持の項目で、「核兵器の保有は憲法上、禁じられていない」との留保をつけている。

PKFにも参加可能
[1991.9 海部内閣統一見解]

①要員の身体防護のためのみの武器使用　②紛争当事者間の停戦合意が破られれば撤収する、という前提によって、国連のPKF（平和維持軍）にも参加できる。

自衛隊は実質軍隊だ
[2003.5 小泉首相答弁]

実質的に自衛隊は軍隊であるが、それを言ってはならないというのは不自然だ。憲法で自衛隊を軍隊と認め……しかるべき名誉と地位を与える時期が来る……。

第Ⅱ部　日本国憲法論

5）自衛隊イラク派遣（2003年　自民党小泉内閣）

　2001年9月11日、アメリカはイスラム原理主義のテロ組織アルカイダによる同時多発テロにみまわれ約3000名の犠牲者を出した。アメリカ国内ではこれに対する報復攻撃の空気が急速に高まり、同年10月にはアフガニスタン戦争が開始された。さらに、ブッシュ大統領は2002年初頭の一般教書演説において、イラク、イラン、朝鮮民主主義人民共和国は大量破壊兵器を保有するテロ国家であると名指しで非難し、イラクに対しては2003年3月に侵攻しイラク戦争が開始された。今日、このいずれの戦争も正当化できる戦争だったかは疑問視されているが、それはさて措く。問題は、これらに対する日本の対応である。

　時の小泉内閣は2001年10月に、事実上アメリカ軍支援のために自衛隊を出動させることを意図したテロ対策特別措置法を制定し、集団的自衛権行使の道を一歩進めた。この特措法に基づいて、自衛隊は初めて戦時下に出動を命じられ、アフガニスタン攻撃をおこなうアメリカ軍の後方支援（給油や物資輸送など）をおこなった。2002年4月には、武力攻撃事態対処法案を含む3つの有事関連法案を国会に提出し、3年6月に最初の有事法制が成立した。有事とは「戦時」を意味するから、本来は憲法に照らしてありえないことである。（さらに4年6月には、国民保護法など関連7法案が成立した。）

　アメリカのイラク侵攻は安保理の多数理事国の反対を押し切ってなされたが、小泉首相は「アメリカの武力行使を理解し、支持いたします」と表明し、3年7月にイラク特措法（イラク人道復興支援特別措置法）を制定した。4年6月にはブッシュ米大統領との会談で、自衛隊の多国籍軍への参加を表明し、充分な国会審議を経ないまま閣議決定した。

　こうした一連の流れには、立憲主義への敬意がまったく払われていない。また、自衛隊の任務が給水、医療支援、学校や道路の補修といった後方での人道支援が中心ではあったものの、アメリカが世界中で展開する戦争に、自衛隊を参加させてしまったという決定的事実を否定することはできない。

6）集団的自衛権行使容認の閣議決定と法整備
（2014 〜 15年　自民党安倍内閣）

　安倍内閣は2014年7月1日の臨時閣議で、憲法解釈を変更して、以下の3要件に該当する場合に限り、集団的自衛権行使を限定容認することを決定した。すなわち、①密接な関係にある他国が武力攻撃をうけ、国民の生命、自由、幸福追求の権利が根底から覆される明白な危険がある、②国民を守るために他に適当な手段がない、③必要最小限度の実力の行使。これにより、日本が攻撃されていなくても、密接な関係にある他国が攻撃された場合に、自衛隊が他国の軍隊と一緒に反撃できるようになる。従来の内閣法制局の解釈では、集団的自衛権行使は全面禁止とされていたため、この決定は戦後のわが国の安全保障・外交政策上、極めて大きな転換となる。これほど重要な問題を憲法9条改正（改悪）手続きを経て国民に問うことをせず、一内閣による憲法解釈の変更で行使容認に転換するのは認められないとする反対論も根強く残った。元最高裁長官が「集団的自衛権は違憲」と明言し、安倍内閣を厳しく批判したことも記憶に新しい。

　とまれ、この閣議決定を承けて、安全保障関連法案（安保法制）が国会に提出され、2015年9月17日、与野党の激しい攻防の中、19日未明、参議院本会議で採決し可決、成立した。この安保法案には、「戦争法案」だとして国民のおおきな反発があり国会周辺では連日反対デモが繰り返されたにもかかわらず、また集団的自衛権の行使容認については、野党や圧倒的多数の憲法学者らが「違憲」と猛反発があったにもかかわらず、さらにまた安保法制が想定した安全保障上の「存立危機事態」など6つの「事態」について、国会議論では政府答弁が混乱する場面があり明瞭になっておらず、新聞各紙の世論調査では「政府の説明は分かりにくい」との不満の声が過半数を超え続けたにもかかわらず、である。

　安倍内閣は12年12月の政権発足以来、国家安全保障会議（NSC）の創設、「防衛計画の大綱」、「中期防衛力整備計画」の改定、武器輸出三原則の見直し、安保情報保全のための「特定秘密保護法」制定を手掛けてきた。2015年4月に18年ぶりに改定された日米防衛協力の指針（日米ガイドライン）と合わせて、この安保法制により全般的な総仕上げが完了した。

第Ⅱ部　日本国憲法論

第5章　基本的人権

(1) 基本的人権の保障

1) 人権の分類

　近代憲法の最も大きな特徴は、人間であるならば当然もっている権利、すなわち人権を認め保障するところにある。人権の歴史（その思想や拡大過程）についてはすでに述べた。基本的人権は近代憲法が出てきた当初は自由権が中心であったが、20世紀に入って社会権が登場し、今日ではさらに環境権といった新しい人権が出てきている。

　20世紀の半ばに制定された日本国憲法では、これらの人権を取り入れている。また、25条の生存権のように世界に先駆けて制定された条項もある。日本国憲法は、それ以前の天皇主義や軍国主義を否定することによって制定されたものであるから、戦前への反省を踏まえて、近代憲法の文法に即した人権尊重がおこなわれることになった。

　日本国憲法の保障する人権は、大きく自由権、社会権、参政権、国務請求権の4つに分けることができる。

　自由権は、個人の領域への国家権力の介入を排除しようとするものであり、古典的な人権の中核をなすものである。自由権は保障される領域によって、精神的自由、経済的自由、身体的自由（人身の自由）に分けられる。

　19世紀の西欧において、自由主義や資本主義経済の発展に伴い経済的格差が増大したため、国家による社会的・経済的弱者の保護の必要が叫ばれるようになった。社会権は、こうした状況に対応する人権であり、ドイツのワイマール憲法

104

第5章　基本的人権

（1919年）に世界で最初にその保障が明記され、その後、多くの憲法に取り入れられている。もちろん、日本国憲法においてもそうである。

　参政権は、国家の運営に参加する権利であり、国民主権（民主主義）を実現するうえで重要である。中心となるのは選挙権であるが、他に最高裁判所裁判官の国民審査権、憲法改正の国民投票権、地方自治のおける住民投票権なども含まれる（参政権については、国民主権の箇所で触れているので、そちらを参照）。

日本における国民の権利と義務

分類		憲法条文
基本的人権の一般的原則		・基本的人権の享有（11条） ・自由・権利の保持の責任と濫用の禁止（12条） ・個人の尊重（13条） ・基本的人権の本質（97条）
平等権		・法の下の平等（14条） ・両性の本質的平等（24条） ・参政上の平等（44条）
自由権的基本権	精神の自由	・思想・良心の自由（19条） ・信教の自由（20条） ・集会・結社・表現の自由（21条①） ・通信の秘密（21条②） ・学問の自由（23条）
	人身の自由	・奴隷的拘束・苦役からの自由（18条） ・法的手続の保障（31条） ・不法に逮捕されない権利（33条） ・不法に抑留・拘禁されない権利（34条） ・不法侵入・捜索・押収されない権利（35条） ・拷問、残虐刑の禁止（36条） ・自白強要の禁止（38条） ・刑事被告人の権利（37・38・39条）
	経済の自由	・居住・移転・職業選択（営業）の自由（22条①） ・外国移住・国籍離脱の自由（22条①） ・財産権の不可侵（29条）
社会権的基本権		・生存権（25条） ・教育を受ける権利（26条） ・勤労の権利（27条） ・勤労者の団結権・団体交渉権・団体行動権（争議権）（28条）

（次頁に続く）

105

第Ⅱ部　日本国憲法論

分類	憲法条文	
請求権	・請願権(16条) ・国家賠償請求権(17条) ・裁判請求権(32・37条) ・刑事補償請求権(40条)	
参政権	・公務員の選定罷免権(15条①) ・被選挙権(44条) ・最高裁判所裁判官国民審査権(79条) ・地方自治体の長・議員の選挙権(93条) ・特別法制定同意権(95条) ・憲法改正国民投票権(96条) ・選挙権(15条)	
新しい人権	・幸福追求権(13条) ・環境権(13条、25条) ・知る権利(21条) ・プライバシー権(13条) ・自己決定権(13条)	
義務	基本的義務	・教育を受けさせる義務(26条) ・勤労の義務(27条) ・納税の義務(30条)
	一般的義務	・人権保持の責任、濫用の禁止(12条) ・公務員等の憲法尊重擁護義務(99条)

『2015新政治・経済資料』実教出版より

　国務請求権は、国家に対する請求を認めるもので、裁判を受ける権利、国家賠償請求権などがある。

　その他に、日本国憲法では、包括的人権として幸福追求権[13条]や、法の下の平等[14条など]が保障されている。

2) 基本的人権の一般原則

　基本的人権の一般原則については、以下の条文で明確にされている。

> この憲法が日本国民に保障する基本的人権は、人類の多年にわたる自由獲得の努力の成果であつて、これらの権利は、過去幾多の試練に堪へ、現在及び将来の国民に対し、侵すことのできない永久の権利として信託されたものである。[97条]
> 国民は、すべての基本的人権の享有を妨げられない。この憲法が国民に保障する基本的人権は、侵すことのできない永久の権利として、現在及び将来の国民に与へられる。[11条]

第5章　基本的人権

> この憲法が国民に保障する自由及び権利は、国民の不断の努力によつて、これを保持
> しなければならない。又、国民は、これを濫用してはならないのであつて、常に公共の
> 福祉のためにこれを利用する責任を負ふ。[12条]
> すべて国民は、個人として尊重される。生命、自由及び幸福追求に対する国民の権利
> については、公共の福祉に反しない限り立法その他の国政の上で最大の尊重を必要
> とする。[13条]

①基本的人権の享有 [11条]

　大日本帝国憲法においては、天皇の臣民たる限りで国民の権利が認められた
にすぎなかったが、日本国憲法では、前文で基本的人権の尊重が語られ、第3章
「国民の権利及び義務」や97条で、この基本的人権を「侵すことのできない永久
の権利」として認め、国民に保障している。97条は最高法規の章に置かれており、
人権を「人類の多年にわたる自由獲得の努力の成果」として最大限の敬意を払っ
ていることからもわかる通り、人権の保障がこの憲法の中心に位置している。これ
は、さらに民主主義（国民主権）、個人主義の原理といった西欧近代的な価値に
裏打ちされる。

②個人の尊重 [13条]

　「すべて国民は、個人として尊重される」とされ、家や家族ではなく個人が基本
単位であることがあきらかにされている。戦前においては家制度のもと、個人より
も家が優先されるきらいがあったが、これを近代的な個人主義の原理に置き換え
ることになった。

③人権に伴う責任 [12条] [13条]

　「公共の福祉のために」[12条]、「公共の福祉に反しない限り」[13条]とい
う文言に注意しなければならない。人間は社会において生活をしているから、個
人が自分の人権を行使するとき、他者の人権と抵触したり、公共の利益と背反した
りする場合がありうる。こうした衝突を調整することが現実には必要となる。個
人が際限なく自分の人権を主張するわけにはいかない。そこで「公共の福祉の
ために」「公共の福祉に反しない限り」という制限がつけられることになる。この
こと自体は、あたりまえのことだが、問題は過度に「公共の福祉」が強調され、個人

107

よりも全体が優先されるようになると、一種の全体主義、国家主義に至る危険があることだ。我が国には、戦前の軍国主義の苦い経験があるので、この点については慎重にならなければならない。個人を犠牲にして国家を優先させる正当化の論理として「公共の福祉」が用いられてはならない。これは、あくまでも人権と人権、権利と権利が矛盾・衝突する際の調整手段と解すべきものである。

近代憲法が成立した歴史的経緯を考えてみても、基本的人権の尊重が基本原則として主張され、それを確固たるものにするために憲法が制定され、国家権力の制限（権力分立）がなされた。国家権力のために、個人が存在するのでもなければ、個人の基本的人権があるわけでもない。

3) 人権を享有する主体

人権は人間の権利であり、国民よりも広い範囲である「人間」を対象としている。しかし、日本国憲法では、一般の国民とは異なる制度上の扱いを受ける天皇（皇族）を認めているし、基本的人権を規定した第3章が「国民の権利及び義務」とされていることからもわかるように、人権を享有する主体を一般の日本国民に限定しているような書き方がなされている。そこで、人権を享有する主体をどう解釈するかが問題となる。

①外国人
現実に、日本国内には外国人が多数存在する。平成26年末現在における中長期在留者数は176万3,422人、特別永住者数は35万8,409人で、これらを合わせた在留外国人数は212万1,831人となっている。人数的には、中国人と韓国人（朝鮮半島出身者）が多い（数値は法務省発表、2015年3月20日）。こうした外国人に対する人権保障は、それぞれの人権の性質ごとに判断すべきとする権利性質説が通説となっているが、選挙による国政への参加等を除いて、可能な限り平等に扱うのが憲法の趣旨にかなう。

②天皇と皇族
日本国憲法において、天皇は象徴という特殊な世襲身分を持つから、一般国民とは異なる扱いをうける。しかし、天皇（皇族）も人間としての権利を持つことは当

第5章　基本的人権

然である。

③法人など

　法により一定の範囲内で、自然人と同じように権利をもち義務を負うことが認められた団体を法人（法的人格）というが、法人に人権は認められるか。自然人と異なる法人やその他の団体についても、可能な限り人権の保証が適用されると考えてよい。しかし、法人や団体の人権は、個人の自由と対立する場合が多く、その保障の程度を一概にいうことはできない。具体的な人権の適用範囲・程度は、個別的な事例に即して決定されることになる。

④特殊の法律関係

　国民の中には、国家や公的機関と特殊な関係に入る者がいる。これには以下の2種類があるが、このような関係にある者は一般の国民とは異なる取り扱いを受け、人権の保障も制約を受ける。

① 公務員（自由意思によるもの）

　職務上、政治的中立が求められるため、公務員の政治活動の自由は制限される［国家公務員法102条］。また、公務員の労働基本権に関しても、争議行為などは国民生活の利害を毀損する恐れがあるので、必要やむをえない限度の制限を加えることは認められている［同98条］。

② 受刑者（強制によるもの）

　懲役・禁錮などの確定判決を受けて刑事施設に収容されている者（在監者）については、更生・社会復帰、逃亡の防止、施設内の秩序維持などの観点から、一定の人権制限が加えられる。在監者の発受する信書の検閲は通信の秘密の侵害であるが、拘禁の目的を達するために必要とされる限度において違憲とはされない。公職選挙法では、受刑者は選挙権・被選挙権を有しないとされているが、懲役・禁錮刑の内容に参政権の剥奪が入る根拠が明確ではなく問題がある。

4) 法の下の平等

　①すべて国民は、法の下に平等であつて、人種、信条、性別、社会的身分又は門地により、政治的、経済的又は社会的関係において、差別されない。

109

> ②華族その他の貴族の制度は、これを認めない。
> ③栄誉、勲章その他の栄典の授与は、いかなる特権も伴はない。栄典の授与は、現にこれを有し、又は将来これを受けるものの一代に限り、その効力を有する。[14条]

平等の理念は個人の尊厳から当然に帰結するものであり、中世の身分制社会への反省から導かれたと同時に、近代諸思想の成果でもある。近代自然法思想、宗教改革の思想（プロテスタンティズム）、民主主義の思想──これらはいずれも、自由とともに平等を中核としている。14条1項は、国民を法の下に平等に扱うという基本原則を明確にしたものである。

①平等とは何か

平等とは何か。憲法で平等の保障が問題になったとき、当初は「機会の平等」が主張された。そのこと自体には充分な根拠があるが、しかし、例えば健常者と身障者に、あるいは社会的強者と社会的弱者に「機会の平等」を機械的に適用すれば、さらに大きな不平等を生み出すことになる。そこで「結果の平等」が問題にされるようになる。しかし、完全なる「結果の平等」が保障されるとなれば、個人の自由な人格形成、財産形成、幸福追求といった権利を抑圧することになるし、自由主義を否定することにもつながる。そもそも自由と平等は、場面によっては背反する場合もあり、慎重な調整が必要である。

憲法が保障しているのは「法の下の平等」であるが、これには二つの意味があるとされる。一つは、既に定立されている法はすべての人に、差別されることなく同じように適用されるという法適用の平等である。もう一つは、法を定立する際、差別的な内容を含んではならないという法内容の平等であり、この場合は立法者をも拘束することになる。

「すべて国民は、法の下に平等」とし「華族その他の貴族の制度」を廃止したが、皇族は別である。既述のように、これは天皇制を存置したことによる。

②差別的取り扱いの禁止

個人が尊重されるためには、個人同士の平等な関係が確立されていることが必要である。日本国憲法では、「人種、信条、性別、社会的身分又は門地」によって差別されないとしている。これらは差別してはならない項目の例示ととるべきだ

第5章　基本的人権

ろうが、重要な例示であることも確かである。人種とは、人の身体的特質による区別であり、民族なども内容的には含むと考えられる。日本においてはアイヌ民族への差別が問題になっており、それまでの北海道旧土人保護法（1899年制定）に代えて、1997年にアイヌ文化振興法が制定された。信条は、歴史的には、宗教的信条を意味するが、他に思想や政治的な意見なども含まれる。社会的身分は継続的に占めている社会的地位を、門地は家柄を意味している。

判例　尊属殺人事件─尊属殺と法の下の平等

概要	A子は、14歳の時に実父に姦淫され、以後10年以上夫婦同様の生活を強いられ、実父との間に5人の子供を生んだ。その後勤め先の青年と愛し合うようになり、実父に結婚したいともちかけたが怒り狂った実父は、10日間もA子を脅迫虐待した。この忌まわしい境遇から逃れようとA子は1968年10月、泥酔中の父親を絞殺し自首した。A子は刑法第200条で起訴された。当時の刑法199条と200条は以下のようになっていた。 **刑法第199条〔殺人罪〕**　人ヲ殺シタル者ハ死刑若クハ無期若クハ5年以上ノ懲役ニ処ス **刑法第200条〔尊属殺人罪〕**　自己又ハ配偶者ノ直系尊属ヲ殺シタル者ハ死刑又ハ無期懲役ニ処ス（条文は現代用語に表記を変えた。） 旧200条では酌量減軽しても執行猶予がつかない。尊属とは血縁関係において自分より上の世代にある者で、直系尊属とは父母、祖父母を指す。明瞭なように、尊属殺人罪は、通常の殺人罪よりも刑罰を重く定めている。この尊属殺人罪の重罰規定が「法の下の平等」に反するか否かが裁判で争われることになった。
裁判の経過	**[第一審]**　尊属殺を規定した刑法第200条は違憲。第199条を適用し、過剰防衛にあたるとしつつ、心身耗弱を認めて刑を免除。 **[第二審]**　原判決を破棄、刑法第200条は合憲。被告人は尊属殺人について有罪。 **[最高裁]**（1973.4.4）　刑法第200条は違憲、無効。刑法第199条を適用し、懲役2年6月、執行猶予3年。
最高裁の判決要旨	尊属への敬愛は社会生活上の基本的道義であり、尊属殺人を普通殺人より重く罰すること自体は不合理でなく、ただちに憲法違反とはいえない。しかしその法定刑は死刑又は無期懲役のみで、同情すべき事情がある場合でも執行猶予にすることができない。このように刑法第200条で刑の選択の幅がきわめて重い刑に限られているのは、尊属に対する敬愛の維持尊重という観点からも十分納得のいく説明ができず、合理的根拠に基づくものとはいえないので、憲法第14条1項の「法の下の平等」に違反し無効である。
備考	以上が判旨であるが、この判決では15名の裁判官の意見が三分した。内訳は重く定めること自体は合憲だが、死刑か無期という刑罰は重過ぎ違憲が8名、重く定めること自体違憲が6名、合憲が1名であった。違憲判決をうけたが、刑法200条の立法目的を憲法上容認されるものとしたため、立法府が同条の刑法典からの削除に本腰を入れるまで時間がかかった。20年以上経った1995年の刑法改正で、200条をはじめとする尊属犯罪重罰の諸条項が削除された。なお、この事件は最高裁初の違憲立法審査権の行使であった。

111

性別による差別の禁止は、男女同権の保障である。大日本帝国憲法下においては、女性に参政権を認めていないなど、さまざまな女性差別があったが、日本国憲法は、婚姻はいうまでもなく「配偶者の選択、財産権、相続、住居の選定、離婚並びに婚姻及び家族に関するその他の事項」についても、「個人の尊厳と両性の本質的平等」をうたっている［24条］。1979年に国連で、あらゆる分野での男女同権を認めた女性（女子）差別撤廃条約が採択され、1985年には日本もこの条約を批准した。これを承けて、男女雇用機会均等法（1985年、その後何度か改正）、育児休業法（1991年）、男女共同参画社会基本法（1999年）が制定された。しかし、現実には女性は不利益を被る場合が多く、日本に限らず女性差別は根強く残っており、国際的にも大きな問題となっている。

ただし、女性に対する生理休暇（労働基準法68条）や、年齢による権利の制限（参政権）や責任の区別（少年法）、累進課税などの場合は、合理的差別（区別）として認められる。認められないのは、正義にもとる不合理な差別である。

5) 国民の義務

通常、権利は義務と裏表の関係にある。つまり、権利に義務はつきものである。しかるに日本国憲法もそうだが、近代憲法は人権（人間の権利）が前面に押し出され、義務の側面が後景に退いているような印象を与える。これは、近代憲法が絶対王政を打倒した市民階級の勝利宣言の意味合いがあり国家権力の制限が目指されたこと、また折から個人の尊厳（個人主義）の考え方が浸透してきたこと等の成立の経緯が反映しているからである。

日本国憲法では「この憲法が国民に保障する自由及び権利は、国民の不断の努力によって、これを保持しなければならない」［12条］としており、「不断の努力」が一般的な義務とされている。また、国民の三大義務として以下が定められている。

①教育を受けさせる義務

> すべて国民は、法律の定めるところにより、その保護する子女に普通教育を受けさせる義務を負ふ。義務教育は、これを無償とする。［26条②］

26条1項は「すべて国民は、法律の定めるところにより、その能力に応じて、ひ

第5章　基本的人権

としく教育を受ける権利を有する」とされ、教育を受ける権利が主張されている。
26条2項はこれを補完すると考えられる。民主主義のもとでは、また近代産業社
会のもとでは、教育が決定的に重要な役割を果たすため、憲法であえて権利だけ
ではなく義務規定を設けて補完している。義務の具体的内容は、学校教育法に
よって定められている。

②勤労の義務

> すべて国民は、勤労の権利を有し、義務を負ふ。［27条①］

　近代の自由主義的な産業社会においては、ロックがあきらかにしたように、私有
財産の根拠は労働におかれるし、また個人の労働こそが社会を推進するもので
あるから、勤労が権利と義務の双方から規定されることになる。勤労の義務はも
ちろん強制労働を肯定するものではなく、働く能力を有する者は自らの労働によっ
て生計をたてることが原則だという倫理的な指示である。

③納税の義務

> 国民は、法律の定めるところにより、納税の義務を負ふ。［30条］

　国家の運営には予算が必要である。その予算は主として税金によって賄われ
る。したがって、納税が国民の義務であることは言を俟たない。普通選挙制の
下では、納税によって権利（参政権）を獲得するという意識は希薄になっている。
しかし、制限選挙制の下で納税が参政権の根拠とされたことからもわかるように、
本来、納税は権利を保障するものであることを忘れるわけにはいかない。そして、
私たちは誰でも直接的なかたちではなくとも、納税をおこなっているのである。
　「法律の定めるところにより」という租税法律主義をより具体的に示したのが、以
下の84条である。

> あらたに租税を課し、又は現行の租税を変更するには、法律又は法律の定める条件に
> よることを必要とする。［84条］

113

第Ⅱ部　日本国憲法論

（2）精神的自由権

　絶対王政のさまざまな軛から逃れたとき、市民階級がもっとも重要視したのは、自分たちの自由を確保することであった。それが自由権的基本権の確立としてあらわれた。さまざまな自由が保障されてはじめて、人間らしい生活が可能になるわけだし、私たちが現在採用している民主主義や資本主義といった近代のシステムも十全に機能する。自由はまさしく、私たち人間が人間らしく生きるために必要不可欠な権利であり、近代憲法が確立されなければならなかったのは、この自由権を守るためであった。

　日本国憲法も以下のようにいくつかの点に分けて、これを保障している。よく知られている判例も交えてみてみる。

1）内面性精神的自由権─思想と良心の自由

　　思想及び良心の自由は、これを侵してはならない。［19条］

　憲法の保障する、信教の自由、学問の自由、集会・結社の自由、表現の自由は、大元となる19条が掲げる思想と良心の自由の外面的なあらわれである。つまり、それら外面的自由の根本に内面的自由としての思想と良心の自由がある。この内面的自由は、人間が人間であるために必要不可欠な精神活動の自由であり、これは譲り渡すこともできなければ権力が制限を加えたりすることもできない。「公共の福祉」との関連で制限がかけられるようなものではなく、内面に存在する限り絶対的な権利とでもいうべきものである。

　人間の内面の自由は当りまえのことのようにおもわれるかもしれないが、戦前の日本においては治安維持法などにみられるように、厳しい思想統制がおこなわれ、反天皇思想それ自体が犯罪として弾圧の対象とされた。このような歴史的経緯と反省を踏まえて、この条項が入れられた。

　思想の自由と良心の自由がどのように区別されるのかは明確ではないが、通常は、思想は主として論理的・知的な体系的思考を指し、良心は主として倫理的・主観的な判断作用とされている。

114

2) 外面性精神的自由権

①信教の自由

> ①信教の自由は、何人に対してもこれを保障する。いかなる宗教団体も、国から特権を受け、又は政治上の権力を行使してはならない。
> ②何人も、宗教上の行為、祝典、儀式又は行事に参加することを強制されない。
> ③国及びその機関は、宗教教育その他いかなる宗教的活動もしてはならない。[20条]

　人権思想の歴史において、信教の自由がさまざまな自由権の主張の中でも先駆的な位置を占めたことは、すでに見た通りである。西欧においては、宗教改革以来、カトリックとプロテスタントの激しい対立が起こった。この対立を鎮めるために、信教の自由が強調されたという経緯がある。だが、我が国においては事情が異なる。日本人にはキリスト教やイスラム教のような一神教の苛烈な宗教意識は希薄であり、宗教が個人の良心の中核を占めると考えられてはいない。信教の自由は、宗教を信じようが信じまいが、また信仰をもつとしてどの宗教を信じようが個人の自由であり、権力の干渉を受けないことを意味する。

　一方、わが国には、大日本帝国憲法の下で神社神道が国家宗教の地位を得、政治と宗教が密接に結びついたという歴史がある。それが結果的に、著しい思想統制や軍国主義をもたらし、戦争へと突っ走らせたという苦い経験がある。信教の自由を確保するためには、国家と宗教を分離する必要があるが、20条で国の宗教活動の禁止を定め、89条で特定の宗教団体に対する公金支出の禁止を定めて、政教分離が語られているのは、この反省を踏まえてもいる。

　ただ、現実には津地鎮祭訴訟や愛媛玉串料訴訟に見られるように社会習慣上の微妙な問題も含まれている。

第Ⅱ部　日本国憲法論

判例　津地鎮祭訴訟

概要	1965年、津市は市体育館の起工にあたり、神社神道の儀式にのっとった地鎮祭を行い、その費用7,663円を市の公金から支出した。地鎮祭は神道の宗教的活動にあたり、これに公金を支出することは政教分離を定めた憲法第20、89条に違反するとして、津市長に対して支出金額の賠償を求めて訴訟が起こされた。
裁判の経過	[第一審]　地鎮祭を宗教的行事というより習俗的行事と表現した方が適切とし、合憲。原告敗訴。 [第二審]　地鎮祭を宗教的活動として違憲判決。 [最高裁]（1977.7.13）　地鎮祭を宗教的活動にあたらないとして、合憲。
最高裁の判決要旨	地鎮祭は、「宗教とのかかわり合いをもつものであることを否定しえないが、その目的は建築着工に際し土地の平安堅固、工事の無事安全を願い、社会の一般的慣習に従った儀礼を行うという専ら世俗的なものと認められ、その効果は神道を援助、助長、促進し又は他の宗教に圧迫、干渉を加えるものとは認められないから、憲法第20条3項により禁止される宗教的活動にはあたらない。」
備考	政教分離の原則は、国家が宗教的に中立であることを要求するものであるが、国家が宗教とかかわりをもつことを全く許さないということではない。では、どの程度まで許されることになるか。津地鎮祭訴訟以来、最高裁判所はアメリカの判例で確立されてきた目的・効果基準を採用している。これは、宗教とのかかわり合いをもたらす行為の目的及び効果にかんがみて判断を下すもので、最高裁は憲法が禁止する宗教的行為を「当該行為の目的が宗教的意義をもち、その効果が宗教に対する援助、助長、促進又は圧迫、干渉等になるような行為」としている。

判例　愛媛玉串料訴訟

概要	愛媛県が1981〜86年に靖国神社とその分社的性格をもつ県護国神社に玉串料などとして計16万6,000円を公費から支出したのは、政教分離を定めた憲法第20、89条に違反するとして、同県内の住民が当時の県知事を相手取ってその県費への賠償を求めて提訴。
裁判の経過	[第一審]　県の行為と宗教とのかかわりは、目的・効果において宗教が認められ、違憲。 [第二審]　目的・効果において宗教性が認められず、支出金は零細な額で、社会的儀礼の範囲であり、合憲。 [最高裁]（1977.4.2）　二審判決破棄。県の行為は憲法に違反しており、支出金は県に賠償すべき。
最高裁の判決要旨	地方公共団体による両神社への玉串料などの奉納は、習慣化した社会的儀礼とは到底言えず、「その目的が宗教的意義をもつことを免れず、その効果が特定の宗教に対する援助、助長、促進になると認めるべき」として、本件支出を宗教的活動であるとともに89条の公金支出にもあたり、違憲とした。（13名の多数意見）

（次頁に続く）

第5章　基本的人権

備考	本判決は、津地鎮祭訴訟で示された目的効果基準を厳格に適用したもので、政教分離原則についての最高裁の最初の違憲判決である。判決文では靖国神社の特別性にも触れて、玉串料奉納に儀礼的意味あいがあるにしても、「明治維新以降国家と神道が、密接に結び付き種々の弊害を生じたことにかんがみ政教分離規定を設けるに至ったなど……憲法制定の経緯に照らせば、たとえ相当数の者がそれを望んでいるとしても、そのことゆえに、地方自治公共団体と特定の宗教とのかかわり合いが、相当とされる限度を超えないものとして憲法上許されることになるとはいえない」としている。

②表現の自由

①集会、結社及び言論、出版その他一切の表現の自由は、これを保障する。

②検閲は、これをしてはならない。通信の秘密は、これを侵してはならない。[21条]

　人間は社会的本質存在であり、個人の精神の発達は外部に表現されて可能になるし、社会理念や社会の仕組の発展も個人や集団の相互の表現行為によって可能になる。21条は、この外部への表現の自由を保障したものである。

　純粋に内面的な精神的自由とは異なり、表現の自由は他の社会的利益と矛盾することもありうるから、まったく規制を受けないわけではない。しかし、その規制の度合は「公共の福祉」による規制をうける経済的自由権よりも狭いと解される。つまり、表現の自由は、経済的自由よりも優越的な地位にあり、表現の自由に関する規制の合憲性の判断はより厳格な基準でおこなわれなければならない（二重の基準論）。条文の上でも、表現の自由には「公共の福祉」による制約はない。

　表現の自由の重要性は、詳しくいうと次のような点から指摘される。

a) **個人の自己実現**　個人にとって自分の考えていること、思っていることを自由に表現し、他者の承認を得たいという欲求はもっとも基本的なものの一つである。さらに、個人は自由に表現した意見を、他者との対話などを通して修正したり発展させたりしながら、自分の内面を鍛え発展させていくことが可能となる。

b) **国民の自己統治**　民主政治 democracy の基本的な定義は支配者と被支配者の同一性にある。この民主政治が適切に機能するためには、十分な政治教育を受けた国民による、自由な言論活動を通して政治的意思決定が行われる必要がある。

c) **思想の自由市場**　民主主義 democracy は意見の多様性を容認するところに成立する。何が正しいのか、正義なのか、正しい思想とは何か──これら

第Ⅱ部　日本国憲法論

は、国家権力が決めるようなものではなく、自由に様々な意見を述べ合う「思想の自由市場」において相対的に多数の支持をえたものを、その時点での最良のものとして採用することが民主主義の基本である。

（A）集会・結社の自由

　集会とは共通の目的をもって多数の者が集合することであり、集会の自由は公園や公道を使用するという開催の自由を含む他、それに参加する自由も含む。街

判例 東京都公安条例事件──デモ行進の事前規制

概要	1958年、警察官職務執行法に反対するデモを行った学生運動の指導者らが、許可条件に反したデモを行ったとして東京都公安条例違反として起訴された。
裁判の経過	[**第一審**]　都条例の規制方法は一般的に過ぎ、許否の基準も不明確であり違憲。（被告人は無罪） [**最高裁**]（1960.7.20）（憲法問題であるとの理由で、刑事訴訟規則に基づき最高裁へ移された）破棄差し戻し。
最高裁の判決要旨	最高裁は「かような集団行動による思想等の表現は、単なる言論、出版等によるものとはことなって、現在する多数人の集合体自体の力、つまり潜在する一種の物理的力によって支持されていることを特徴とする。かような潜在的な力は、あるいは予定された計画に従い、あるいは突発的に内外からの刺激、せん動等によってきわめて容易に動員され得る性質のものである。この場合に平穏静粛な集団であっても、時に昂奮、激昂の渦中に巻きこまれ、甚だしい場合には一瞬にして暴徒と化し、勢いの赴くところ実力によって法と秩序を蹂躙し、集団行動の指揮者はもちろん警察力を以てしても如何ともし得ないような事態に発展する危険が存在すること、群集心理の法則と現実の経験に徴して明らかである」と判示し、公安条例を以て、不測の事態に備えることは、止むを得ないとしている。公安条例は違憲とはいえない。
備考	公安条例とは、地方公共団体の制定した、集会、集団行進、集団示威運動（デモ活動）の規制に関する条例であり、正式な名称は、例えば東京都の場合「集会、集団行進及び集団示威運動に関する条例」となっている。こうした集団行動の規制によって公共の安全と秩序の維持を目的として制定されるので、「公安条例」と通称される。 大日本帝国憲法下において存在した治安警察法、治安維持法、言論出版集会結社等臨時取締法などの、集団行動を規制する諸法律は戦後廃止されたが、大衆運動・労働運動が盛んになると、連合国軍総司令部は、1947年から占領政策の円滑な遂行を目的として、これらの運動の個別的な規制を行うようになった。これが公安条例制定への経緯である。 この最高裁判決に対しては、集団行動の病理面を過度に強調し（暴走化理論）、表現の自由、集会の自由という人権の重要性を相対的に軽視しているという批判が多い。集団行動は潜在的に秩序を乱す力を内包しているから法的規制の対象になるというのは単純に過ぎよう。

頭行進やデモ（集団示威運動）も集会の一種と考えられる。集会は、マス・メディアによる言論や出版のような表現手段を持たない一般国民にとって、自己の意見を表明する有力な手段であることから、基本的な自由であると考えられる。議会制民主主義においては、集会の自由は選挙による参政権を補う意味ももつ。

　集会やデモは具体的な行動にあらわれ、公園や道路、その他の公共空間を使用する場合には他の人の利用を制限し排除することになるから、自ずから規制の対象となる。この規制は、いわゆる公安条例（集会やデモなどの集団行動を特別に規制するために制定された地方公共団体の条例）によってなされる。道路や公園などの公共の場所でおこなわれる集会やデモなどについては、公安委員会へ届出や許可が必要とされる。公安条例については、学説的には、21条に違反するという指摘が多くなされるが、最高裁判決は合憲性を強調する傾向がある。公園や道路はその本来の目的だけでなく、人々が集まりその表現活動に役立つという側面（パブリック・フォーラムとしての側面）も尊重されなければならないが、日本ではこの面は軽視されている。

　憲法の定める結社には、政治、経済、学問など、あらゆる分野の結社が含まれる。具体的に結社の自由は、団体を結成する自由、団体への加入の自由、団体の活動の自由を内容としている。個人としての人間は弱い存在であるが、団体をつくって行動することによって、その目的を効果的に達成することができるから、結社の自由はデモクラシーにとっても重要な意味を持つ。また、議会制民主主義においては、政治的目的を達成するための結社すなわち政党を単位として政治活動がおこなわれるので、この意味でも重要な意味をもつ。

　結社の自由の制限としては、暴力主義的破壊活動を行つた団体に対する必要な規制措置を定めた破壊活動防止法がある。もちろん、犯罪をおこなうための結社などは認めることができないが、「団体が継続又は反覆して将来さらに団体の活動として暴力主義的破壊活動を行う明らかなおそれがあると認めるに足りる十分な理由がある」ときには、公安審査委員会が「当該団体に対して、解散の指定を行うことができる」［破防法7条］とするのは、結社の自由に対する違憲の疑いがあり慎重な対処が必要である。

（B）言論・出版の自由

　言論の自由は心の中にあることを話すことによって外部に公表する自由、出版

の自由は、書き留めたものを出版する自由を指していたが、現在では言論や出版だけでなく、音楽・映画・演劇・絵画など様々な外部への公表があり、それらを含めての「表現の自由」である。また、能動的に表現する自由だけでなく、他者の表現を受容する自由も含まれる。

デモクラシーにとって、マス・メディアの存在は不可欠であり、報道の自由や取材の自由がとりあげられ、また国民の側では「知る権利」の重要性が指摘されるようになってきている。近年ではインターネットが急激に普及したために、新しい問題も生じている。

もちろん表現の自由とはいっても無制限ではありえない。刑法上の犯罪行為（名誉棄損罪、侮辱罪、わいせつ文書頒布罪など）やプライバシーの権利に抵触する場合などには、表現の自由の限界が問題になる。

表現の自由を事前に抑制することは認められない。表現が受け手に達する前に、行政権力がそれを抑止するとすれば、表現の自由それ自体の否定になる。戦前には、行政権力によって出版物などの検閲がおこなわれ、表現の自由を侵害し萎縮させてきたという歴史的経緯があり、これに対する反省もあって、21条2項で検閲の禁止を明文化している。

小・中・高等学校の教科書の内容をあらかじめ審査する教科書検定制度は、違憲ではないとされる。裁判例としては家永教科書事件が有名であるが、不合格図書が一般書として発行可能であること、普通教育における教科書の水準維持や中立・公正さの確保、等の理由から、検閲には当たらないとした。尚、後述「教育を受ける権利」の項を参照。

(C) 通信の秘密

通信は私人間での交流や情報伝達を意味し、意思形成や思想形成に必要不可欠であり、表現の自由に結びつく。その手段としては郵便、電信、電話、Eメールなどがある。戦前の日本では、実質的に通信の秘密は全うされなかった。今日、通信の秘密が制限されるのは、犯罪捜査のために信書などが押収・開披される場合、収監者の信書の検閲などに限られている。また、通信の内容だけでなく、通信自体が「あった（なかった）」ことを知られることにも保障が及ぶ。

3) 学問の自由

　学問の発展が文化や文明の進歩、国民の福祉向上に大きな役割を果たすことはいうまでもない。23条で学問の自由が保障されている。

　学問の自由は、思想・良心の自由や表現の自由に含まれており、ことさらに取り上げる必要もないとする考えもある。しかし、明文規定がなかった大日本帝国憲法で、滝川事件（1933年）や天皇機関説事件（1935年）のような学問弾圧が引き起こされた。この反省から、日本国憲法においては学問の自由が明文化された。

　学問の自由の内容は、学問研究の自由と大学の自治の二つからなる。

a) **学問研究の自由**　学問研究活動の自由は内面にとどまる限り絶対的に保障されるが、外部的な活動は制約を受ける場合がある。特に先端科学技術の分野（大量殺傷兵器に転用可能な研究、生命や遺伝子の操作に関する研究など）では、倫理やプライバシーなどの関連も含めて慎重な取り扱いが要求されるものがある。研究発表の自由も保障されるが、プライバシーとの関連については同じように制約をうける場合がある。教授の自由も保障される。これは、大学などの高等教育機関ではあまり問題にならないが、初等中等教育機関における教員の教育の自由、教育権の所在については微妙な問題を含む。

b) **大学の自治**　学問研究をになってきたのは、歴史的に見て大学が中心である。したがって、学問研究の自由という人権を制度的に保障するためには、国家権力による干渉を排除し大学の自治が保障されなければならない。大学の自治は、大学内部の組織や運営について外部からの指揮・監督を受けないことを意味しており、具体的内容として、教授・研究者の人事、施設・学生の管理などが教授会の自主的な決定に拠るべきことなどを含む。

(3) 経済的自由権

　近代初期は自由主義（自由放任主義）、夜警国家説が採られたことからもわかるように、国家権力の経済や社会への干渉は極力抑制されるべきものと考えられていた。近代社会は経済的な側面からみれば資本主義社会である。この資本主義経済を発展させるためには、経済活動の自由が尊重されなければならない。すでに指摘したように、近代初期においては、自由権のうちでも、この経済的自由

権が強調されることになった。だが、この経済的自由を無制限に認めてしまえば、市民社会で貧富の差が拡大していく。19世紀後半から、西欧においておこったことは、まさにこれであり、こうした問題の解決には経済的自由権の制限がなされなければならなかった。これは行政権力の強化とパラレルである。

　日本国憲法では、居住・移転・職業選択の自由［22条］と財産権の保障［29条］で、経済的自由について触れている。

1）居住・移転・職業選択の自由

> ①何人も、公共の福祉に反しない限り、居住、移転及び職業選択の自由を有する。
> ②何人も、外国に移住し、又は国籍を離脱する自由を侵されない。［22条］

　居住・移転・職業選択の自由は今日では当たり前のことであるが、ことさらに強調しなければならないのは、前近代の封建社会においては、強固な身分制秩序のもと職業選択の自由はなく、また人々は土地に縛り付けられ居住・移転の自由がなかったからである。逆に云えば、働き場所を決定し、職業を選択し、営業をおこなう自由は、近代の資本主義的産業化に必要不可欠だからである。

　「公共の福祉に反しない限り」との制限についていえば、居住・移転の自由に関しては、伝染病患者の強制隔離、受刑者の刑務所への収容などが挙げられる。

　なお、現代では居住・移転の自由は、広く知的な接触の機会を得るために不可欠な自由であるとして、精神的自由の側面を認める場合もある。

　職業の自由に関する規制は、警察的・消極的規制と政策的・積極的規制とに分けられる。警察的・消極的規制は、国民の生命・健康・安全や社会秩序を守る目的でおこなわれるものであり、資格が必要とされる職業（弁護士、医師、公認会計士、建築士など）や各種営業許認可（病院、薬局、飲食店など）がこれにあたる。政策的・積極的規制は、一定の政策目的を実現するために積極的に行われるものであり、国の財政政策の一環としての国の専売事業（民営化以前の郵便事業や電信電話事業など）、水道、交通などの国の特許制事業、巨大資本から中小資本を守るための競争制限（大店法、独占禁止法など）がこれに含まれる。積極的規制は、その目的が明白に不合理でない限り違憲とはならない（明白性の原則）。

第5章　基本的人権

　外国移住の自由、国籍離脱の自由は経済的自由というよりも、国際化に伴う基本的人権と考えられる。注意すべきは国籍離脱（自由意思によって日本国籍を離れること）の条件として、外国国籍の取得が前提になることである（国籍法11条、13条）。これは無国籍者が生じることを防ぐという配慮である。無国籍になる自由は認めていない。

判例 **薬事法距離制限違憲訴訟**

概要	薬事法は適性配置を欠く薬局の開設を許可しない旨規定し、その基準設定を都道府県条例に委ねていた。広島県の条例では既存薬局からおおむね100mと定められていた。原告は薬の小売店を開設しようとして薬事法に基づいて広島県知事に許可をもとめたが、配置基準（距離制限）に反するとして不許可になった。原告は薬局開設に距離制限を設けるのは営業の自由に違反し、違憲だとして提訴した。
裁判の経過	**[第一審]**　憲法判断を避けて不許可処分を取り消し。 **[第二審]**　距離制限は、粗悪な医薬品販売防止などのために必要な規制であるとして憲法22条1項に違反しないとした。 **[最高裁]**（1975.4.30）　二審判決破棄。薬事法の距離制限は憲法22条1項に違反し無効（違憲判決）。
最高裁の判決要旨	職業の自由は、精神的自由などに比較して公権力による規制の要請が強く、職業の許可制は職業自由に対する強力な制限である。権力による規制の「合憲性を肯定しうるためには、原則として、重要な公共の利益のために必要かつ合理的な措置であることを要する」。 「それが社会政策ないしは経済政策上の積極的な目的のための措置ではなく、自由な職業活動が社会公共に対してもたらす弊害を防止するための消極的、警察的措置である場合には、許可制に比べて職業の自由に対するよりゆるやかな制限である職業活動の内容及び態様に対する規制によっては右の目的を十分に達成することができないと認められることを要する」。 薬事法の距離制限は、不良医薬品の供給を防ぎ、国民の生命及び健康に対する危険防止という目的のための、必要かつ合理的な規制を定めたものとはいえず、憲法22条1項に違反し無効である。
備考	本訴訟は1973年の尊属殺重罰規定違憲判決に次ぐ最高裁2回目の違憲立法審査権行使の事例である。当該薬事法の適性配置規定（距離制限）が、既存の薬局の既得権益を保護し、逆に新規開店を阻止するという事態を招いている不合理な規定と判断した。

2）財産権の保障

> ①財産権は、これを侵してはならない。
> ②財産権の内容は、公共の福祉に適合するやうに、法律でこれを定める。
> ③私有財産は、正当な補償の下に、これを公共のために用ひることができる。[29条]

123

第II部　日本国憲法論

　歴史的にいえば、1789年のフランス人権宣言では所有権を神聖不可侵と定めていた（17条）。その後、20世紀に入り、初めて社会権を取り入れたワイマール憲法では、所有権について、153条で、「所有権は、憲法によって保障される。その内容及び限界は法律によって明らかにされる」とし、また「所有権は義務を伴う。その行使は同時に公共の福祉に役立つことを要する」として、その制限を認めている。日本国憲法も、ワイマール憲法に倣って「公共の福祉」（福祉国家の実現）によって、財産権が制限をうけることを認めている。財産権は、所有権の他に、物権、債権、著作権、営業権など全ての財産的権利を意味する。

　ここでいう「公共のために」とはどのような意味か。国や地方公共団体は、広く公共の目的を達するために私有財産を取得する場合がある。通常は、市場取引で取得されるが、公共事業（例えば道路や空港の建設）のために私有地を強制的に取得する場合がある。このような場合には、正当な補償をおこなわなければならない。この正当な補償をどのように考えるかについては二説ある。一つは、公共施設の程度や経済的事情や社会通念を総合的に判断し、合理的な相当額を補償すれば足りるとする相当補償説である。もう一つは収用の対象となった財産の市場価値（貨幣価値）および移転費など収用にともなう付帯的損失の全てを補償する完全補償説である。

（4）人身についての自由権

　人身の自由は身体を拘束されない自由である。これを奪われてしまえば、精神的自由、経済的自由、およそすべての自由を行使することはできないから、人身の自由は他のすべての自由の基礎にある。実際、歴史を振り返ると、前近代社会においても、絶対主義王政においても、権力の行使は、恣意的な身体への刑罰を中心としておこなわれた。こうした反省に立って、近代の立憲国家では人身の自由を憲法で保障しているのが通常である。

　特に、日本国憲法では、18条の奴隷的拘束・苦役の禁止の他、31条以下に人身の自由についての詳細な規定を設けている。31条以下は刑事手続に関するもので、被疑者や被告人の権利を手厚く保護しており、分量的にも第3章の人権規定の3分の1を占める。これは大日本帝国憲法下においては、刑事手続における人権侵害の弊害が特に大きかったという反省に基づく。

第5章　基本的人権

　国家権力は個人を簡単に抹殺することができる。憲法を制定し立憲主義によって権力を制限した根本モティーフは、そこにあった。権力による侵害が起こらないように、人権を認めて個人を守ろうとするわけである。刑事手続においては、各段階で人権侵害がおきやすいので、場面に応じて人権に対する配慮が最大限になされなければならない。刑事事件において一度下った重大判決が、再審制度によって冤罪があきらかになる事例が少なくないことを考えれば、犯罪被疑者や刑事被告人の人権に対してこれまで以上の配慮が必要であろう。

1）奴隷的拘束・苦役の禁止

> 何人も、いかなる奴隷的拘束も受けない。又、犯罪に因る処罰の場合を除いては、その意に反する苦役に服させられない。[18条]

　「奴隷的拘束」とは身体を拘束して強制的な絶対服従を強いられる状態を意味する。これは人間の尊厳を侵すものであり、本人の同意の有無に関係なく絶対的に禁止される。また、国家と国民との関係だけでなく、私人間の関係にも適用される。この条項は、もともと奴隷解放宣言であるアメリカ合衆国憲法修正13条に由来するとされるが、戦前の日本の土木・鉱山労働者の奴隷的酷使（いわゆる「たこ部屋」）の例もあるし、また現代の日本においても無縁ではない（例えば人身売買の問題）。

　「意に反する苦役」で問題になるのは、兵役である。日本国憲法では9条があるし、また兵役の義務を定めていないから、徴兵制は「意に反する苦役」にならざるをえない。懲役刑に服している者に労役を課すことは許容される。

2）適正手続の保障

> 何人も、法律の定める手続によらなければ、その生命若しくは自由を奪はれ、又はその他の刑罰を科せられない。[31条]

　人間の自由の実現は、そのための手続きが保障され遵守されなければ可能とならない。31条以下で刑事手続の権利保障について詳しく述べているが、31条はその総則的規定である（刑事手続の一連の流れと条文の対応については、図表を参照）。

125

第Ⅱ部　日本国憲法論

刑事手続きの流れと人権保障

※[　]の数字は憲法の条数

立場	手続きの流れ	拘束場所	機関	憲法規定の概要
被疑者	司法警察職員による逮捕　──48時間以内──▼　送検　──24時間以内──▼　拘置決定　──20日以内──	警察の留置場 / 代用刑事施設（警察留置場）拘置所	警察 / 検察	**[適性手続きの保障]**　法定手続きの保障[31] **[令状主義]**　①令状なく逮捕されない権利[33]　②令状なく捜索・押収されない権利[35] **[弁護人依頼権]**　抑留・拘禁理由の開示、逮捕・勾留時の弁護人依頼権の保障[34] **[拷問禁止]**　公務員による拷問の禁止[36] **[黙秘権]**　不利益な供述を拒否する権利[38①]
被告人	▼　検察官による起訴　裁判手続の開始　▼		裁判所	**[裁判を受ける権利]**　[32] **[迅速な裁判と公開裁判の保障]**　公平な裁判所の迅速な公開裁判を受ける権利[37①] **[弁護人依頼権]**　弁護人依頼権及び国選弁護権の保障[37③] **[証人尋問権・証人請求権]**　証人に対する反対尋問権と証人喚問権の保障[37②] **[黙秘権]**　自白強要の禁止及び自白だけを証拠として有罪にされない権利[38]
受刑者	有罪（服役）	刑務所	刑務所	**[残虐な刑罰の禁止]**　有罪の場合でも残虐な刑罰の絶対的禁止[36]
	無罪			**[一時不再理]**　裁判で判決が確定した場合、同一事件で再度起訴されない権利[39] **[溯及処罰の禁止]**　ある時点で法律違反とされなかった行為は、のちに制定された法律により処罰されない[39] **[刑事補償請求]**　逮捕・勾留後無罪とされた場合に刑事補償を受ける権利[40]

『2015　新政治・経済資料』（三訂版）、実務出版（一部表現を変更）

　31条には、刑事手続が法律によって定められるべきことの他、その手続が適正であるべきことも含意されている。適正さをどのように考えるかは難しいが、最高裁は、刑罰などの不利益を受ける者に事前の〈告知、弁解、防禦の機会〉をあたえることとしている。

　この条項は刑罰権の行使を主眼としているが、身体の拘束を受けるような行政手続（例えば精神病患者の強制入院措置）にあっても適用ないし準用されうる。ただし、行政手続は刑事手続と性格が違うし目的に応じて多様であるから、常に〈告知、弁解、防禦の機会〉をあたえなければならないというわけではない。

第5章 基本的人権

3）罪刑法定主義と推定無罪

　近代刑法の大原則として罪刑法定主義がある。これは、どのような行為が犯罪であり、その犯罪に対してどのような刑罰が科せられるかは予め成文の法律によってあきらかにされていなければならないとするものである（「法律なければ犯罪なく、法律なければ刑罰なし」）。日本国憲法が罪刑法定主義を採っていることはあきらかだが、その根拠はどの条文にあるかについては諸説（憲法13条説、憲法31条説など）ある。罪刑法定主義には次のような意義がある。

① どのような行為がどのような犯罪として処罰されるかが予め分かっていることによって、すなわち予測可能性を確保することによって自分の行為を調整することができる。

② 政府の恣意的な処罰を禁止し、国家権力による刑罰権の濫用から国民の基本的人権を守る。

③ 国民代表からなる国会で犯罪や刑罰の決定をおこなうことにより、国民主権を担保する。

　全体にわたる原則として、罪刑法定主義の他に、推定無罪の原則と「疑わしきは被告人の利益に」とする原則が重要である。推定無罪の原則とは、被疑者や被告人は裁判において有罪の判決を受けるまでは無罪として扱われなければならないとするものである。（マス・メディアの報道などでは）逮捕や起訴されたというだけで犯罪者であるかのような扱いをする単純な傾向があるが、これは許されないことである。推定無罪を別の局面から見たものが、「疑わしきは被告人の利益に」の原則である。これは、犯罪の明白な証拠がない場合には、あるいは当の被告人がその犯罪行為をまさしく行ったことについて合理的な疑いを生じさせる余地がある場合には、無罪とするものである。この原則は、被告人に有利にはたらく。犯罪行為を行ったことについて完全無実を証明せずとも、合理的な疑いがあることを示すことができれば無罪を主張することができるからだ。これでは実際に犯罪を犯した者を取り逃がしてしまうのではないかと考える向きもあろうが、この原則の意義は、無実の人間を罰しないことにある。そもそも日本国憲法で人身の自由について、詳細な規定を設けた理由はそこにある。「たとえ100人の凶悪犯人を取り逃がしても、1人の無実の人間を罰しない」という精神である。この「疑わしきは被告人の利益に」という原則を再審に適用した

127

第Ⅱ部　日本国憲法論

のが、1975年の最高裁判所の白鳥事件再審決定であり、以後いわゆる冤罪事件の
再審請求が活発化した。

4) 被疑者の権利

①逮捕令状主義

> 何人も、現行犯として逮捕される場合を除いては、権限を有する司法官憲が発し、且つ
> 理由となつてゐる犯罪を明示する令状によらなければ、逮捕されない。[33条]

　「罪を犯したことを疑うに足りる理由」のある者を被疑者として逮捕する場合に
は、司法官憲（裁判官）が発行する令状が必要である。逮捕するのは警察や検
察などの行政機関であるが、その逮捕理由が公正・中立であるかの判断を司法
に委ね、誤認逮捕や不当逮捕を防止しようとするものである。
　現行犯の場合は、被疑者が罪を犯したことが明白であり、誤認の恐れは少ない
から令状なしで逮捕される。なお、刑事訴訟法では、準現行犯（罪を犯してから間
もないことがあきらかな者）の場合もこれに準じるとしている。また、重大犯罪を犯
し緊急に逮捕する必要性がある場合にかぎり、逮捕後、直ちに令状の発行を条件
として逮捕する緊急逮捕も認められている［刑事訴訟法210条］。

②不法に抑留・拘禁されない権利

> 何人も、理由を直ちに告げられ、且つ、直ちに弁護人に依頼する権利を与へられなけ
> れば、抑留又は拘禁されない。又、何人も、正当な理由がなければ拘禁されず、要求が
> あれば、その理由は、直ちに本人及びその弁護人の出席する公開の法廷で示されなけ
> ればならない。[34条]

　逮捕後の抑留（人身の一時的拘束）や拘禁（人身の継続的拘束）を受ける者
に対して、その理由を直ちに告げなければならないとし、また弁護人依頼権を保障
しなければならない。抑留よりも拘束度がつよい拘禁には正当な理由が必要であ
り、要求があれば公開の法廷でその理由をあきらかにしなければならない。
　刑事訴訟法改正によって、2006年から被疑者（起訴前の取り調べの段階）・
被告人（起訴され裁判にかけられている段階）を通じて一貫した国選弁護制度

128

が導入された。国選弁護制度はこれまで刑事被告人だけに認められていたが、現実には取り調べの段階で弁護人がいないと、刑事手続の内容や人権を理解できずに、不本意な供述調書に署名捺印させられたり、さまざまな不利益をこうむる。事実、被疑者は警察の留置場（代用監獄）に長期にわたって収監され、自白するまで心身に苦痛を加えられるといったことが起こっており、冤罪につながっている例がある。

③捜索・押収令状主義

①何人も、その住居、書類及び所持品について、侵入、捜索及び押収を受けることのない権利は、第三十三条の場合を除いては、正当な理由に基いて発せられ、且つ捜索する場所及び押収する物を明示する令状がなければ、侵されない。
②捜索又は押収は、権限を有する司法官憲が発する各別の令状により、これを行ふ。
[35条]

捜索・押収の場合も、司法官憲（裁判官）による令状が必要であり、その理由は逮捕の場合と同じである。「捜索する場所及び押収する物を明示する令状」「各別の令状」とあるのは、被疑者の、住居を中心としたプライバシーと、所有権・占有権等の不可侵を保障しようとするものである。捜索・押収の対象が概括的であると、捜査権が濫用される恐れがある。

5) 刑事被告人の権利

①公平・迅速・公開の裁判を受ける権利

すべて刑事事件においては、被告人は、公平な裁判所の迅速な公開裁判を受ける権利を有する。[37条①]

「公平」の内容には、裁判官の独立[76条3項]、偏向した裁判官の除外、裁判機関（裁判所）と訴追機関（検察庁）の分離などが含まれる。

「迅速」とは、裁判を不当に長びかせないことである。裁判が長引けば被告人は判決を受けないままの状態が続き、有形無形の不利益をこうむることになる。

第Ⅱ部　日本国憲法論

現実に、日本の裁判は長くかかる傾向があり、司法制度改革の流れの中で、2003年に裁判の迅速化を図る裁判迅速化法が成立した。

「公開」とは、対審・判決が公開の法廷でおこなわれることを指す。

②証人審問権・証人喚問権

> 刑事被告人は、すべての証人に対して審問する機会を充分に与へられ、又、公費で自己のために強制的手続により証人を求める権利を有する。［37条②］

供述証拠が証拠としての資格をもつためには、供述した証人に対する、刑事被告人による証人審問・反対尋問を経なければならない。被告人に反対尋問をおこなう機会、防禦の機会を充分に保障しなければ、その証人の供述は裁判所によって証拠として採用されない。この権利が保障されてはじめて、被告人と検察官が対等な立場になる。

また、被告に有利な供述をする者を証人として喚問する権利が認められている。これは被告人の防禦に積極性をもたせたものである。（しかし、裁判所は、被告人が申請した全ての証人を喚問する義務を負うわけではないとされている。）

③弁護人依頼権

> 刑事被告人は、いかなる場合にも、資格を有する弁護人を依頼することができる。被告人が自らこれを依頼することができないときは、国でこれを附する。［37条③］

刑事裁判においては、専門の法律知識を有する弁護人が必要不可欠である。弁護人依頼権は34条でも保障されているが、本条で述べられているのは刑事被告人の防禦の機会を完全にするためのものである。被告人が経済的困窮などの理由で弁護人を選任できない場合は、被告人本人の請求により、または裁判所の職権により裁判所が付す。

④自己負罪の禁止

> 何人も、自己に不利益な供述を強要されない。［38条①］

130

第5章　基本的人権

　38条は自白に関するものである。戦前の日本においては、自白は「証拠の王」と
よばれ犯罪の立証に必要不可欠とされた。そのために、自白を得ようとして人権
侵害や拷問に近い取り調べがおこなわれることが多かった。38条がある今日でも、
こうした戦前からの自白偏重の伝統が、警察官にも、検察官にも、また裁判官にも
残っているようである。

　38条1項は、被告人が刑事責任を追及されたり、量刑上、不利益になるような
怖れがある事項については供述を強制されないことを意味する。これによって、
被疑者や被告人に自己負罪（self-incrimination）を禁止する特権を保障する。
刑事訴訟法で、供述拒否権や黙秘権を認めているのは、いかなる供述も刑事責
任の根拠となりうるからとされる。

⑤自白の証拠能力の制限

> 強制、拷問若しくは脅迫による自白又は不当に長く抑留若しくは拘禁された後の自白
> は、これを証拠とすることができない。［38条②］

　不当な手段によって得られた自白、任意性のない自白には証拠能力を認められ
ない。このようにして得られた自白は、虚偽である可能性が高いし、自己負罪を防
ぐという積極的な人権保障の意味もある。

⑥自白の補強証拠

> 何人も、自己に不利益な唯一の証拠が本人の自白である場合には、有罪とされ、又は
> 刑罰を科せられない。［38条③］

　任意性のある本人の自白であっても、それが唯一の証拠である場合には犯罪
の証明にはならない。本人の自白だけで犯罪を立証できるとなれば、自白強要・自
白偏重に拍車がかかる恐れがある。また、架空の自白によって有罪となってしまう
ことがありうる。刑事裁判で有罪判決を下すためには、自白だけでは不十分で、
犯罪事実を立証する証拠（補強証拠）が必要とされる。

　ただし、法廷における被告人の自白については、取調べ段階とは異なり、強制・

131

第Ⅱ部　日本国憲法論

拘束・拷問を受けず供述されるから、虚偽の怖れが少なく「自己に不利益な供述」には当たらないとされている。

⑦一事不再理・二重処罰の禁止

> 何人も、実行の時に適法であつた行為又は既に無罪とされた行為については、刑事上の責任を問はれない。又、同一の犯罪について、重ねて刑事上の責任を問はれない。
> 　[39条]

　まず、前段前半は、実行時に適法であった行為について、事後に成立した法律によって遡及的に処罰されることはないとするものであり（遡及処罰禁止）、先に述べた罪刑法定主義に関連する。ただし、本人の利益になる事後立法の適用は認められている。前段後半は、確定判決で無罪になった者に対して、再び刑事責任を追及することを禁じるものである（一事不再理）。後段は、一度処罰された行為を別の罪状で処罰すること、すなわち二重処罰を禁じるものである。

（5）社会権

　第Ⅰ部で既に述べたが、19世紀後半から、産業革命の進展や市民社会の変化により西欧諸国は自由放任的な夜警国家体制を維持することができなくなり、国家が経済や社会に積極的に介入し貧富の差を是正するなど国民生活を調整する必要が生じた。こうした国家の在り方は憲法にも反映され、基本的人権に関しても自然権に基づく自由権だけでは不十分で、経済的平等や社会福祉を保障する社会権が注目されるようになった。日本国憲法は20世紀の中ごろに発布・施行された憲法であり、生存権、教育を受ける権利、勤労の権利、労働基本権を保障している。

1）生存権

> ①すべて国民は、健康で文化的な最低限度の生活を営む権利を有する。
> ②国は、すべての生活部面について、社会福祉、社会保障及び公衆衛生の向上及び増進に努めなければならない。[25条]

第5章　基本的人権

　日本国憲法は社会権として4か条を置いているが、25条の生存権はその総則的規定の位置を占める。国民が誰でも人間的な生活をおくる権利をもつことを保障することによって、社会的・経済的な弱者を保護し、実質的な平等の達成をめざすものである。その権利の実現のために、国は社会福祉・社会保障・公衆衛生の向上・増進に努めなければならない。社会福祉とは、生活上の困難を抱える社会的・経済的弱者を保護しその生活を向上させることであり、社会保障とは、公共負担や社会保険などを通して国民に「健康で文化的な最低限度の生活」を保障することである。また、公衆衛生とは、疾病を予防し国民の健康を保全し増進させることである。これらは、具体的な法律によって保障されることになる。

　25条1項は、「健康で文化的な最低限度の生活」を送るために、国に対して一定のサービスや金銭的な給付を請求する権利であるが、その権利規定をどのように解釈するか、法的な効果をどのように引き出すかについては、大きく分けて3つの説がある。プログラム規定説、抽象的権利説、具体的権利説である。

　プログラム規定説　プログラム規定説とは、25条は政治や立法の基本方針（プログラム）を示したものであり、国民に具体的な権利を与えたものではないとするものである。日本は自由主義的資本主義の経済体制をとっている以上、国民は自分の生活は自分で賄うべきであるし、また「健康で文化的な最低限度の生活」状況も国家の財政政策に依存せざるをえない、等を根拠としている。

　当初はこのプログラム規定説が有力であった。しかし、もともと生存権が主張されたのは、弱者保護という具体的な問題があったからである。それを基本方針や努力目標だとしたのでは、権利として生存権を掲げる意味がないではないかという批判が当然出てくることになる。

　抽象的権利説　このプログラム規定説は朝日訴訟をきっかけに見直されることになり、抽象的権利説が主張されるようになった。この説は、25条1項から国民が国家に対する生活環境の充実を要求する具体的請求権は導けないが、しかし、抽象的な権利は有しており、国家は立法・行政上の措置をとる義務があるとする。したがって、国家によって法律が制定されているならば、その法律上の請求権に基づいて、訴訟で国家の措置の違憲性を問うことは可能である。朝日訴訟のときには、既に生活保護法が制定されており、生活保護法の内容を通して違憲性を争うことは可能であるとする抽象的権利説が注目を集めた。

第Ⅱ部　日本国憲法論

　　具体的権利説　その後、憲法が生存権を権利として認めている以上、裁判所は、下位法規を媒介とせずに国家の行為の合憲性を判断できるとする具体的権利説も主張されるようになった。この説によれば、25条をもとにして、既存の法律の違憲を主張することができるし、生存権を具体化する法律が存在しないとき、その立法の不在に対する立法府の不作為の違憲性を問うことができることになる。

判例　朝日訴訟─生存権訴訟の原点

概要	重症の肺結核で、国立岡山療養所に入院していた朝日茂氏は、生活保護法の規定に基づき、医療扶助と月額600円の日用品費の扶助を受けていた。1956年（昭和31年）、実兄より、月1,500円の仕送りを受けることができるようになると、福祉事務所は、その1,500円のうち、日用品費600円を手元に残し、残り900円を医療費の自己負担分として徴収することにした。朝日氏は、月600円の日用品費は安すぎ、憲法第25条の保障する「健康で文化的な最低限度」の生活はおくれないとして提訴した。現在と単純に比較することはできないが、米の価格は当時の10倍、ラーメンは25倍、牛乳は8倍程度になっている。
裁判の経過	**[第一審]**（1960.10.19）　生活保護法は、何人に対しても、最低限度の生活を保障する保護の実施を請求する権利を賦与することを規定したものである。日用品費月額600円では具体的な生活状況が「健康で文化的な生活水準」に達することができないので違憲。原告勝訴。 **[第二審]**（1963.11.4）　一審判決取り消し。日用品費600円という基準はすこぶる安いが、違憲とはいえないとして一審判決を取り消し原告の主張を退けた。（その後朝日氏は1964.2.14に死亡したため、養子夫婦が裁判を引き継いだ） **[最高裁]**（1967.5.24）　上告棄却。本件訴訟は上告人（朝日氏本人）の死亡によって終了。保護費受給権は一身専属的であるため、相続の対象にはならない。
最高裁の判決要旨	「なお、念のため」と、次のように判示した。憲法第25条の規定は、「すべての国民が健康で文化的な最低限の生活を営めるように国政を運用すべきことを国の責務として宣言したにとどまり、直接個々の国民に対して具体的権利を賦与したものではない」。具体的な権利は生活保護法によってはじめて与えられるが、何が健康で文化的な最低限の生活であるかは抽象的な相対的概念であり、その決定は厚生（現厚生労働）大臣の判断に任される裁量事項である。
備考	朝日訴訟は生存権の意味を根本から問いかけたものであり、「健康で文化的な生活」を「お上」からのお恵みとして受けとるのではなく、憲法で保障された当然の権利であることを広く国民に知らしめたという点で大きな意義をもつ。その後、堀木訴訟など多くの生存権訴訟が提起されるようになった。 朝日氏側は敗訴したが、この訴訟が契機となって、生活保護の実態が知られるようになり、生活保護基準が大幅にひきあげられた点でも、この訴訟の果たした役割は大きい。

第5章　基本的人権

2) 教育を受ける権利

①すべて国民は、法律の定めるところにより、その能力に応じて、ひとしく教育を受ける権利を有する。
②すべて国民は、法律の定めるところにより、その保護する子女に普通教育を受けさせる義務を負ふ。義務教育は、これを無償とする。［26条］

　義務教育という言葉から連想して教育を義務と捉えがちであるが、教育を受けるのは権利である。人間は法律上「成人」するのに20年を要するとされる。私たちは一定の社会化（socialization）を経て「成人」するのであり、その社会化の重要なチャネルの一つとして教育がある。教育を受けることによって、教養やさまざまな考え方、社会で生きていく力を身につけていく。また、デモクラシーの運営においても、また国家や社会の発展においても、国民の一定の教育水準が必要である。26条1項は、この教育を受ける権利を述べたものであり、これに基づいて、国家は国民の教育のための機会を設け施設を充実させる義務を負うことになる。憲法の方針は、教育基本法や学校教育法などで具体化される。
　しかし、教育を受ける権利の主体は未成年者である場合が多いから、保護者はその保護する子女に「教育を受けさせる義務」があると26条2項で規定することになる。これが「義務教育」の意味である。義務教育は、親の経済状態にかかわりなく、受けることができるように無償であるとされる。無償の内容をどのように考えるかについては諸説あり、当初は授業料の無償と考えられていたが、現在では教科書も無償とされている。
　教育は社会化の重要なチャネルであるが、国家から見れば、国家にとって従順で都合のよい国民をつくりあげるチャネルとして利用することも可能である。実際、有能な権力者ならばこのチャネルを支配のために最大限に利用する。そこで、この教育内容をどのように決定するかが重要な問題となる。この教育内容を決定する権限（教育権）をめぐる最大の訴訟が家永教科書検定訴訟であった。
　教科書検定は、小・中・高校までの教科書は、文部大臣（現・文部科学大臣）がおこなう教科書としての適性審査に合格しなければならないとする制度である。家永三郎氏は、自らの執筆した教科書『高校日本史』（三省堂）が1962年の教科書検定で不合格（その後、修正条件付で合格）とされたことに対して、その違憲・違法を主張し、1965年から3回にわたり処分の取り消しと国家賠償を求めて

訴訟を起こした。これが家永教科書検定訴訟である。訴訟は1997年の第3次最高裁判決まで32年間にも及び、全部で10の判決が下された。

　家永教科書訴訟の争点は、大きく以下の二点に集約される。

　a) 家永氏側は、教科書検定は憲法21条2項の禁ずる「検閲」に該当する、また表現の自由や学問の自由を侵害するという主張をおこなった。これに対する裁判所の判断は、教科書検定という制度それ自体については合憲であるという点で一貫している。

　第1次および第3次訴訟の最高裁判決は、いわゆる税関検査事件最高裁判決で示された検閲の定義、すなわち「『検閲』とは、行政権が主体となって、思想内容等の表現物を対象とし、その全体又は一部の発表の禁止を目的として、対象とされる一定の表現物につき網羅的一般的に、発表前にその内容を審査した上、不適当と認めるものの発表を禁止すること」を指すとする定義を引用し、検定の場合は、不合格教科書も一般図書として出版することができるし、既刊の一般図書も検定申請可能であるから、検閲の要件を満たしていないとして、検定は合憲とした。

　これに対し、家永訴訟判決中、最初に出され、最も注目すべき判決となった第2次訴訟第1審判決（いわゆる杉本判決、1970年7月）では、審査が思想内容に及ぶものではない限り検閲には該当しないが、本件の不合格処分は著者の思想内容を事前に審査するものであり検閲に当たると判断している。つまり、教科書検定自体は合憲だが、具体的な不合格処分が検閲に該当し違憲であるとしている。

　b) 次にa) にも関連するが、教科書検定の基礎となる教育内容の決定権（教育権）を有するのは誰か――はっきりいえば、国民か国家かという争点がある。

　家永氏側を勝訴させた第2次訴訟第1審の杉本判決は、差戻し後高裁判決で取り消されたので判例法としての効力はもたないが、「国民の教育権」説など憲法と教育をめぐる論点を考えるうえで大きな影響を与えた。この判決では「将来においてその人間性を十分に開花させるべく自ら学習し、事物を知り、それによって自らを成長させることが子供の生来的権利である」として子どもの学習権を重視し、この学習権に対応して、子どもを教育する責務を担うのは親を中心とする国民全体であるとした（国民の教育権）。公教育において、以上の国民の責務は直接に子どもに接し教育を担当する教師を通じて遂行されるから、23条に基づき教師にも教育の自由が保障されなければならない（従来は、23条は大学におけ

第5章　基本的人権

る教授の自由を保障するだけであった）。国家は、人間の内面的価値や精神活動、教育の内容に対しては可能な限りその自由を尊重して介入を避け、教育の機会均等の確保など外的条件整備の確立に努めるべきであると判示した。

　これに対し、第1次訴訟第1審判決（いわゆる高津判決 1974年7月）では、教育権は国家にあり、初等・中等教育においては教育内容の画一化の要請がはたらくとした。また、同じように教師の教育や教科書の内容についても国家による制約は免れないとして、家永氏側の主張を退けた（国家の教育権）。

　この教育権に関して対立する二つの学説について、最高裁は旭川学力テスト訴訟（全国中学生統一テストへの反対運動に関連した事件）の判決（1976年5月）で触れている。それによると、「国民の教育権」説、「国家の教育権」説、いずれも極端であり全面的に採用することはできず、教育現場の教員と国家とに応分の権限を持たせるべきだとしている。教授の具体的内容や方法についてある程度の自由裁量が認められなければならないが、児童生徒がまだ精神的にも自立しておらず教師を選択する余地が乏しいこと、教育の機会均等をはかる必要から全国的に一定の教育水準を確保しなければならないことを考えれば、普通教育における教師に完全な教授の自由を認めることは難しい。一方、人間の内面的価値に関する文化的営みである教育に、党派的な政治的影響が及んではならない。子どもが自由かつ独立の人格として成長することを妨げるような国家的介入、例えば誤った知識や一方的な観念を子どもに植えつけるような内容の教育を施すことを強制することは、憲法26条、13条の規定上からも許されないと判示した。この判決自体は妥当とおもわれるが、現実には、教育内容は国家による学習指導要領などによって細かいところまで規制を受けている。

3) 勤労の権利と労働基本権

①勤労の権利

①すべて国民は、勤労の権利を有し、義務を負ふ。
②賃金、就業時間、休息その他の勤労条件に関する基準は、法律でこれを定める。
③児童は、これを酷使してはならない。[27条]

　27条1項は、職業の自由を意味する他に、勤労の能力と意欲がある国民が労

第Ⅱ部　日本国憲法論

働の機会を得られない場合、国家は、労働の機会の提供を与えたり、それが不可能な場合は雇用保険などを通して適切な失業対策をおこなう義務があることを定めたものである。その義務に応じた立法措置が、職業安定法、雇用対策法、雇用保険法などである。

「賃金、就業時間、休息その他の勤労条件」の決定を、「契約の自由」のもとに資本家と労働者の間の私的自治に任せたのでは、どうしても労働者に不利になる怖れがある。27条2項は、国家がこうした勤労条件の決定に介入して、必要な立法措置をとることを述べたものである。

27条3項は、かつて使用者が児童に劣悪な条件の下で労働を押し付けることが多かったために、特に規定を措いたものと考えられる。

②労働基本権

> 勤労者の団結する権利及び団体交渉その他の団体行動をする権利は、これを保障する。［28条］

資本主義社会においては、資本家に対して労働者はどうしても弱い立場におかれる。労働者は団結してはじめて資本家と対等の立場で労働条件などの交渉を進めることができる。そこで労働者の権利を労働基本権として保障する必要が生じる。労働基本権は上述の勤労権の他、28条に規定してある団結権、団体交渉権、団体行動権（争議権）からなる。

団結権は、労働組合を結成しこれに加入する権利である。使用者は、労働組合の結成やそれへの加入を理由に、労働者に不利益をなさない義務を負う。

団体交渉権は、労働者の団体が使用者と労働条件などの交渉をおこなう権利であり、交渉の結果成立した労働協約は規範的効力をもち、それに反する労働契約は無効となる。

団体行動権（争議権）は、団体交渉において労使の実質的対等を実現するために、労働者が団体として行動する権利である。具体的には、ストライキ、サボタージュ等の手段がある。こうした手段は、あくまでも労使間の問題に適用されるだけであり、政治的争点をめぐる政治ストは違法性が問題になる。

先に問題にしたが、公務員の場合は、国家と特殊な法律的関係に入るから、労

働基本権に関して制約をうける。すなわち、公務員は「全体の奉仕者」であり、公共の福祉の視点から制約を受けざるを得ないとするのである。警察職員、消防職員、自衛隊員などは、その業務内容の性格上労働3権すべてが制約をうける。国家公務員や地方公務員は団結権、団体交渉権が制約を受け、団体行動権（争議権）は否定されている。

（6）国務請求権

　国務請求権とは、国民が自らの権利保護のために、国家に対して一定の行為を行うことを要求する権利であり、日本国憲法では、裁判を受ける権利、請願権、国家賠償請求権、刑事補償請求権を認めている。国務請求権は、憲法規定が法律によって具体化されて初めて実現可能なものとなる。

1）裁判を受ける権利

> 何人も、裁判所において裁判を受ける権利を奪はれない。［32条］

　国民は、政治権力から独立しており公平な判断をくだす裁判所に、権利や自由の救済を求めることができる。刑事事件においては、裁判所の裁判によらなければ刑罰は科せられない。裁判所は裁判の拒絶を行うことはできない。
　戦前においては、裁判を受ける権利は民事事件、刑事事件に限定されていたが、日本国憲法では行政事件の裁判も32条に含まれる。

2）請願権

> 何人も、損害の救済、公務員の罷免、法律、命令又は規則の制定、廃止又は改正その他の事項に関し、平穏に請願する権利を有し、かかる請願をしたためにいかなる差別待遇も受けない。［16条］

　請願とは、国家や地方公共団体に対して、その職務に関する要望を述べることである。歴史的にいえば、絶対王政の時代に、人民が自らの政治的意思をあきら

第Ⅱ部　日本国憲法論

かにするための重要な手段であった。しかし、現代の民主主義社会においては、政治に対する国民の意思表明のチャネルはさまざまに確保されており、かつてほどの重要性は持たない。請願権は権利だが、請願をうけた国家機関や地方公共団体が請願の通りに行動する義務を負うわけではない。

3) 国家賠償請求権

> 何人も、公務員の不法行為により、損害を受けたときは、法律の定めるところにより、国又は公共団体に、その賠償を求めることができる。[17条]

大日本帝国憲法下においては、公務員の不法行為によって損害を受けても、その賠償についての規定が存在しなかったが、日本国憲法では国家や地方公共団体の責任を明確にし賠償義務を負うものとした。この条項を具体化するものとして、国家賠償法が制定されている。

4) 刑事補償請求権

> 何人も、抑留又は拘禁された後、無罪の裁判を受けたときは、法律の定めるところにより、国にその補償を求めることができる。[40条]

被告人が、抑留または拘禁された後、刑事裁判で無罪判決をうけた場合、それまでに受けた不利益に対する補償を定めたものである。この権利を具体化する法律として刑事補償法がある。この刑事補償請求権も、大日本帝国憲法には規定がなく、現実の補償も不充分であった。

（7）新しい人権

14条以下の人権規定は、歴史的に国家権力によって侵害されることの多かった権利・自由を挙げたものであり、すべての人権を網羅的に憲法条文で挙げることは不可能である。また社会が変化し発展するにつれて、従来の人権の内容も変化し多様化してきた。そこで、自律的な個人が人格的に生存するために不可

欠と考えられる基本的な権利・自由として憲法上保護するに値する利益を人権として認めていく必要性も生じてきた。プライバシーの権利、知る権利、環境権などがそれに当たる。これらは憲法上に明確に規定されているわけではないが、13条に規定されている「幸福追求の権利」など、既存の条項の拡大として解釈されている。新しい人権は、実際の訴訟の中であきらかにされ、認知されていったものが多い。以下、プライバシー権、知る権利、環境権といった新しい人権についてみていく。

1）プライバシーの権利

　個人主義が徹底している西欧と異なり、日本人にはプライバシーの意識は乏しい。日本国憲法にプライバシーの権利規定はないが、戦後、日本社会の産業化や都市部の人口密集化が進み、人間関係が複雑に錯綜するようになると、個人の私生活にみだりに干渉されない権利、たとえ事実であっても知られたくない私事を公開されない権利——プライバシー権を積極的に守る必要が生じる。この権利が注目されるに至ったのは『宴のあと』裁判である。この裁判では、プライバシーを保護するためには表現の自由も制限されるという判決が出された。この裁判でもそうだが、プライバシーの権利は表現の自由と対立することが多く、その調整には慎重な議論が必要である。

　もとより、プライバシーの概念内容は多岐にわたっており、自分が決定すべきことについて他人の干渉をうけないこと（自己決定権）、犯罪捜査のためであっても承諾なしに自分の写真を撮られないこと（肖像権）などもプライバシー権の一種と考えられている。

　最近、とみに重要性を増しているのは、自己情報コントロール権としてのプライバシー権である。例えば、収入、病歴、前科などは秘匿性が高く、それぞれ特定の相手に公開された私的な情報である。問題は、こうした情報を国家の様々な機関が収集し、結合し、共有する場合である。国家が私たちの個人情報を一元的に管理し、こうした個人情報が本人の知らないところで流通するとなれば、重大なプライバシー侵害となる。こうした個人情報については、地方公共団体が国家に先行してプライバシー保護条例を続々と制定したことを受けて、1988年に個人情報保護法（行政機関が保有するコンピュータ処理にかかわるもの）が制定され、

第Ⅱ部　日本国憲法論

2003年には新・個人情報保護法（民間の情報も含む）が制定された。

判例　「宴のあと」裁判—プライバシー権

概要	三島由紀夫の小説『宴のあと』は、有名政治家である主人公が料亭の女将と再婚し離婚するまでを描いたもので、一読して主人公が特定できるものであった。そのため原告は、この小説が原告の私生活をのぞき見たもので、そのプライバシーを侵害したとして、三島氏と出版社を相手取って慰謝料と謝罪広告を要求した。
裁判の経過	[東京地裁]（1964.9.28）　プライバシー権を、みだりに私生活を公開されないという法的保障ないし法的権利として承認し、損害賠償請求を認めた。（被告側は控訴したが、その後原告が死亡、和解）
判決要旨	[東京地裁]　日本国憲法の基礎である個人の尊厳という思想は、相互の人格が尊重され、他者による不当な干渉から自我が保護されて初めて確実なものとなるのであって、そのためには、正当な理由がなく他人の私事を公開することが許されてはならないと判示した。プライバシー侵害の内容として、①私生活上の事実またはそれらしく受けとられる事柄であり、②一般人の感受性で当事者の立場に立てば公開されないことを望むと思われる事柄であり、③実際に世間一般にはまだ知られていない事柄であること、④このような公開によって、当該私人が現実に不快や不安の念を覚えたことの4条件をあげた。
備考	この地裁判決がプライバシーの権利を認めた最初の例である。その他、プライバシーの権利に関する訴訟で有名なものに作家柳美里の小説「石に泳ぐ魚」の出版差し止めをめぐるものがある。登場人物が原告女性であると容易にわかりプライバシーが侵害されたとして、原告勝訴の最高裁判決（2002年）が出された。

---

2) 知る権利

　国や地方公共団体の保有する情報を国民に公開させる権利である。1980年代から、地方公共団体において、国に先駆けて情報公開条例が制定されていたが、厚生省の薬事行政の不手際から生じた薬害エイズや金融の裁量行政が問題を拡大させた「住専」問題をきっかけに、国に対する情報公開の要求も高まった。これを受けて、1999年、情報公開法が制定（2001年施行）された。

　その他、広い意味における知る権利に属するものとしてアクセス権がある。これは公共放送、新聞などのマス・メディアに対して、一般市民が自分の意見を反映させることができる権利のことであり、マス・メディアによる公平な情報発信を確保しようとするものである。

　しかし、これらがいずれも、うまく機能しているかは疑問である。日本においては

第5章　基本的人権

特に記者クラブなどに代表されるように、マス・メディアによって発信される情報が一元的なものとなる傾向がある。デモクラシーが機能するためには複数のマス・メディアが必要だが、日本の場合、報道機関が複数存在しても国民に提供される情報は大同小異で、似通ったものになる傾向が強い。しかも、批判的な精神をなくし、たとえば権力の側からもたらされる情報をそのまま垂れ流すようなジャーナリズムが多いのが現実である。国民は主としてマス・メディアから情報を手に入れることを考えれば、これはデモクラシーの危機である。

3) 環境権

　現在の中国で、急激な経済成長の反面、大気汚染のような深刻な公害が引き起こされていることを、誰でも知っている。しかし、今では信じられないが、日本でも、東京のどまん中を流れる隅田川や神田川が、悪臭ふんぷんたる巨大なドブ川であった時代があったのである。1955年以降、日本は経済成長を続けたが、その陰で水・大気・土壌などの汚染が進み、また自動車・鉄道・航空機などの騒音・振動によって生活の安寧が脅かされる事態が生じた。1960年代の高度経済成長期に公害問題が噴出し、いわゆる四大公害裁判が引き起こされた。このような状況下で公害から免れ環境破壊から守られて人間らしく生きる権利（＝環境権）が主張されるようになったのである。1967年の公害対策基本法、1993年の環境基本法、1997年の環境アセスメント（環境影響評価）法が関連する法律として制定されている。

　これまで環境問題というと第二次産業によって引き起こされる自然環境破壊が公害の中心であったが、近時、日本のような先進産業国では第三次産業が中心となっており、精神疾患などの、これまでとは違った公害が進行しつつあるようにおもえる。

143

第Ⅱ部　日本国憲法論

第6章　統治機構

(1) 国　会

1) 国会の地位と性格

国会は「国権の最高機関であって、国の唯一の立法機関である」［41条］とされている。国権とは国家権力の意味である。行政権について定めた65条、司法権について定めた76条1項と相俟って、三権分立を明確にしたものである。この条文には以下のような意味が含まれている。

①国民の代表機関

> 両議院は、全国民を代表する選挙された議員でこれを組織する。［43条①］

日本の民主制は間接民主制であり、国政において国民は「正当に選挙された国会における代表者を通じて行動」［前文］する。国民より選出された議員は、憲法上は「全国民を代表する」とされる。こうした議員を内実とする国会だから、国民の代表機関といえる。

だが、議員は実質的に何を代表するのかという問題がある。ほんとうに全国民を代表しているといえるのか。現代の民主政治においては、政党制がとられているが、個々の議員は政党に所属することによって、政党からの拘束が大きくなり、議員の独立性が損なわれるのではないかといった問題点がまず指摘される。

144

また、比例代表制においては政党に投票するわけだから、これに関しても議員の独自性はどうなるのかという問題が生じる。比例で当選した議員が後に所属する政党を変えることも問題となろう。

　さらに、現在の複雑化した社会（政治的・経済的・文化的）おいて、議員は国民の代表者として、十分にその資格があるのか、真に国民を代表しているのかという本質的な問題がある。制限選挙制がとられていた時代においては、有権者間に高い同質性が保たれていたから、その集団を代表するといいえたであろう。だが、普通選挙制が実現した現代の大衆社会においては、国民の興味・関心や利害が広範囲に分散しており、またその政治的判断力や知的程度もさまざまである。となると、代表するとはいっても、その代表の意味は不分明なものとならざるを得ない。また、高度に専門化し複雑化している政治問題に、議員は高い識見をもって対処しきれているかという問題も生じる。現実には、高度に専門化し複雑化している国家社会を事実上、コントロールしているのは官僚であるともいわれる。官僚主導の行政が国民主権の原則に反していることはいうまでもない。（169 頁「行政国家化と官僚」も参照）

②国権の最高機関

　考えてみればこの表現は妙である。というのも、三権分立というとき、立法、行政、司法の三権は同等の重みをもつからこそ相互に牽制しあうことが可能になるからだ。三権の間に最高も最低も存在しない。したがってこの表現は、内閣や裁判所が国会に従属することを意味しているものではないし、国会の活動が内閣や裁判所の制約を受けないことを意味しているわけでもない。この表現をめぐっては政治的美称説、統括機関説＊などの解釈があるが、ここでは以下のことを含意する一種の「たてまえ」と理解しておこう。

1）　国家機関のうちで、国会は主権者たる国民から直接選任される点で最も密接なつながりをもっているから、当然に国政の中心になる重要機関になること。

＊　政治的美称説──単なる政治的な美称であり、法学的な積極的意味をもつものではないとする。
　統括機関説──政治的美称説では、国会に単なる立法機関以上の広い役割を与えていることの理由がつかない。この不備を補うために、国会を統治権の総攬者としてとらえる説である。

第Ⅱ部　日本国憲法論

2) 行政や司法が立法部の制定した法に基づいて行われることからわかるように、立法作用が論理的に先行している点で国家作用のうちで優位を占めること。

3) 国会に強い発言権を与える議院内閣制を採用していること。（大日本帝国憲法のように議会が政府に対して弱い地位に立つのではないことの明確化）

4) 行政国家といわれるような執行権の強化を抑止することが国会に期待されること。現代国家においては、行政府の役割が飛躍的に増大しており（行政国家化現象）、三権分立の均衡が崩れてきている。

③唯一の立法機関

　国家の立法は、すべて国会が行うことを明確にするものである。これは国民主権を標榜する以上、当然である。大日本帝国憲法下で認められていた行政府の独自立法（例えば緊急勅令［8条］、独立命令［9条］）は、日本国憲法下においては認められていない。

　「唯一の」という表現には以下の2点が含意されている。

1) 国会立法中心主義　　憲法上の例外を除いて、国会以外の機関が立法することはできない。

　　　例外　① 両議院の規則制定権［59条2項］
　　　　　　② 最高裁判所の規則制定権［77条］
　　　　　　③ 行政機関の執行命令と委任命令の制定権
　　　　　　④ 地方公共団体の条例制定権

2) 国会単独立法主義　　法律の制定手続きに国会以外の機関が関与することはできない。

　　　例外　①「一の地方公共団体のみに適用される特別法」［95条］
　　　　　　　国会の議決のほかに住民投票が必要
　　　　　　② 憲法改正　国会における議決の他に国民投票が必要［96条］
　　　　　　③ 条約締結　国会の承認によって内閣が締結［73条3項］

146

第6章　統治機構

国会の組織

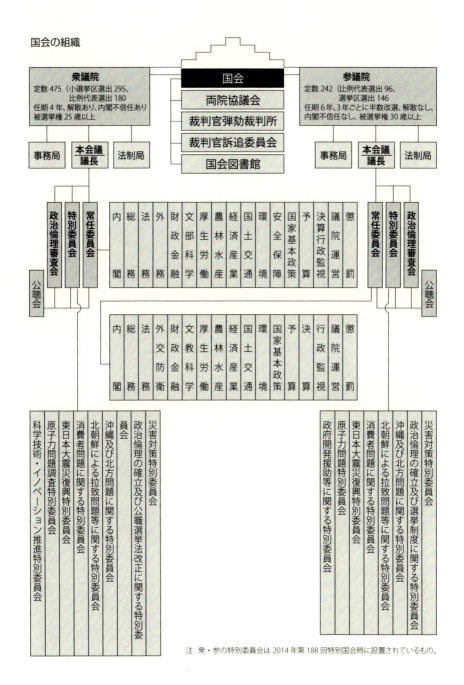

注．衆・参の特別委員会は 2014 年第 188 回特別国会時に設置されているもの。

第Ⅱ部　日本国憲法論

2）国会の組織と二院制

①国会の組織

　国会の全般的な組織図は147頁のようになっている。後で述べるが、日本においては、本会議ではなく委員会（常任委員会・特別委員会）を中心とした運営が行われている。

②二院制の意義

　日本の国会は衆議院と参議院の二つの議会から形成されている。

　一般に、下院だけでなく、もう一つの議会を設ける根拠としては以下の点が指摘される。

　　1）慎重な審議　　議論を繰り返しておこなうことにより慎重さを期すことができる。また、議会権限を一つの院に集中させることをふせぎ、権力の分立が期待できる。

　　2）論点の明確化　　慎重な議論の過程で、国民が論点をはっきりと知り、それによって形成された世論を国会審議に反映させることができる。国民のより積極的な政治参加を期待することができる。

　　3）多角的な民意の反映　　多民族国家などにおいては、人口に比例して議員定数を割り当てるという、もっともシンプルな選挙制度による代表者だけでは、不十分な場合がある。少数民族は代表者を出せないという場合が生じるからだ。これはかなり切実な問題で、民意の問い方を変えて（選び方を変えて）、代表を選ぶといった工夫をする必要が出てくる。だが、民族の純度が高いといわれるわが国においては、この点はさほど大きな問題とはならなかった。とはいえ、わが国でもかつて参議院全国区制導入にあたっては、職能代表的役割を果たすことが期待されていた。

　以上の他にも、衆議院解散中の不測の事態に際して参議院が対応できるといった現実的な理由もある。

　しかしながら、日本の参議院は本当に必要かという問題がしばしば論議される。以上に述べたような二院制のメリットもあるが、一方では参議院は不要とする議論も根強い。議論の根拠としては以下の点が指摘される（実際、日本国憲法の基礎となったマッカーサー草案では一院制（下院（衆議院）のみ）が主張され

ていた)。

1) 同じような議員選出方法、同じような構成　二院制を採るならば、議員の選出方法が違っていなければ意味がない。同じような方法で選ぶならば、参議院はミニ衆議院にすぎなくなる。近年の日本においては、衆議院と参議院で多数党が異なり（逆転国会）、参議院が内閣を牽制する場合が見られたが、これは例外的でたまたまそうなったにすぎない。

2) 議員の現状　衆議院に比較して、参議院は重視される度合いが低く、また解散もないために、どうしても議員は弛みがちのようである。もちろん、全員ではないであろうが。

3) 衆議院の優越　後述のように、重要事項に関して衆議院の優越があり、また法案の再可決が衆議院に認められているから、参議院の存在意義はどうしても薄くなる。

③組織上の差異

	定数	任期	解散	被選挙権	選挙区と定数
衆議院	475	4年	あり	25歳以上	小選挙区 (295) 比例代表 (180) の並立制
参議院	242	6年	なし※	30歳以上	比例代表 (96) と選挙区 (146) の併用

> 共通
> ・「全国民を代表する選挙された議員」で組織される[43条①]。
> ・選挙は成年者による普通選挙による[15条③、44条]
> ・両議院の議員の兼職の禁止

※3年ごとに半数改選

④機能上の差異──衆議院の優越（跛行的両院制）

　両院をまったくの平等にしてしまうと、両院の意思が合致しない場合、議会の意思決定が遅れ、国政に障害が生じる恐れがある。これを防ぐために、衆議院の意思に優越した権限を認める。衆議院は任期が短く、また解散があるため、より多くの機会に総選挙で国民意思を反映すると考えられるからである。

（A）一般的優越

1) 衆議院にのみ内閣に対する信任・不信任の決議権がある。
2) 衆議院に予算の先議権がある。

第Ⅱ部　日本国憲法論

(B) 両議院の意思が一致しない場合の優越

1) 法律案

「法律案は……両議院で可決したときに法律となる」[59条①] というのが原則であるが、問題は両院の議決が異なる場合である。この場合は、二つの道がある。ア）衆議院での再議決をはかる場合と、イ）両院協議会を開いて成案をさぐる場合である。いずれも不可能であった場合には廃案となる。

> ア）衆議院で可決し、参議院でこれと異なる議決をした法律案は、衆議院で出席議員の3分の2以上の多数で再び可決したときは、法律となる。[59条②]
> イ）前項の規定は、法律の定めるところにより、衆議院が、両議院の協議会を開くことを求めることを妨げない。[59条③]

では、参議院が議決をしない場合はどうなるか。参議院が否決したものとみなすことになる。

> 参議院が、衆議院の可決した法律案を受け取つた後、国会休会中の期間を除いて60日以内に、議決しないときは、衆議院は、参議院がその法律案を否決したものとみなすことができる。[59条④]

2) 予算の議決

> 予算について、参議院で衆議院と異なつた議決をした場合に、法律の定めるところにより、両議院の協議会を開いても意見が一致しないとき、又は参議院が、衆議院の可決した予算を受け取つた後、国会休会中の期間を除いて30日以内に、議決しないときは、衆議院の議決を国会の議決とする。[60条②]

予算は行政と密接な関係にあるから衆議院の優越は著しい。

3) 条約の締結

予算の議決の場合と同じ。ただし、予算とちがって条約については衆議院に先議権があるわけではない。

第6章 統治機構

4) 内閣総理大臣の指名

内閣総理大臣は国会の議決で指名されるが、両院の指名が異なる場合
には、両院議会をひらくが、そこでも意見が一致しない場合には、衆議
院の議決のみで国会の議決とする。また、衆議院の議決の後、「国会
の休会中の期間を除いて10日以内に、参議院が指名の議決をしないと
きは、衆議院の議決のみで国会の議決とする」[67条②]。

5) 国会の臨時会、特別会の会期の決定と国会の会期の延長

両議院一致で議決されるが、意思が両院で異なる場合は、衆議院の意
思が優先する。

3) 国会の議事・議決

国会の議事・議決については、憲法、国会法、衆議院規則、参議院規則で
定めている。これらの規定は、会議を能率的に行うための技術であり、また何よ
りも国民の代表である国会の意思が民主的に形成されるための手続である。以
下、立法過程の全体を俯瞰したうえで、国会の議事・議決についてみてみる。

①立法過程

議員や内閣によって提出された法律案は議長によって担当の委員会に付託され
る。各委員会では趣旨説明ののち質疑となり、公聴会が開かれたり修正案が出
るなどして実質的な審議がなされる。委員会採決をへて法律案は本会議で採決
された後、もう一方の議院に送られ、同じように審議・採決される。両院の議決
が一致しない場合、両院協議会を開くか否かは衆議院が決める。参議院と議決
が一致しない場合、衆議院で出席議員の3分の2以上の再可決で成立とするこ
ともできる。

なお、法律案はどちらの議院に先に提出してもよいが、議員が発議する場合
は所属議院に先に提出する。

151

第Ⅱ部 日本国憲法論

立法過程図（衆議院先議の場合）

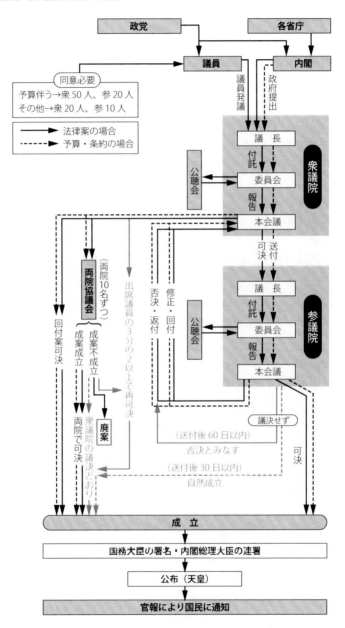

152

②定足数

議案	定足数	表決
通常議案	総議員（法定議員数）の1/3以上	出席議員の1/2以上
特別議案	総議員（法定議員数）の1/3以上	出席議員の2/3以上
・議員の資格争訟の裁判で議員の議席を失わせる場合［55条］ ・秘密会を開く場合［57条①］ ・議員を除名する場合［58条②］ ・衆議院で法律案を再議決する場合［59条②］		
憲法改正発議	総議員（法定議員数）の2/3以上	総議員（法定議員数）の2/3以上

* 委員会の議事・議決の定足数＝1/2以上
　両院協議会の議事・議決の定足数＝各議院の協議委員の2/3

③会議の公開

　会議は公開（傍聴可能）を原則とする。ただし、秘密会は別。両院協議会は秘密会として開かれる。会議の記録は保存し、原則としてこれを公表して、一般に頒布しなければならない［57条②］。

④両院協議会

　日本国憲法では衆議院の優越が認められているが、できる限り、両院の意見が一致するのが望ましいことはいうまでもない。そのために両議院の間で協議の場を設けることが認められている。これが両院協議会である。
　a）予算の議決、条約締結の承認、内閣総理大臣の指名——これらについて両院の意見が一致しない場合、憲法上、両院協議会を開かなければならない。［60条②、61条、67条②］。
　b）衆議院が開催を要求した場合、または参議院が要求し衆議院が同意した場合にも開催される。［59条③、国会法87条］

⑤一事不再議の原則

　既に議決した案件については、同一会期中には再び審議しないという原則。再議を認めていたら議事はきわめて非効率になってしまう。ただし、衆議院での再議決は例外。尚、現行憲法には明文の記載はない。

第Ⅱ部 日本国憲法論

⑥国務大臣の国会への出席

内閣総理大臣その他の国務大臣は、両議院の一に議席を有すると有しないとにかかはらず、何時でも議案について発言するため議院に出席することができる。又、答弁又は説明のため出席を求められたときは、出席しなければならない。［63条］

　議院内閣制の下、議会は、1）内閣不信任案の可決ないし信任案の否決や2）国政調査権の行使によって、内閣の責任を追及していくが、それらと並ぶのが、3）大臣に対する質問である。また、内閣の側から見ても、内閣は法案、予算案を国会に提出する権限をもっており、また国会に責任を負っているから、当然このような必要性が生じる。

4）国会議員の地位

①国会議員の資格の得喪
　　取得　　選挙の当選
　　喪失　　・任期満了　　・衆議院議員については衆議院の解散
　　　　　　・辞職の許可　　・議員が他の議院の議員になったとき
　　　　　　・被選挙資格を失ったとき
　　　　　　・国や地方公共団体の公務員になったとき
　　　　　　・懲罰によって除名されたとき　　・死亡
　　　　　　・公職選挙法による選挙訴訟や当選訴訟によって選挙ないし
　　　　　　　当選が無効になったとき

②議員の権能
　国会議員は所属の議院の活動に参加することができるが、具体的には次のような内容をもつ。
　1）議案の発議
　　　衆議院においては議員20人以上、参議院においては10人以上（予算を伴う法律案はそれぞれ50人以上、20人以上）の賛成を得て発議できる。予算と条約については発議権はない。議案や予算の修正について動議を提

第6章 統治機構

出できる。

2) 内閣に対する質問権
3) 質疑・討論・表決する権限

③議員の特典

1) 歳費授領権

> 両議院の議員は、法律の定めるところにより、国庫から相当額の歳費を受ける。[49条]
> 議員は、一般職の国家公務員の最高の給与額（地域手当等の手当を除く。）より少なくない歳費を受ける。[国会法35条]

2) 不逮捕特権

> 両議院の議員は、法律の定める場合を除いては、国会の会期中逮捕されず、会期前に逮捕された議員は、その議院の要求があれば、会期中これを釈放しなければならない。[50条]

　不逮捕特権は、歴史的には、国王や政治権力者が反対派の議員を逮捕してその活動を封じることがあったという苦い経験に根ざしている。現在では、議院の審議を慎重におこない議員活動を保全するするという意味も強調されている。

　ただし、犯罪行為をおこなった議員を保護し正しい司法の機能を妨害することがあってはならない。

3) 免責特権

> 両議院の議員は、議院で行つた演説、討論又は表決について、院外で責任を問はれない。[51条]

　議員の院内において本来の職務が、何らの制約なしに自由におこなえるようにとの配慮。免責の対象となる行為は、演説・討論・表決であり、これらについては政治的責任を負うのみで、法的責任は問われない。職務と関連のない私語・ヤジや暴力行為は免責対象とならない。

155

第Ⅱ部　日本国憲法論

5) 国会の会期

①会期の種類

　国会が開かれていて活動できる状態にある期間を会期という。会期が終了すると、国会は閉会となり活動能力を失う。例外として、委員会は、議院が議決でとくに付託した案件について閉会中も活動できる。

　国会は会期ごとに独立して活動すると考えられており、会期中に議決に至らなかった案件は、閉会中継続審議することを議決したものを除き、後の会期に継続しない（会期不継続の原則）。

　会期には常会（通常国会）、臨時会（臨時国会）、特別会（特別国会）の3種類がある。

種類	期間と会期	召集	主な議題など	延長回数	関係条文
常会 （通常国会）	毎年1回 150日間	1月中に召集	新年度予算関連法案など総理大臣による施政方針演説	1回のみ	憲52 国会法2、10、12
臨時会 （臨時国会）	不定 両議院一致で定める （一致しない場合は衆議院の優越）	内閣が必要と判断したとき、いずれかの議員の総議員の4分の1以上の要求、衆議院任期満了及び参議院通常選挙実施時はその任期が始まる日から30日以内に召集	冒頭で、総理大臣による所信表明演説、国政上緊急な重要条約承認、補正予算案件議事、院の構成	2回まで	憲53 国会法2の3、3、11、12
特別会 （特別国会）	同上	衆議院解散日から40日以内に総選挙を実施し、選挙日から30日以内に召集	内閣総理大臣の指名院の構成他	2回まで	憲54 国会法2の2、11、12
緊急集会 （参議院のみ）	いずれも不定	衆議院の解散中に緊急の必要性が生じた場合に内閣の請求で参集	国政上緊急な議事	──	憲54 国会法99

　常会冒頭の総理大臣による施政方針演説は、予算を巡って国の政治全体についての政府の方針を述べることに主眼が置かれる。

　臨時会冒頭の総理大臣による所信表明演説は、臨時に招集することになった当の議題について述べることに主眼が置かれる。

156

第6章　統治機構

②会期の開始と終了
開始：1）天皇が内閣の助言と承認によって国事行為として召集する［7条2号］
　　　2）いずれかの議院の総議員の4分の1以上の要求があれば、内閣は臨時会の召集を決定する［53条］（この場合は、この後に「天皇が内閣の助言と承認によって召集する」ことになる）。
終了：会期の終了によって、当然に閉会となる。

③衆議院の解散
　解散とは全ての衆議院議員に対しその任期満了前に議員の身分を失わせしめることであり、会期中の解散は同時に会期を終わらせることになる。

　解散を形式的に外部に公示するのは天皇の国事行為［7条3号］だが、実質的に解散はどのようにして決められるのか。

　1）「内閣は、衆議院で不信任の決議案を可決し、又は信任の決議案を否決したときは、10日以内に衆議院が解散されない限り、総辞職をしなければならない」［69条］

　2）上記に限らず、内閣が衆議院を解散することがある。（もちろん相当の理由は必要）

→　議院内閣制のもとでは国会で多数を占める政党から内閣総理大臣を出すことになるから、現実的に見て、a）の内閣不信任案の可決ないし内閣信任決議案の否決の可能性は低くなる。（ただし、不信任決議案を提出すること自体で、内閣に対する問題点をはっきりさせ、世論を喚起するという効果は見込める。）

→　解散を決定する権限は内閣にある。

解散の基本的な考え方
　1）行政部と立法部の意見の不一致の場合に、主権者の国民の判断を待つ
　2）権力分立制における抑制均衡関係——衆議院の不信任決議に対抗する手段として内閣に解散権が与えられている。すなわち、衆議院の解散は、立法部が強大になることを行政部によって牽制し両者の間の均衡を得させる制度。

157

第Ⅱ部　日本国憲法論

④参議院の緊急集会

　両院は同時活動が原則であるが、例外的に参議院だけに認められているものとして、緊急集会がある。衆議院が解散されたとき参議院は同時に閉会となるが、緊急集会は衆議院の解散中に緊急の必要が生じたときに招集され、一院のみで国会の権能を代行できるものとした。緊急集会を求める権限は内閣が有し、緊急集会における議決は、特別国会後 10 日以内に衆議院の同意を必要とする［54条②③］。過去には 2 回開催されたことがある（1954 年中央選挙管理会の委員任命、1953 年暫定予算等の措置）。

6）国会と財政

　西欧の歴史をみても、「代表なくして課税なし」という言葉からも理解されるように、課税と国費の支出すなわち財政に対する承認は、民主主義国家の最重要問題の一つである。

　日本国憲法の第 7 章も「財政」にあてられており、冒頭で「国の財政を処理する権限は、国会の議決に基いて、これを行使しなければならない」［83 条］とし、財政に関する行政権の作用を完全に国会の監督のもとにおくことをあきらかにしている。第 7 章の一連の規定は形式的にみえるが、国の財政に関する最高機関として、国会による財政の監督を強化・拡大したものであって、財政の民主化をすすめるうえで重要な規定となっている。

　ただし、現実には財務省などが権限を握っている場合が多く、改革が叫ばれている。

①租税法律主義

> 新たに租税を課し、又は現行の租税を変更するには、法律又は法律の定める条件によることを必要とする。［84条］

②国費の支出と国の債務負担行為の議決権

> 国費を支出し、又は国が債務を負担するには、国会の議決に基くことを必要とする。［85条］

第 6 章　統治機構

　国家の収入および支出は、毎年、予算という法形式で内閣から国会に提出され、国会の審議・議決を経なければならない。（予算案作成権は内閣がもち、予算案の審議・議決権は国会がもつ。）国会の議決がなければ、内閣が予算を執行することはできない（国が動かない）。このような危機的事態に陥らないように、予算に関しては衆議院の優越が認められている。

③決算の審査

> 国の収入支出の決算は、すべて毎年会計検査院がこれを検査し、内閣は、次の年度に、その検査報告とともに、これを国会に提出しなければならない。[90条]

　決算とは、一会計年度における国の収入・支出の実績を、予算と対比して示す確定的計算書である。行政実績、内閣の予算執行の責任をあきらかにすることができる。

7）議院の権能

①議院自律権
　各議院が、他の国家機関や議院から独立に、自らの内部組織や運営を決定することができる権能を指す。組織自律権と運営自律権に分けられる。

（A）組織自律権
　　・　議員の逮捕の許諾および釈放要求権
　　・　議員の資格争訟の裁判権
　　・　役員の選任権

（B）運営自律権
　　・　議院規則制定権
　　・　議員の懲罰権

159

（C）　委員会制度

　議院の活動については、その議院の議員全員の会議である本会議を中心とする方式と委員会を中心とする方式がある。大日本帝国憲法下では、イギリスのような本会議中心主義が採られていたが、日本国憲法下では、アメリカの議会制度に倣って委員会中心主義が採られている。

　本会議で審議される法律案の予備調査や事前審査のために、両議院のなかに、ほぼ中央省庁に対応した分野ごとに委員会が設けられている（前出図表参照）。提出された法律案を議長は担当の委員会に付託する。委員会では、趣旨説明ののち審議となり、場合によっては公聴会が開かれたり修正案が出されたりしながら採決をおこなうことになる。委員会中心主義とは、この委員会が実質的な審議をおこない、議案の成否を決定してしまうほど、委員会活動を重視する制度である。本会議は委員会決定を受けて、全議員が投票によって議院の最終意思をあきらかにするにすぎない場合がほとんどである。

　委員会には常任委員会と特別委員会とがある。常任委員会は、国会法で定められている常設機関で、衆議院には 17 の委員会（参議院も同数の 17 委員会。ただし名称は異なる）が置かれている。常任委員会の中でも特別に重要な地位を占めるのが予算委員会であり、ここでは予算のみならず国政全体にかかわる重要問題が審議される。議員は少なくともその一つの常任委員となることになっている。特別委員会は、会期ごとに各議院において必要と認めた案件や、常任委員会の所管に属さない案件の審査のために、その院の議決で設けられる。なお 151 頁も参照のこと。

　高度に複雑化した現代の先進国家では、本会議で委細を尽くした議論が可能になるようには思われない。したがって、委員会を中心とする議事運営には根拠がある。しかし、問題点がないわけではない。よく指摘されるのは、委員会は原則として国会議員の他には非公開となっていることである（報道関係者は許可を得て傍聴可）。もっとも重要であるはずの実質的な審議が原則非公開というのは、民主主義の原則からいって望ましいことではない。また、単純に論じるわけにはいかないが、委員会を舞台として、いわゆる族議員が形成され、官僚や業界との癒着が指摘されることもある。

第 6 章　統治機構

②国政調査権

> 両議院は、各〃国政に関する調査を行ひ、これに関して、証人の出頭及び証言並びに
> 記録の提出を要求することができる。[62条]

　国政調査権は両議院にあり、それぞれ独立して行使することができる。国会が立法や予算審議、行政府の監視などの機能を果たすためには、国政に関する精確な情報・知識・資料とそれに基づく判断が必要であり、そのための調査を行う権能が国政調査権である。調査の範囲は国政の全般におよぶが、現実には、政治家の汚職事件に関しておこなわれることが多い。三権分立のたてまえ上、司法府や行政府の権限を侵すことができないことはいうまでもない。また、一般国民に対して国政調査権を行使する場合も、基本的人権を侵害するようなことがあってはならない。

　よく話題になる証人喚問は、国政調査権の行使の一つであり、議院証言法 *に細部が規定されている。呼び出しには強制力があり、出頭や証言を拒否した場合には罰則（1年以下の禁固、または10万円以下の罰金）がある。また、偽証した場合も罰則（3か月以上10年以下の懲役）がある。

　なお、証人喚問に似たものに参考人招致があるが、この呼び出しには強制力はなく証言拒否や偽証にも法的責任は伴わない。

---

* 　議院証言法──第1条［証人の出頭・書類提出義務］　各議院から、議案その他の審査又は国政に関する調査のため、証人として出頭及び証言又は書類の提出を求められたときは、この法律に別段の定めのある場合を除いて、何人でも、これに応じなければならない。
　第6条①［偽証の罪］　この法律により宣誓した証人が虚偽の陳述をしたときは、3か月以上10年以下の懲役に処する。

第Ⅱ部　日本国憲法論

(2) 内　閣

1）行政権

①行政権の最高機関としての内閣

> 行政権は内閣に属する。［65条］

　三権分立のもと、国権の一つとして行政権が内閣に属することは、我々にとっては自明のことのようにおもわれるが、歴史的にはそうではない。大日本帝国憲法下においては、天皇が広く行政権を行使し、内閣は天皇を「輔弼」（補佐）するという位置づけであったし、軍部、貴族院、枢密院などから制約をうけていた。このような状態であるから、議会に対する責任の面でも充分ではなかった。

　行政を形式的に定義すれば、成文の抽象的・一般的な法の定立をおこなう立法、裁判による法の消極的適用をおこなう司法に対して、法の積極的適用をおこなうことになる。しかし、現代の行政国家化現象をみればわかるように、行政の役割は広範囲にわたり、その内容も多様化しているため、実質的な意味における行政を定義することは難しくなっている。

　また実質的意味の行政のすべてを内閣がおこなうことを意味するのではない。この点で、立法権が国会に属すること（「国会は、国権の最高機関であつて、国の唯一の立法機関である」）や、司法権が裁判所に属すること（「すべて司法権は、最高裁判所及び法律の定めるところにより設置する下級裁判所に属する」）とは異なる。

　行政事務は、実質的には、内閣の下にある行政各部（省庁など）に分担されている。担当の国務大臣に行政事務を分担管理させる。したがって、65条は、内閣が下部機関としての行政各部を指揮監督し、全体を統括することを意味する。

162

行政機構

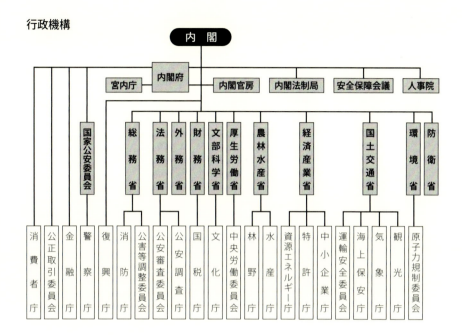

②行政権と行政委員会

　行政活動は広範囲にわたり、内閣から相対的に独立して行われる行政活動もある。憲法が定めているものとしては、天皇の国事行為と会計検査院の決算の検査がある。天皇の国事行為は事実上、内閣の制御下におかれているから、この場合は特段の問題とはならない。会計検査院について、日本国憲法は「国の収入支出の決算は、すべて毎年会計検査院がこれを検査し、内閣は、次の年度に、その検査報告とともに、これを国会に提出しなければならない」［90条①］としている。「国の収入支出の決算」とは、具体的にいえば、国や国の出資する政府関係機関の決算、独立行政法人等の会計、国が補助金等の財政援助を与えている地方公共団体の会計などを指しており、その権限の行使には、内閣からの独立や公正・中立が要請されることはいうまでもない。

　行政機関に対する内閣の指揮監督権も均一のものではない。会計検査院以外にも、強い中立や公正を要求されるために、内閣（内閣は政党の影響を不可避的に帯びる）の指揮監督に服さずに独立して職権を行使する行政組織がある。

第Ⅱ部　日本国憲法論

これが、公正取引委員会、国家公安委員会、公害等調整委員会、人事院などの行政委員会である。行政委員会は裁決や裁定といった準司法的権限、規則の制定などの準立法的な権限ももっている（これらはアメリカの独立規制委員会がモデルになっている）。

行政委員会の例

行政委員会	仕事の内容	役　割
人事院	・公務員の給与などの勧告	不当な政治勢力の介入と官僚統制の排除をめざす
国家公安委員会	・警察行政を統括し調整する	
中央労働委員会	・労働争議の調停 ・仲裁 ・不当労働行為の審査など	利害の対立する労使関係の利益を調整する
公害等 調整委員会	・公害の紛争について調停 ・仲裁 ・裁定	行政上とくに専門知識が要求される
公正取引委員会	・独禁法のお目付役	特殊な事件について行政上の不備を補い決定をなす
公安審査委員会	・破防法の運用を審査	

※ **教育委員会**は都道府県、市町村にはあるが国にはない。他に、都道府県には公安・人事・選挙管理委員会など、市町村には農業・選挙管理委員会などがある。

　行政委員会は、会計検査院と異なり憲法上の規定がないため、合憲かどうかがしばしば問題となる。だが、政党政治の下では内閣が一定の政党（党派）によって支配されざるをえない以上、また行政において公正・中立を旨とする組織が必要とされる以上、最終的に国会による民主的コントロールが及ぶのであれば、行政委員会の存在は容認されるべきであろう。
　その他、行政の中でも、検察行政、教育行政、放送行政は、公正・中立を要求されるものであるから、ある程度．独自の扱いを受けても憲法違反にならないであろう。

164

第6章　統治機構

2）議院内閣制

①議院内閣制の原則

　近代憲法は基本的人権の尊重と国民の政治参加を中核としている。この民主主義的な政治体制を保障するために、権力分立という考え方が導かれている。その権力の分立において、立法府と行政府の関係をどのように考えるかについては、大統領制と議院内閣制に大きく分けられる（後述するが、大統領制は行政（大統領府）と立法（議会）を厳格に分けるもので、アメリカに典型的に見られる）。

　議院内閣制は、イギリスに典型的に見られ、行政（内閣）と立法（議会）の分立はゆるやかであり、密接な関係を保ちながら抑制・牽制しあうものである。すなわち、内閣は議会（とくに下院）の信任によって存続し、下院は不信任決議によって内閣の政治責任を追及するが、これに対して内閣は下院を解散して国民の意思を問いうるとするものである。日本は議院内閣制を採用しており、66条と69条にこの点がはっきりあらわれている。以下、憲法の条文を踏まえながら見ていこう。

（A）内閣の責任

> 内閣は、行政権の行使について、国会に対して連帯して責任を負う。[66条③]

　これは議院内閣制の本質を語ったものであり、国会に対して責任を負うということは、国民に対して責任を負うことに等しい。この条項は、同時に、内閣一体化の原則もあきらかにしている。広範囲にわたる行政責任を統一的に負うためには、内閣は外部に対して統一した意思で行動しなければならず、連帯責任制が必要になる。閣議決定は全員一致が慣例となっており、それに服さない閣僚は辞任するほかない。

（B）衆議院の内閣不信任

> 内閣は、衆議院で不信任の決議案を可決し、又は信任の決議案を否決したときは、10日以内に衆議院が解散されない限り、総辞職をしなければならない。[69条]

165

第Ⅱ部　日本国憲法論

　これも(既に前章で言及しているが)議院内閣制の核心をあらわす。すなわち、内閣は衆議院の信任によってはじめて存続し、信任を失ったときには、解散により直接に国民に信任・不信任を問う道が開かれていることがあきらかにされている。ただ、現実には衆議院で内閣不信任案が可決される可能性は低い。日本国憲法下で、これまで24回の衆議院解散が行われているが、内閣不信任決議に伴う解散は4回しかない。

(C) 内閣総理大臣の指名

> 　内閣総理大臣は、国会議員の中から国会の議決で、これを指名する。この指名は、他のすべての案件に先だつて、これを行ふ。[67条①]

　内閣総理大臣は、在職中に国会議員でなければならないことを意味する（衆議院解散から総辞職までの間は例外）。法的には、内閣総理大臣を参議院議員から指名することもできるが、内閣と議会の密接な関係という議院内閣制の本旨から考えれば、憲法上第一院である衆議院議員から選ばれるべきであろう。

(D) 内閣の総辞職

> 　内閣総理大臣が欠けたとき、又は衆議院議員総選挙の後に初めて国会の召集があったときは、内閣は、総辞職をしなければならない。[70条]

　内閣総理大臣は自分の内閣の国務大臣の任命権者であるから、「内閣総理大臣が欠けたとき」に内閣が総辞職するのは当然。衆議院議員総選挙後の辞職は、その内閣のそれまでの存在基盤が失われたことを意味するから、これも考えてみれば当然である。

(E) 国務大臣の資格

> 　国務大臣の過半数は国会議員でなければならない。[68条①但書]

　国務大臣は内閣総理大臣とは違って国会議員でなくてもかまわないが、議院

第6章　統治機構

内閣制の徹底のためには、なるべく多くの国務大臣が国会議員であることが望ましい。「過半数」はその趣旨のあらわれと考えられる。（ただし、イギリスなどの場合は、国務大臣は全員が国会議員でなければならない。）この「過半数」は、法定定数の過半数か、現在の国務大臣の数の過半数なのかが問題となる。憲法上の規定はないが、学説の上では後者が優勢である。

　条文中に国会議員とあるのだから参議院議員も含むが、議院内閣制の基礎は第一院である衆議院にあるから、国務大臣は衆議院議員から選ばれるのが原則であろう。実際、圧倒的多数の国務大臣が衆議院議員である。

（F）国務大臣の議院への出席 [63条]

　これについても、既に国会の章で言及した。内閣には議案提出権があり、内閣が議会に責任をもたなければならないことを考えれば、これも当然である。

（G）国務報告権

> 内閣総理大臣は「一般国務及び外交関係について国会に報告」する。[72条]
> 内閣は、国会及び国民に対し、定期に、少なくとも毎年1回、国の財政状況について報告しなければならない。[91条]

②議院内閣制と立法過程

（A）議員提出法案と内閣提出法案

> 「内閣総理大臣は、内閣を代表して議案を国会に提出」する。[72条]

　国会に提出される法案には、国会議員によるもの（議員提出法案）と内閣によるもの（内閣提出法案）の二種がある。

　従来は内閣提出法案が圧倒的に多く、議員提出法案が少ないことが問題視された。近年では議員提出法案がかなり増加し、年度によっては内閣提出法案よりも多い場合があるほどだ。国会は国民の代表者による法案の審議・議決機関なのだから、これは望ましいことである。

167

しかし、成立率をみると、内閣提出法案の方が圧倒的に多い。そしてこの内閣提出法案には官僚の意見が大きく反映される。もちろん、そのこと自体は悪いことではないが、ややもすると立法作法が官僚主導になりがちであることは否めない。

なお、大統領制では、大統領の議案提出権はないのが原則である。

議員立法と内閣提出立法

〈注〉 1～176 国会における成立率の中には、継続審査法律案で成立したものも含む。（ ）内は各提出数に対する成立割合。（『政治・経済資料 2013』とうほう　より）

最近における法律案の提出・成立件数　（内閣法制局ホームページ）
〈注〉上段括弧書きは、継続審査に付されていた法律案の件数（外数）

区分／国会会期	内閣提出法律案 提出件数	内閣提出法律案 成立件数	議員立法 提出件数	議員立法 成立件数	計 提出件数	計 成立件数
第188回（特別会） (平成26.12.24～12.26)	(0) 0	(0) 0	(0) 4	(0) 0	(0) 4	(0) 0
第187回（臨時会） (平成26.9.29～11.21)	(2) 31	(2) 21	(43) 28	(3) 8	(45) 59	(5) 29
第185回（臨時会） (平成25.10.15～12.8)	(8) 23	(7) 20	(28) 45	(2) 10	(36) 68	(9) 30
第186回（常会） (平成26.1.24～6.22)	(4) 81	(3) 79	(42) 75	(0) 21	(46) 156	(3) 100
第184回（臨時会） (平成25.8.2～8.7)	(8) 0	(0) 0	(28) 0	(0) 0	(36) 0	(0) 0

（次頁へ続く）

第6章 統治機構

区分／ 国会会期	内閣提出法律案		議員立法		計	
	提出件数	成立件数	提出件数	成立件数	提出件数	成立件数
第181回(臨時会) (平成24.10.29 ～ 11.16)	(33) 10	(2) 5	(52) 6	(2) 1	(85) 16	(4) 6
第180回(常会) (平成24.1.24 ～ 24.9.8)	(23) 83	(6) 55	(35) 77	(0) 31	(58) 160	(6) 86
第179回(臨時会) (平成23.10.20 ～ 23.12.9)	(22) 16	(3) 10	(35) 9	(1) 0	(57) 25	(4) 10
第178回(臨時会) (平成23.9.13 ～ 23.9.30)	(22) 0	(0) 0	(37) 4	(0) 2	(59) 4	(0) 2
第177回(常会) (平成23.1.24 ～ 8.31)	(19) 90	(10) 72	(32) 56	(0) 28	(51) 146	(10) 100
第176回(臨時会) (平成22.10.1 ～ 12.3)	(17) 20	(3) 11	(25) 27	(0) 10	(42) 47	(3) 21

(B) 行政国家化と官僚

　現代の国家は積極的に政策を社会に実現する役割を担っており、三権分立とはいっても、行政府の役割が飛躍的に増大することになった（行政国家化）。立法府で法律が制定されても、抽象的たらざるをえず、具体的な実施の細則については行政府に委任せざるをえない（委任立法）。行政府は命令によって法律を具体化していく。さらに、行政官庁は多くの許認可権をもち、助言や勧告によって、一般国民・企業等を行政指導することが可能になっている。そして行政府において強大な権力を握るのが官僚であり、今日、行政府に対して国会（立法府）の民主的コントロールが及ばなくなっているのではないかという危惧が生じている。

　内閣は頻繁に変わるが、官僚は行政府に常駐している。行政府の継続性は事実上、官僚が担っている。行政の実情をいちばんよく知っているのが官僚であり、官僚の力を借りずしては、政治・行政の運営は立ちゆかないのが現実である。

　しかし、官僚が政治・行政の主導権を握ることは国民主権、民主主義の原則に反する。大臣は過半数が国会議員から選ばれるが、国会議員は国民の信託を受けている。国民主権を謳う以上、国民の代表者である政治家が政治の中枢に座るべきである。だが、識見・勉強量など、議員よりも官僚の方が遥かに

第Ⅱ部　日本国憲法論

上だという現状がある。こうなると、在任期間の限られる大臣や議員は官僚の掌の上で踊らされるといった危険性も生じる。内閣や国会は官僚が立案した法案にお墨付きをあたえるアリバイ機関に堕す危険がある。

　事実、行政国家化現象が指摘されるようになってから、官僚の問題がクローズアップされるようになった。また政治家・官僚・財界の強い結びつき——いわゆる「鉄の三角同盟」の一角を官僚が占めることで、国民の評判も悪い。「天下り」の評判の悪さもいうまでもない。官僚の不祥事も頻発した時期があった。——こうしたことには、日本における、明治以降の官僚制の在り方が関連しているようにも思える。

　終戦までの体制においては、官僚は、天皇と国民（臣民）との間に位置する、いわば歴史的な意味を込めて使えば「中臣」だったのではないか。ここでは官僚は、一般の国民（臣民）よりも、上位におかれるエリートなのである。国民（臣民）からすれば官僚は「お上」として、崇められ、権力者として認められていたのである。また、民間の産業も育っていなかったから、官僚の天下りは、天下られる民間の企業にとっても、国家のエリートの活力を民間企業に注入するという意味で大きなメリットがあった。

　この事情は戦後大きく変わる。まず官僚の位置づけは「公務員」であり、「全体の奉仕者」＝servantである。もちろん、国家公務員試験総合職合格者、いわゆるキャリア組は国家の行政の一翼を担うエリートに変わりはない。しかし、国政上の位置づけは「全体の奉仕者」であり、それ以上でもそれ以下でもないのである。また、天下りも、民間の企業育成、産業育成のために必要であった時代ならばともかく、現在の日本の民間企業は世界的な優秀さをもっており、格別に天下りを必要とするわけではない。天下りを受け入れるとすれば、「鉄の三角同盟」の強化でしかない。

　一般的な趨勢として考えれば、天下りは、かつてほどの意義はもたなくなった。では、官僚の側から見て、天下りという慣行を簡単に変えられない、天下り先を確保できないとなればどうするか。天下り先を新たに作るということになる。その典型例がいわゆる特殊法人だ。この特殊法人は政府の外郭団体という位置づけで、財源は国民の税金だから、倒産する恐れもない。ムダの垂れ流しが行われることになる。かつてこの特殊法人改革が強く叫ばれたが、のどもと過ぎればなんとやらで、いまものうのうと生き延びている特殊法人も多い。もちろんすべて

170

の特殊法人がムダとはいわないにしてもだ。

鉄の三角同盟と汚職事件

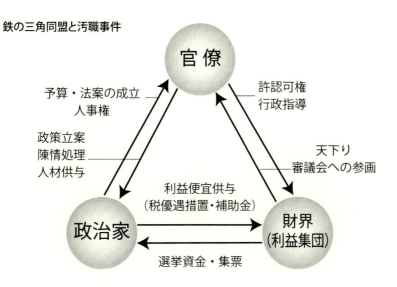

戦後の主な汚職事件

事件名	事件の主な内容
リクルート事件 (1989年)	江副浩正リクルート会長らが政界財界の有力者に、不動産会社リクルートコスモスの未公開株を譲渡した贈収賄事件で、竹下内閣が倒れた。
東京佐川急便事件 (1992年)	東京佐川急便から金丸信自民党副総裁への5億円のヤミ献金などがあきらかとなった。
ゼネコン汚職事件 (1993年)	金丸信前自民党副総裁の脱税事件をきっかけに、大手建設業界(ゼネコン)から中央・地方政界へのヤミ献金があきらかとなった。
日歯連事件 (2004年)	日本歯科医師連盟から自民党旧橋本派への1億円裏献金(ヤミ献金)が表面化した事件。

3）内閣の組織と権能

　国務大臣の数は、現行の法律では国務大臣の数を14名以内（内閣総理大臣も含む）とし、特別の必要がある場合に限って3名まで増員できることになっている。

　「内閣総理大臣その他の国務大臣は、文民でなければならない」［66条②］とされている。文民とは civilian を訳したもので、これは、軍との関係で武官でない者を意味する。しかし、9条のもとで武官は存在するのかということになると微妙である。9条でいっさいの戦力が放棄されたと考えれば存在しないし、一方、9条によっても自衛のための戦力の保持は禁止されていないと考えれば存在することになる。この条項は「軍に対する文民支配の原則」をいい表したもので、明治憲法体制において軍国主義が台頭したことへの反省として出されたと解釈するのがよいと思われる。

①内閣総理大臣の権限
　明治憲法下においては、内閣総理大臣はいわゆる「同輩中の首席」として他の国務大臣と対等とされたが、日本国憲法においては強大な権限が与えられ、内閣の「首長」である。

（A）国務大臣の任免

> 内閣総理大臣は、国務大臣を任命する。［68条①より］
> 内閣総理大臣は、任意に国務大臣を罷免することができる。［68条②］

　国務大臣の任免権の行使は、内閣総理大臣の専権に属し閣議にかける必要がない。これが、内閣総理大臣の強大な権力の淵源であり、内閣の統一性を保持する実質的な基盤である。国務大臣の任免には天皇の認証が必要だが、この認証は天皇の国事行為である。天皇の国事行為には、内閣の助言と承認が必要とされる。

第6章　統治機構

（B）　国務大臣の訴追の同意

> 国務大臣は、その在任中、内閣総理大臣の同意がなければ、訴追されない。但し、これ
> がため、訴追の権利は害されない。［75条］

　訴追とは検察官による公訴の提起（起訴）を意味する。本条は、内閣総理
大臣が、検察機関による不当な圧迫から国務大臣を守り、内閣の一体性を確保
するためのものである。

　ただ、訴追の解釈について意見が分かれる。訴追を文字通り検察官による公
訴の提起（起訴）に限定して解釈するか、それに先立つ捜査段階での逮捕・
勾留などの身体の拘束までも含むと解釈するか、の二通りの考え方がある。本
条は、国会会期中の国会議員の不逮捕特権に対応するものと考えられるから、
後者の考え方が妥当である。なお、「訴追の権利は害されない」というのは、
国務大臣がその職を離れたときには、訴追が可能になるということである。

（C）　内閣の代表

> 内閣総理大臣は、内閣を代表して議案を国会に提出し、一般国務及び外交関係につい
> て国会に報告し、並びに行政各部を指揮監督する。［72条］

　議案提出については既に述べた。

（D）　法律および政令の署名

> 法律及び政令には、すべて主任の国務大臣が署名し、内閣総理大臣が連署することを
> 必要とする。［74条］

　法律の執行および政令の制定・執行の責任を明示するために、主任の国務
大臣が署名し、内閣総理大臣が首長として内閣を代表して連署する。署名・
連署の対象は法律と政令であり、予算、条約、憲法改正はここには挙げられて
いない。

第Ⅱ部　日本国憲法論

②国務大臣の権限

国務大臣の権限については、憲法の規定にある「何時でも議案について発言するため議院に出席することができる」［63 条］こと、主任の大臣として法律や政令に署名すること［74 条］などの他に、内閣法で規定されている、内閣の成員として閣議に列席し内閣の意思形成に参加すること、案件を総理大臣に提出して閣議をもとめることなどがある。

③内閣の権能

73 条において、内閣は「他の一般行政事務の外、左の事務を行ふ」として、以下の 7 点を挙げている。

内閣は国務大臣の全体の会議すなわち閣議によって、その職権を行う。閣議は内閣総理大臣が主宰する。これは 73 条に列挙されていない行政事務についても同様である。

（A）法律の執行と国務の総理

「法律を誠実に執行し、国務を総理すること」［73 条 1 号］

行政の本質は、国会が制定した法律を誠実に執行することにある。「誠実に」は国会の意思に内閣が従属することを示す。「国務を総理する」とは、行政権を統括し行政各部を指揮監督することであって、立法権や司法権にその権力が及ぶことではない。

（B）外交関係の処理

「外交関係を処理すること」［73 条 2 号］

日常的な外交事務の処理は外務大臣が行うが，重要な外交交渉は内閣の所管になる。外交使節の任免、外国の外交使節にアグレマン（agrément、公式承認）を与えることなどが、これに属する。したがって、実質上、外国に対して日本国を代表するのは内閣である。

174

第6章　統治機構

（C）条約の締結

「条約を締結すること。但し、事前に、時宜によつては事後に、国会の承認を経ることを必要とする」［73条3号］

　条約とは国家間ないし国家と国際機関との間の権利・義務関係を定めた合意である。憲法では「日本国が締結した条約及び確立された国際法規は、これを誠実に遵守することを必要とする」［98条②］とされており、条約は国法の一形式として認められている。

　条約の締結には、内閣が交渉し、その任命する全権委員が署名・調印し、内閣が批准すること、また国会がその条約を承認することが必要である。つまり、条約の成立には、内閣と国会の合意が必要とされる。（国会の承認については、予算案の場合と同様に、衆議院の優越が認められることはすでに述べた。）

　国会の承認は、民主的コントロールを考えれば事前（批准の前）に行われるのが原則だが、実際には事後の承認の例が多い。国会の承認後、内閣が批准書を作成し、天皇がそれを認証し［7条8号］、天皇が条約を公布すること［7条1号］によって効力を発揮する。

　条約が国会の承認を得られなかった場合どうなるか。事前に承認されなかった場合は、その条約は成立しないだけだが、問題は事後に承認されなかった場合である。国内法的には効力を発揮しないが、国際法的には無効・有効の争いがある。こうした問題が起こるのは、条約締結の手続きが曖昧だからだが、実際には相手国があることだから、相手国に対して適切な措置を求めて交渉することになろう。

（D）官吏の事務の掌理

「法律の定める基準に従い、官吏に関する事務を掌理すること」［73条4号］

　官吏とは国家公務員のことであり、国家公務員は行政部だけではなく、司法部、立法部にもいる。だが、この条文の官吏は広く行政権の活動に従事する公務員を指している。行政部の国家公務員の任免、試験、給与、服務、懲戒などの

175

第Ⅱ部　日本国憲法論

事項をつかさどるのが、内閣の権限という意味である。

（E）予算の作成と国会への提出

> 「予算を作成して国会に提出すること」［73条5号］

　通常の法律案の国会提出は、国会議員と内閣の双方に認められているのに対し、予算の作成および国会への提出は内閣の専属である。予算作成は財務大臣の主管であるが、予算案は閣議決定を経て、内閣総理大臣が内閣を代表して国会に提出する。毎会計年度の予算案は、前年度の1月に国会に提出されるのが常である。

（F）政令の制定

> 「この憲法及び法律の規定を実施するために、政令を制定すること。但し、政令には、特にその法律の委任がある場合を除いては、罰則を設けることができない」［73条6号］

　政令は、内閣が「憲法及び法律の規定を実施するため」に制定する命令である。発効までの手続きは以下の通り。まず主管の大臣が内閣総理大臣に案を提出し閣議の開催を求める。閣議の決定、主管の大臣の署名、内閣総理大臣の連署を経て、天皇によって公布され効力を発揮する。

　行政機関が制定する行政立法のうち、憲法が規定しているのは政令だけだが、国家行政組織法では、大臣が省令や府令を、外局（庁や委員会）が外局の規則・命令を、会計検査院や人事院も規則を、それぞれ制定することを認めている。

　政令には、憲法や法律の規定を実施する執行命令と法律の委任に基づく委任命令がある。特に問題となるのは、後者の委任命令である。委任が白紙に近い形で一般的・包括的におこなわれてしまえば、立法権の放棄に他ならないから、これは認められない。したがって、委任されるとしても、法律の明確な決定に基づいて、個別的・具体的に限定された範囲で行われなければならない。しかし、法律を制定し予算をつけても、その予算をどこにどのように配分するのが妥当か

176

第6章　統治機構

をいちばんよく知っているのは行政官僚であり、現実には彼らが大きな力をふるうことになる。もちろん、行政官僚の力を借りなければならないのは当たり前だが、それはあくまでも政治主導という前提の下においてである。

（G）恩赦の決定

「大赦、特赦、減刑、刑の執行の免除及び復権を決定すること」［73条7号］

　「大赦、特赦、減刑、刑の執行の免除及び復権」をまとめて恩赦というが、その具体的な内容は恩赦法に定められている。これらの行為には天皇の認証が必要とされる。

（3）司　法

1）司法権の意義

　三権分立のもと、国会は立法権を、内閣は行政権をもつのに対し、裁判所は司法権を担う国家機関である。司法権とは、法の解釈・適用によって紛争を解決する権限を指しており、いうまでもなく、裁判は具体的争訟に対して法に基づいて判決を下す（法を適用する）という紛争解決機能を意味する。だが、裁判所は恣意的に裁判をおこなうわけではない。立法府によって制定された法をもとに、裁判の判決を下す。裁判所も「法の支配」に準じているのである。その意味では、司法は規範論理的には立法の下位に位置づけられる。この点は、行政と立法についても同じである。行政が法の積極的適用であるのに対し、司法は法の消極的適用という違いはあるものの、ともに立法府によって決定された抽象的法規を具体的な問題に適用するのである。

　いずれにしても、三権分立の抑制均衡関係において、裁判所は国会と内閣から牽制され、逆に国会と内閣を牽制するという側面ももつ。裁判所から、国会や内閣への牽制のベクトルは、後述のように違憲審査権である。

177

第Ⅱ部　日本国憲法論

2）戦後日本の裁判制度の特徴

> すべて司法権は、最高裁判所及び法律の定めるところにより設置する下級裁判所に属する。[76条①]
> 特別裁判所は、これを設置することができない。行政機関は、終審として裁判を行ふことができない。[76条②]

　大日本帝国憲法のもとにおける司法と戦後の司法とでは位置づけが異なる。全般的な特徴をいえば、大日本帝国憲法下では三権分立は不徹底であったのに対し、日本国憲法のもとにおいては、権力分立制を導入し、法の支配を徹底した。具体的には、司法権の独立・強化、裁判権の司法裁判所への統一、最高裁判所裁判官の国民審査、違憲審査制の導入などが挙げられる。違憲審査制については別に項目を立てるので、ここでは前三者について見てみる。

①司法権の独立・強化

　大日本帝国憲法（明治憲法）下では、司法権は天皇に属し、裁判所は「天皇ノ名ニ於テ」（大日本帝国憲法57条②）司法権を行使するとされていた。また、裁判官・検察官の人事権や司法行政の監督権は司法大臣に属し、司法は行政部の中に置かれていた。

　これに対し、戦後においては、三権分立がはっきりと打ち出され、司法部はその一角を占めるとされ、行政部から独立した。76条1項にあるように、司法権は裁判所に属し、裁判所によってのみ行使されることになった。また、戦前は同じ司法省内の組織であった裁判所と検察庁も分離された。

②裁判権の司法裁判所への統一

　大日本帝国憲法下においては、司法裁判所は刑事事件と民事事件の裁判権だけをもち、司法裁判所の系列外に特別な身分の者や事件に対して裁判をおこなう特別裁判所が設置されていた。特別裁判所には皇室裁判所、軍法会議、行政裁判所があったが、日本国憲法はこれらの設置を禁止した。

　司法権の範囲を考えるとき、大きく分けてフランス・ドイツ型とイギリス・アメリカ型がある。フランスやドイツにおいては、私人間の権利・義務に関する紛争を扱う民事訴訟と、犯罪者に刑罰を科することを求める刑事訴訟のみを、司法権の

178

範囲と考え、行政部による権利侵害に関する行政訴訟については行政裁判所を
別個に設けている。行政裁判所は、司法権ではなく行政権の所管と考えられて
いるのであり、大日本帝国憲法はこの類型に属する。

　これに対し、イギリスやアメリカでは、国家もまた一つの集団であるとする集団
的多元主義の影響もあって、行政訴訟も民事訴訟の一種として通常の裁判所
が扱うことになる。つまり、司法権の範囲は、民事・刑事・行政のすべての訴
訟を意味するとされる。日本国憲法はこの立場を採用し、行政裁判所を廃止して、
法律上の訴訟を裁判するすべての権限が司法裁判所にあたえられることになっ
た。この結果、司法権の範囲は大きく拡大された。

　76条2項で「行政機関は、終審として裁判を行ふことができない」とあるが、
これは逆にいえば、終審でなければ裁判を行うことができるということでもある。
これは、たとえば行政委員会の一つである公正取引委員会に認められている行
政審判などがこれにあたる。もちろん、この決定に対して異議がある場合は裁
判所への提訴の道が開かれている。

③最高裁判所裁判官の国民審査

　79条2項は「最高裁判所の裁判官の任命は、その任命後初めて行はれる
衆議院議員総選挙の際国民の審査に付し、その後十年を経過した後初めて行
はれる衆議院議員総選挙の際更に審査に付し、その後も同様とする」となって
おり、同3項は「前項の場合において、投票者の多数が裁判官の罷免を可と
するときは、その裁判官は、罷免される」とされている。このように、形式上は
国民が最高裁判所裁判官を審査できることになっているが、実際には形骸化さ
れている。

3）違憲審査権

①違憲審査権とは何か

　三権分立は立法、行政、司法の三権が相互に監視しあい、牽制しあうことによっ
て権力の肥大化を防止するシステムである。司法が、立法、行政に対して牽制
するベクトルが違憲審査権である。日本国憲法は次のように規定している。

179

第II部　日本国憲法論

> 　最高裁判所は、一切の法律、命令、規則又は処分が憲法に適合するかしないかを決定
> する権限を有する終審裁判所である。[81条]
> 　この憲法は国の最高法規であつて、その条規に反する法律、命令、詔勅及び国務に関
> するその他の行為の全部又は一部は、その効力を有しない。[98条]

　ここでいう「一切の法律、命令、規則又は処分が憲法に適合するかしないか
を決定する権限」が違憲審査権である。これは立憲主義や法の支配を基礎づ
けるものであり、最高裁判所を頂点とする裁判所（司法組織）が違憲審査権を
もつということは、それが国家権力による人権侵害から防御する砦であることを
意味する。

　一般に違憲審査制についてはドイツ型とアメリカ型があるといわれる。ドイツ型
では、司法裁判所と別個に憲法裁判所を設けて、そこで法令の抽象的・一般
的な違憲審査を行う。司法裁判所で憲法判断が必要となる場合は、憲法裁判
所に提起することになる。これに対し、アメリカ型では通常の司法裁判所が、具
体的事件の裁判の過程で適用すべき法令の憲法との適合性が問題になるときに
憲法判断を付随的におこなう。日本の違憲審査制は警察予備隊違憲訴訟判決 *
などから、アメリカ型をとっていることがわかる。

②違憲審査権の主体

　81条の規定をみると、最高裁判所だけが違憲立法審査権をもち、下級裁判
所 ** はもたないように見える。しかし、そのように解釈すると、下級裁判所にお
ける判決が、憲法に違反する法律を根拠として下されるといった事態が出来す
る危険性が生じる。そこで、一般にはすべての裁判所に当該事件を解決するか
ぎり当然に違憲審査権があると解釈される。

＊　警察予備隊違憲訴訟判決
　　1951年、当時の日本社会党党首が、自衛隊の前身である警察予備隊の設置ならびに維持に
　　関して、国が行った一切の行為の違憲無効確認を求めて、最高裁に提訴した事件。最高裁
　　は具体的事件性がないため、抽象的な憲法裁判はできないとして、訴えを却下した。
＊＊　下級裁判所
　　審級関係および司法行政関係において、最高裁判所の下位におかれる裁判所で、高等裁判
　　所、地方裁判所、家庭裁判所、簡易裁判所の4種がある。

③違憲審査権の対象

立法府（国会）の決議によって制定される法律が典型的であるが、それに限られるわけではない。対象となるのは、81条に述べられている通り、「一切の法律、命令、規則又は処分」であり、その他に条例なども含まれる。

法律：国会によって制定される法形式

条例：地方公共団体が定める法形式

命令：行政機関によって制定される法。内閣が発するものが政令、各省が発するものが省令

規則：行政機関にたいして独自の地位をもつ国家機関が主として内部規律に関して定める法

　ex.議院規則［58条②］、最高裁判所規則［58条②］、下級裁判所規則［77条③］

処分：国家機関による具体的な、個別的内容をもつ行為

④違憲審査権と条約

条約が違憲審査権の対象になるかについては議論がある。

憲法の規定に即して考えると、81条の「一切の法律、命令、規則又は処分」に書いていない点を強調すれば対象外ということになるし、81条にあげられている対象は一種の例示だと強調すれば対象に含めることもできる。

だが、条約に関してもっと根本的な問題は、憲法が国内法であるのに対し、条約は国際法に属することである。つまり、国内法と国際法の関係をどのようにとらえるかという問題が出てくる。二つの立場がある。

　a）二元論：憲法と条約は別次元の法現象であり、背反することはないとする。

　b）一元論：憲法と条約は同じ次元の法現象であるとする。

　a）は現実的ではなく、b）が支配的な考え方である。b）の一元論の中で、条約優位説と憲法優位説の対立があるが、後者が通説である。その根拠は以下の2点。（なお、条約優位説をとれば、条約は違憲審査権の対象とはならない。）

　1）98条2項に「日本国が締結した条約及び確立された国際法規は、これを誠実に遵守することを必要とする」とあり、国際協調主義に基づく条約の遵守が強調されている。だが、それに先立つ98条1項では「この憲法は、国の最高法規であつて、その条規に反する法律、命令、詔勅

及び国務に関するその他の行為の全部又は一部は、その効力を有しない」とあり、憲法に違背する条約を認めていない。
2) 条約は内閣が締結するが、内閣は憲法によってその権限が与えられているものである以上、内閣が締結した条約が憲法に優越することは矛盾である。

憲法と条約との関係についてよく知られている裁判は砂川事件である。最高裁判所は昭和 34 年 12 月の判決において日本とアメリカ合衆国との間の安全保障条約（以下安保条約）について、次のように述べている。

「安保条約の如き、主権国としてのわが国の存立の基礎に極めて重大な関係を持つ高度の政治性を有するものが、違憲であるか否の法的判断は、純司法的機能を使命とする司法裁判所の審査の原則としてなじまない性質のものであり、それが一見極めて明白に違憲無効であると認められない限りは、裁判所の司法審査権の範囲外にあると解するを相当とする」。

「安保条約（およびこれに基くアメリカ合衆国軍隊の駐留）は、憲法第 9 条、第 98 条第 2 項および前文の趣旨に適合こそすれ、これらの条章に反して違憲無効であることが一見極めて明白であるとは、到底認められない」。

ここからあきらかなことは、違憲性が明白な条約の場合は違憲審査権が及ぶが、高度な政治的判断を必要とし違憲性が明白でない条約については違憲審査権が及ばないということである。

⑤司法消極主義と統治行為論
裁判所は、立法府、行政府に対する牽制として違憲審査権をもつが、日本の裁判所は、とりわけ最高裁判所は、違憲審査権を積極的に活用していない。一審や控訴審では思い切った判決が下ることがあるが、微妙な問題になると、最高裁で覆されることが多い。高度に政治的な問題に関しては憲法判断を控えるという統治行為論を盾にとって判断を回避する傾向がある。実際、最高裁が過去半世紀の間に下した違憲判決は極めて少ない。裁判所が、立法や行政の判

第6章　統治機構

最高裁の違憲判決例

違憲判決 （判決年月日）	違憲とされた 条文や措置	根拠となる 憲法条文	違憲理由	判決後の 取扱い
尊属殺重罰規定 違憲判決 （1973.4.4）	111頁参照			
薬事法距離制限 違憲判決 （1975.4.30）	123頁参照			
衆議院議員定数 違憲判決 （1976.4.14） （1985.7.17）	公職選挙法別表 第1、附則7〜9項 （選挙区と議員定数 配分を定める）	14条、44条 （議員・選挙人 の資格と 差別の禁止）	議員1人あたりの選挙人数（有権者）の格差が、選挙区によっては4〜5倍となり、合理的に許される程度を超え、投票価値の不平等を招いている（ただし、選挙無効請求は棄却）。	1986年5月、格差を3倍以内とする改正。
共有林分割制限 違憲判決 （1987.4.22）	森林法186条 （森林の共有者は、その総価値の過半数の持ち分がなければ分割請求できない）	29条① 財産権は、これを侵してはならない。	共有林の分割請求に対する制限は、立法目的（森林の細分化の防止による森林経営の安定、森林の保続培養および森林の生産力の増進）を達成するために、必要な限度を超えた不必要な規制で、合理性もない。	国会は同条項を廃止。
愛媛玉串料 違憲判決 （1997.4.2）	116頁参照			
郵便法違憲判決 （2002.9.11）	郵便法68条・73条 （郵便局側の過失による損害の賠償責任範囲を制限）	17条 （国の賠償責任）	書留郵便で、郵便局側の過失により生じた損害は、過失の内容などにより賠償責任を負う必要があり、責任制限規定の一部は違憲である。	2002年、国会は同法を改正。
在外選挙権制限 違憲判決 （2005.9.14）	公職選挙法附則 8項（在外邦人の選挙権を衆参の比例のみに制限）	15条①③、43条①、44条（選挙権・選挙人の資格など）	情報を伝える困難さを理由とする在外投票（在外邦人の選挙権）の制限規定は、通信手段が発達した現在、やむを得ない制限とは言えず違憲。国は10年以上も制度を改めず放置しており、国の立法不作為が違憲・違法とされた。	2006年、国会は同法を改正し制限を廃止。
国籍法 違憲判決 （2008.6.4）	国籍法3条1項 （日本人父と外国人母の非嫡出子の国籍取得には、父の出生後認知と両親の結婚の両方が必要）	14条 （法の下の平等）	父母の婚姻の有無で子の国籍取得を区別するのは、子にとって自らの意思や努力で変えることのできない父母の身分行為に係る合理的な理由のない差別として憲法に反する。両親の結婚以外の要件が満たされれば国籍を取得できる。	2008年、国会は同法を改正し、結婚要件を廃止。
砂川政教分離 訴訟 （2010.1.20）	北海道砂川市が私有地を神社敷地として無償で提供。	20条①、89条 （政教分離など）	市と神社の関わり合いの程度が限度を超えており、特定の宗教に対する特別の便宜の供与に当たる。	

（次頁へ続く）

183

第Ⅱ部　日本国憲法論

違憲判決 （判決年月日）	違憲とされた 条文や措置	根拠となる 憲法条文	違憲理由	判決後の 取扱い
非嫡出子の法廷 相続分規定違憲 判決 (2013.9.4)	民法900条 4号但書前段	14条①	非嫡出子にも一定の法定相続分を認めることでその保護を図るとした、非嫡出子の法廷相続分を嫡出子の二分の一とする民法900条4号但書前段は、合理的根拠なく、憲法14条1項に違反するとした。	国会は条項を削除。但し、出生届に婚内子、婚外子の記載を義務づけた戸籍法は未改正。
女性の再婚禁止 期間規定違憲判 決 (2015.12.16)	民法733条 1項	14条① 24条②	生まれた子供の父性推定の重複を防ぐために女性のみ再婚禁止期間を180日と定めた民法733条1項のうち100日を超える部分については過剰な制約であり、憲法14条1項と24条2項に違反するとした。	

断を尊重して独自の判断を控えた方がよい領域があるだろうが、それにしても日本の場合、立法権や行政権に比較して司法権の影が薄いような印象を受ける。

　因みに、アメリカの連邦最高裁判所では、アメリカが大統領制という厳格な権力分立制をとっていることもあり、違憲審査権をかなり積極的に行使する。大統領や議会と異なる独自の判断を下し、政治的に重要な役割を果たしている。

4）最高裁判所と下級裁判所

①最高裁判所
　　司法権の最高機関。終審裁判所＝「憲法の番人」
　　上告および特別抗告についての裁判権を持つ
　　訴訟手続きなどに関する規則制定権を持つ
　　下級裁判所裁判官の人事権（司法行政権）を持つ
　　最高裁判所長官＋裁判官（14名）＝15名
　　　＋最高裁調査官（30名、裁判官を補佐）

②高等裁判所
　　東京、大阪、名古屋、仙台．札幌、福岡、広島、高松
　　地裁の判決に対する上訴事件を主にあつかう
　　原則3名の裁判官による合議体で審理する

③地方裁判所

全国 50 か所

原則的な第一審裁判所。ただし簡易裁判所判決に対しては第二審裁判権を持つ。

単独裁判官ないし 3 名の裁判官による合議体のいずれかで審理する。

④家庭裁判所

地裁と所在地は同じ。地裁と同格

夫婦関係や親子関係の紛争などの家事事件

少年事件の調査や審判、婚姻関係・養子縁組・親子関係などの形成・確認を目的とする訴訟

⑤簡易裁判所

下級裁判所のなかでも最下級。全国 438 か所。少額軽微な訴訟事件に対する第 1 審裁判権をもつ。単独の裁判官が、迅速に簡便な手続きで事件を処理する。

現実には非常に重要な役割を担っている。

a) 民事事件

- 訴訟の対象となる金額が少額のもの。原則として一回で審理を終える。
- 物の価格が 140 万円以下の事件／60 万円以下の金銭請求事件

b) 刑事事件

- 罰金以下の刑にあたる罪など、軽微な犯罪についての事件を取り扱い、50 万円以下の罰金・科料ですむ略式命令手続きや交通事件即決裁判手続きなどが認められている。逮捕状などの令状の発布も簡易裁判所がおこなう。

5) 裁判の原則

①司法権の独立と裁判官の身分保障

先にも述べたが、国民の権利保護のためには、裁判は公正に行われなければならない。そのために憲法にも「すべて裁判官は、その良心に従ひ独立して

その職権を行ひ、この憲法及び法律にのみ拘束される［76条③］と定めてある。ここには、二つの意味が入っている。

　a）行政や立法から独立していること（三権分立）

　b）上級裁判所の裁判官であっても下級裁判所の裁判官に口出しできないこと。

　だが、a）b）の司法の独立が真に保障されているかというと問題点も指摘される。

　まずa）について：三権分立において行政が司法を牽制するベクトルは、最高裁判所長官の指名および最高裁判所裁判官の任命である。最高裁判所長官の任命は、天皇の国事行為として行われるが、実質的には最高裁の長官・判事ともに、内閣が決定することになる。（下級裁判所裁判官の任命も内閣がおこなう——後述。）外国の例をみると、最高の裁判所の裁判官の任命には議会が関与する場合が多いのに対し、日本の場合はこのような人事権の所在を通して内閣＝政治権力の影響を受けやすいという懸念が指摘される。

　裁判所に対する行政監督権は、司法の独立のもと司法自体に存する（大日本帝国憲法下では司法大臣がもっていた）。司法行政事務は最高裁長官が総括するが、行政上の庶務は最高裁におかれた事務総局がおこなう。最高裁裁判官にもこの事務総局で行政事務を経験した者が多いし、長官にも事務総長経験者が何人かいる。

　次にb）について：憲法は80条①で「下級裁判所の裁判官は、最高裁判所の指名した者の名簿によつて、内閣でこれを任命する。その裁判官は、任期を十年とし、再任されることができる」と規定している。内閣が任命するとはいっても、指名するのは最高裁であり、10年毎の再任の承認も含め、実質的に下級裁判所の人事権は最高裁が握っている。とすれば、下級裁判所の裁判官は最高裁の意図に反した判決文を書くことは難しいことになる。また政治権力の影響がこうしたところまで及ぶ懸念も指摘される（次頁、新藤宗幸『司法官僚』からの引用を参照）。

　裁判官については、在任中の強い身分保障がなされている。「裁判官は、すべて定期に相当額の報酬を受ける。この報酬は、在任中、これを減額することができない」［79,80条］。しかし、手厚い身分保障がなされるとはいえ、以下の場合には罷免される。

　「裁判により、心身の故障のために職務を執ることができないと決定された場

第6章　統治機構

合」と「公の弾劾」による場合［78条］である。弾劾は裁判官にふさわしくな

弾劾裁判　最近の例

被訴追者	事実の概要、判決理由	判決宣言年月日	結論
京都地方裁判所判事補	ロッキード事件の捜査中、検事総長の名をかたって三木首相にかけられた政治的な謀略電話の録音テープを新聞記者に聞かせた。	1977.3.23	罷免
東京地方裁判所判事補	自己の担当する破産事件の破産管財人からゴルフ道具1セット、背広2着等の供与を受けた。	1981.11.6	罷免
東京地方裁判所判事	伝言ダイヤル等を通じて知り合った14歳の少女3人に対する度重なる買春行為をおこなった。	2001.11.28	罷免
宇都宮地方裁判所判事	部下である裁判所職員の女性に対しその人権を踏みにじる内容のメールを繰返し送信するという卑劣なストーカー行為をおこなった。	2008.12.24	罷免

引　用

　一九六九年八月、札幌地方裁判所で長沼ナイキ訴訟（保安林解除処分の取消し請求訴訟）にさきだって、保安林解除処分の執行停止申立事件の決定が、福島重雄裁判長のもとでくだされた。福島裁判長は判決において自衛隊の存在に疑義をしめし、申立人のもとめた仮処分を認めた。ところが、札幌地裁所長の平賀健太は、福島裁判官に事前に書簡を送り、申立てを認めるべきでないこと、さらに「訴えの利益」のないことをもって却下するようもとめた。平賀はこの書簡を裁判所法の禁じている訴訟指揮ではなく、同僚である福島への「助言」にすぎないとしていたが、あきらかに裁判官の「独立」に抵触するものだった。

　福島裁判官はこれにしたがわなかったが、福島がこの書簡の写しを知人に送ったこともあって、報道機関の手にわたり一大社会問題となった。ところが、札幌地裁裁判官会議は、平賀に対して裁判官の独立を侵したとの事由を認めずに、たんなる注意処分にとどめた。一方の福島について札幌高裁は、裁判所内部文書の漏洩として注意処分とした。

　この事件を前後するころより右翼ジャーナル誌『全貌』を中心として、青年法律家協会（青法協）所属の法曹にたいして「左翼偏向」のキャンペーンがはられていた。青法協は裁判官や弁護士を中心としたリベラルな法曹の集まりであり、「憲法に遅れをとる司法」の現状改

187

革に関心をたかめていた。福島裁判官もやはり青法協の会員であったことから、自らの政治的信条を裁判に「露骨」に持ち込み、政治体制を危機に落とし込めようとしたとの「誹謗」にさらされた。それは当時の佐藤政権や政権党の一部勢力の後押しによるものであるのは明白であった。

国会の裁判官訴追委員会は、全国の裁判官にたいして青法協に所属しているか（していたか）の調査表を送った。訴追委員会の事務局長は最高裁から出向している裁判官であったから、それは最高裁の意思でもあっただろう。実際、最高裁事務総局は青法協を一定の政治信条で結束する「政治団体」とみなし、会員の裁判官に脱会を勧告した。これを機として退会者が続出したが、東京地裁判事補であった宮本康昭は、青法協の会員にとどまった。一九七一年四月、最高裁は判事補としての一〇年の任期が切れた宮本康昭の裁判官任官を拒否した。

最高裁は宮本の任官拒否の理由をいっさいあきらかにしなかった。もっとも、それは宮本についてのみではなく、今日なおいえることである。しかし、当時の新聞のみならず裁判官の内部からも、これは「政治的理由」による任官拒否であり、裁判官の思想・信条にたいする介入であり、裁判官の「身分保障」を脅かすものという批判がまきおこった。それは平賀書簡事件の直後であっただけに、燎原の火のごとくひろがりをみた。

（新藤宗幸『司法官僚——裁判所の権力者たち』岩波新書、2009年、120〜121頁）

い行為をした裁判官を排除するためのものであり、「公の弾劾」は国会にもうけられた弾劾裁判所でおこなわれる。（「国会は、罷免の訴追を受けた裁判官を裁判するため、両議院の議員で組織する弾劾裁判所を設ける」[64条]）もちろん、裁判の内容に対する不満や政治的理由から「ふさわしくない行為」とするわけにはいかない。これまでに8件の訴追、6件の罷免が行われた。

②公開主義

①裁判の対審及び判決は、公開法廷でこれを行ふ。
②裁判所が、裁判官の全員一致で、公の秩序又は善良の風俗を害する虞があると決した場合には、対審は、公開しないでこれを行ふことができる。但し、政治犯罪、出版に関する犯罪又はこの憲法第三章で保障する国民の権利が問題となってゐる事件の対審は、常にこれを公開しなければならない。[82条]

裁判における対審および判決は公正で中立でなければならないから、公開で

おこなうのは当然である。公開は実質的には傍聴人を認めることで担保される。テレビカメラの導入などによる公開や録音・録画は、プライバシーの問題などもあって認められていない。傍聴人がメモを取ることは許されている。

対審というのは、裁判官の前でおこなわれる審理および裁判の当事者（原告・被告ないし被告人）の弁論である。反社会勢力に関係する事件や刑事事件で被害者のプライバシーへの配慮を要する事件（性犯罪等）などでは、対審を非公開にすることもあるが、判決について非公開は認められない。

③審級制（三審制）

現行では三審制度を採用している。原則として、第一審の判決に不服の場合は「控訴」により第二審へ、第二審の判決に不服の場合は「上告」により第三審の裁判をうけることができる。この場合、上級審は審理し直し、正当な理由がある場合には下級審の裁判を取り消したり判断し直したりすることができる。もちろん、先に述べたように、下位裁判所といえども上位裁判所から指揮命令を受けるわけではなく、独立して司法権を行使する。そうでなければ、審級制度の意味がない。

通常は、地裁が第一審、高裁が第二審、最高裁が第三審となるが、簡易裁判所が第一審となる場合は、地裁が第二審、高裁が第三審となる。

裁判にあって判決が下されるためには、事実を認定することとその事実に対して法律を適用し（必要とあらば）解釈することの二つが必要である。実際の審理にあたっては事実の認定は基本になるので、第一審で詳しく審理される。二審でも事実の審理はなされるが法律の適用・解釈の比重が大きい。三審では事実は確定したものとしてもっぱら適用すべき法の解釈が問題となる。最高裁での審理は憲法違反かどうかが主として争われることになる。

一般に、事実認定と法の適用・解釈を合わせて審理するものを事実審、もっぱら法の適用・解釈だけを問題にするものを法律審とよんでいる。

④裁判官の中立と当事者の対等

裁判官は事件の当事者が自分である場合や、近親者である場合は、その裁判の担当を外される、ないし自発的に外れる。また、一方の当事者の言い分だけを聴いて判断することは不公平である。当事者双方を法廷に呼び出して、双

第Ⅱ部　日本国憲法論

方に自分の主張を述べる機会を対等に与え、そのうえで判決を下す。

⑤自由心証主義

　自由心証主義とは裁判官が事実を認定するときに、その証拠の信頼性の評価を裁判官の自由な判断にゆだねる原則のことである。この基本的な考え方は、裁判官の識見を信頼するということである。

6）検察審査会と裁判員制度

　憲法上の規定があるわけではないが、近年の裁判制度を考えるうえで、注目しておくべきは、司法制度改革＊の一環としておこなわれた検察審査会の改変と裁判員制度の導入である。

①検察審査会

　裁判が、法に基づいて中立の立場から行われなければならないことはいうまでもない。しかし、刑事裁判の場合、検察官が起訴しない限り開始されない。仮に検察の不起訴処分に対して市民が疑問や不満を感じたりする場合、その不満はどのように処理されるのか。検察審査会制度はこのような疑問や不満に対応して設けられた。

a）制度

- 検察の不起訴処分の判断の当否を市民の目で審査する制度であり、1948 年に始まった。有権者の中からくじで選出された 11 人で構成される。不起訴に不服な被害者らからの申し立てを受けて審査を開始する。
- 2005 年の法改正により、検察審査会の権限は大幅に強化され、審査会が二度にわたり「起訴すべきだ」と議決すれば、裁判所の指定した弁護

＊　司法制度改革
　2001 年に司法制度改革推進法が成立した。これは、① 裁判の迅速化と制度の改革、② 法曹人口の増加と養成制度の見直し、③ 市民の司法参加などを柱とするものである。これに基づき、① については公判前整理手続きや即決裁判の導入、知的財産高等裁判所の設置、人権擁護を充実させるために日本司法支援センター（法テラス）の設置など、② については、法科大学院の設置、③ については裁判員制度の導入などがおこなわれた。

士を検察官役にして強制的に起訴することが可能になった。

b）意義と現実

・ 市民感覚による強制起訴が可能になったことは、独善に陥りやすい検察
への牽制という意義がある。

・ しかし現実には、証拠不十分などで起訴できなかった者が、強制起訴で
法廷に立たされ、結果的に無罪となる可能性が大きい。

例えば、JR 尼崎線脱線事故で JR 西日本の事故当時の社長他、歴
代社長 2 名を検察審査会は強制起訴したが、2012 年 1 月当時の社長
に対して無罪の判決が下ったことは記憶に新しい。当然、歴代社長 2
名についても 2015 年 3 月大阪高裁で無罪の判断（1 審判決を支持）
が下された。

また、小沢一郎衆議院議員の強制起訴については、検察への牽制と
いった本来の意図とは違った要因から行われていると推測されるところも
あり、議論をよんでいる。

②裁判員制度

裁判員制度が 2009 年 5 月からスタートした。これまで刑事裁判では、弁護人、
検察官や裁判官という法律の専門家が中心となって行われてきたが、そのため
一般の国民からみると、審理や判決が国民にとって理解しにくい、審理に長期
間を要する、判決が一般常識とかけ離れている等の問題が指摘されていた。そ
こで、裁判官と国民から選ばれた裁判員が、それぞれの知識経験を生かしつ
つ協働して、より国民の理解しやすい裁判を実現すべきとの考えから裁判員制
度が導入された。司法への市民参加の点から、裁判員制度は、司法に対する
国民の理解を深め信頼の向上につながることが期待されている。

裁判員制度対象の事件は、「法定刑に死刑か無期判決（禁錮）を含む事件」
と「短期 1 年以上の懲役・禁錮にあたる罪のうち故意の犯罪で人を死亡させた
事件」の 2 種類がある。地方裁判所の一部の刑事事件（第 1 審）であり、そ
の数は年間 3 ～ 4000 件で推移している。裁判員は、各々の地方裁判所の管
轄地域内の有権者から抽選で選ばれる。この制度が導入されてから数年が経っ
たが、いくつか問題点が指摘されている。

第Ⅱ部　日本国憲法論

日本の三審制

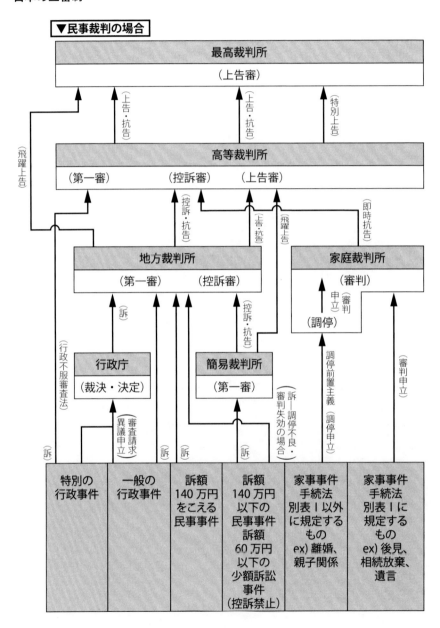

▼民事裁判の場合

第6章　統治機構

▼刑事裁判の場合

最高裁判所
（上告審）

検事総長

非常上告

（跳躍上告・特別抗告）

※

高等裁判所
（控訴審）

※

（跳躍上告・特別抗告）

（跳躍上告・特別抗告）

簡易裁判所
（第一審）

地方裁判所
（第一審）

家庭裁判所

（第一審）

保護処分に付さない

保護処分

高裁へ抗告

審判

調査

（検察官送致）

（審判不開始）

※

※

※

2回で強制起訴

検察審査会

（不起訴処分の当否を審査）

（公訴）

（公訴）

（公訴）

（送致）

（司法警察員による送致）

検　察　庁

●罰金以下の刑の犯罪
●選択刑として罰金が定められている犯罪
●常習賭博罪・窃盗罪とその未遂罪・横領罪・故買罪など

禁錮以上の刑の犯罪

少年の福祉を害する成人の犯罪

少年犯罪

禁錮以上の刑の少年犯罪

罰金以下の刑の少年犯罪

※判決に対して控訴（上告）を、決定に対して抗告（特別抗告）を、命令に対して準抗告をすることができる。

（『2015新政治・経済資料』（実教出版）を参考に作成）

193

第Ⅱ部　日本国憲法論

a）裁判員の精神的負担

　国民が裁判に参加する制度は、アメリカ、イギリス、フランス、ドイツ、イタリア等でも導入されている。ただし、アメリカなどでは、陪審員は有罪か無罪かを判断するだけで、量刑の決定までは関与しない。しかし、日本の裁判員制度においては、事実認定の他に、法律の適用、刑の量刑の判断についても裁判官と同じ権限を有するとされ、精神的な負担が大きい。「人を裁く」ということそれ自体が大きなストレスを感じることであるが、特に精神的な負担が大きくなるのは極刑（死刑）の判決を下す場合であろう。2010 年 11 月、男性 2 人を殺害し、遺体を切断して遺棄したなどとして強盗殺人などの罪に問われていた I 被告に対し、横浜地裁（A 裁判長）は求刑通り死刑判決を言い渡した。これが裁判員裁判で死刑判決が出た初めての事例だが、判決言渡しの直後に、A 裁判長は I 被告に「重大な判断になったので、裁判所としては控訴することを勧めたい」と述べた。この背景について「控訴審もあることを示すことで死刑判決を決めた裁判員の精神的負担を和らげる配慮」「裁判員裁判の量刑は最終的に多数決で決まるから、死刑に反対した裁判員の意向への配慮」といった「解説」がマスメディアでなされたが、裁判長からこのような発言がなされること自体が、裁判員制度の問題点を如実に語るものであろう。また、裁判長が自らの下した判決に対して疑念を提示していることにもなってしまう。

b）裁判員の物理的負担

　裁判が長期にわたる場合がある。最高裁がまとめた裁判員裁判の実施状況によると、09 年の制度施行からの平均開延数は 3．9 回、否認事件に限ると平均 4．6 回（2012 年 1 月現在）であり、裁判員が拘束された平均日数は 3・8 日程度であるが、事件によっては大幅にかかる場合がある。2012 年、練炭自殺に偽装して交際相手ら 3 人を殺害した容疑で逮捕された K 被告の裁判員裁判が行われたが、この裁判における裁判員の在任期間は 1 月 10 日から 4 月 13 日までの 100 日間という異例の長さであった。3 月 13 日の結審までおおむね週 4 日、裁判所に来なければならず、これは仕事に就いている現役世代の者には、とうてい受け入れ難いような重い負担となった。

　この事件は別個の 3 件の殺人にまたがるものであり、同一の裁判員が担当することが妥当とする判断が働いた特別な例ともいえるが、それ以前にも 40 日の在任期間の例（2010 年、鹿児島地裁。強盗殺人事件の裁判）もあり、こうし

第 6 章　統治機構

た長期の裁判の裁判員を務めることは現実的にいって困難である。もちろん、この間の精神的なストレスはいうまでもない。

各国の裁判参加制度

	日本(裁判員)	アメリカ(陪審)	フランス(参審)	イタリア(参審)	ドイツ(参審)
対象事件(刑事事件について)	地方裁判所で審理する死刑又は無期の懲役もしくは禁固にあたる罪にかかる事件	一定の軽微な犯罪を除き、被告人が否認している事件で陪審裁判を選択した場合	一定の重大犯罪(被告人の認否を問わず、被告人による選択は認めない。)	一定の重大犯罪(被告人の認否を問わず、被告人による選択は認めない。)	軽微な犯罪を除き、原則としてすべての事件(被告人の認否を問わず、被告人による選択は認めない。)
構　成	○裁判官3名 ○裁判員6名	○裁判官1名 ○陪審員12名	○裁判官3名 ○参審員9名	○裁判官2名 ○参審員6名	地方裁判所 ○裁判官3名 ○参審員2名 区裁判所 ○裁判官1名 ○参審員2名
選任方法	衆議院議員の選挙人名簿から無作為抽出された候補者の中から、裁判所での選任手続を経て選任される。	選挙人名簿等により無作為抽出された候補者の中から、当事者が質問手続(含,理由なし忌避)により選出。	選挙人名簿に基づき抽選で参審員候補者の開廷期名簿を作成。候補者は開廷期間中の出頭を義務付けられる。具体的な事件の参審員は、事件ごとに、理由なしの忌避手続等を経た上で、開廷期名簿から抽選で選出される。	各自治体が2年おきに作成する候補者名簿(無作為抽出された者に、少数の希望者を登載)の中から各開廷期ごとに無作為抽出。任期中に開始されるすべての事件の審理に当たる。	市町村が作成した候補者名簿に基づき、区裁判所の選考委員会が選任。
任　期	事件ごと	事件ごと	開廷期(数週間)	3か月間	5年間
評決方法	多数決 ただし、裁判官,裁判員のそれぞれ1人以上の賛成が必要	全員一致が必要	被告人に不利益な判断をするためには、裁判官と参審員を合わせた3分の2以上の特別多数決。	有罪無罪については多数決で決する。量刑については過半数になるまで最も重い意見の数を順次軽い意見の数に加えて決める。	被告人に不利益な判断をするためには、裁判官と参審員を合わせた3分の2以上の特別多数決。
評議・権限	裁判官と裁判員は、共に評議し、有罪・無罪の決定及び量刑を行う。	陪審員のみで評議し、有罪・無罪の評決を行う。	裁判官と参審員は、共に評議し、有罪・無罪の決定及び量刑を行う。	裁判官と参審員は、共に評議し、有罪・無罪の決定及び量刑を行う。	裁判官と参審員は、共に評議し、有罪・無罪の決定及び量刑を行う。

(法務省「裁判員制度コーナー」ホームページより)

195

第Ⅱ部　日本国憲法論

（4）地方自治

　地方自治は、国の政治や行政から地域の政治・行政を相対的に切り離し、その地域の住民の意思を尊重して自主的に運営することを意味する。大日本帝国憲法においては中央集権的な国家体制の構築が目指されており、地方自治については触れられていなかったが、日本国憲法では、地方自治に1章をもうけてある。わずか4ヵ条の、あまりにも大雑把で形式的な規定であり、厳密にいえばいろいろな解釈、問題が生じるが、いやしくも憲法の中の1章として地方自治が設けられ、地方自治の重要性が強調されたことの意味は大きい（地方自治に関する憲法の規定は大雑把なものであり、細部は地方自治法で定められている）。

1）地方自治の本旨

> 地方公共団体の組織及び運営に関する事項は、地方自治の本旨に基いて、法律でこれを定める。［92条］

　ここでいう、地方自治の本旨とは、住民自治と団体自治とからなるとされる。近代憲法は、その理念の中に民主主義と権力分立を含むが、住民自治は民主主義と、団体自治は権力分立と関連がある。

①住民自治

　地方公共団体の運営が、地域住民の意思に基づいて行われること。これは英米で発達した考え方であり、地域社会に対する国家の干渉や統制をできるだけ排除しようとするもので、民主主義の基本である。

　地方政治は、私たちの生活にもっとも密着したものである。また、地域が狭く住民の共同連帯意識が育ちやすいため、私たちは、生活上のさまざまな要望を地方政治に反映させやすい。いわば、地方政治は、民主政治を実現するためのもっとも身近な場であり、自分たちが政治の主役であるという意識も醸成されやすい。こうした意識に基づく地方の政治（住民自治）は、民主政の実現にもっとも重要なものである。

196

第6章　統治機構

　ヨーロッパを例に、民主政の歴史を見てみれば、国政に先立って地方政治の民主化がおこなわれ、それが成長して国政に反映されたという側面がある。民主主義が進んだ国においては、地方において民主政治が定着していることはよく知られている（たとえば、イギリスやスイス *）。国民主権が実質的なものになるためには、地方政治における民主化（住民自治）が不可欠であり、「地方自治は民主主義の最良の学校」（ブライス『近代民主政治』）といった表現も生まれることになる。

②団体自治

　地方の公共問題を解決する権力は、国家から自治権を認められた地方公共団体に付与されるとするものであり、地方自治は国家の保障のもとに成立するという考え方に基づく。内容的には、自治行政権と自主立法権からなる。これはヨーロッパの大陸部で発達した考え方である。フランスやドイツで発展した地方自治の考え方である。

　近代憲法の例にたがわず日本国憲法でも権力分立が目指されており、三権分立が水平方向での権力分立だとすれば、中央―地方の分権は垂直方向の権力分立だということができる。団体自治は、垂直方向の権力分立を具体化したものである。

---

*　スイスを考えてみよう。スイスの正式国名はスイス連邦共和国（Schweizerische Eidgenossenschaft）であり、Eidgenossenschaft は、Eid＝「誓約」、Genossenschaft＝「同盟」の2語からなる合成語であり、直訳すれば誓約同盟ということになる。四国よりも若干大きいような国土に700万人が居住し、4つの公用語（ドイツ語、フランス語、イタリア語、レート・ロマンス語）をもち、文化的にも多様であるが、言語や文化に基づく対立はほとんどない。これは、都市や地域の独立性と充実性がまずあり、それらを守り相互の安全をはかるために誓約による同盟関係を結びスイスという国家をつくったという歴史的経緯による。つまり、まず「地方」があって、その上に必要な限りで「中央」をつくっていった結果である。現在でも、スイスでは国家の根幹にかかわる重要事項は国民投票にかけられ、直接民主制が維持されている。地方政治の充実が、多様性の中の統一を実現し、民主主義の健全な発展を促しているようにおもえる。

197

第II部　日本国憲法論

2）地方公共団体とは何か

　地方公共団体とは何か。92条でいう地方公共団体の定義について、憲法はあきらかにしていない。地方公共団体といいうるためには、上記の団体自治や住民自治が行われる素地が実質的に存在することが重要であろう。地方自治法では、地方公共団体を普通地方公共団体と特別地方公共団体とに分け、前者に都道府県や市町村を、後者に特別区（東京23区）、地方公共団体の組合、財産区、地方開発事業団を挙げている。

　ここで特に問題となるのは、特別区である。これに関して、最高裁は「地方公共団体といい得るためには、単に法律で地方公共団体として取り扱われているということだけでは足らず、事実上住民が経済的文化的に密接な共同生活を営み、共同体意識をもつているという社会的基盤が存在し、沿革的にみても、また現実の行政の上においても、相当程度の自主立法権、自主行政権、自主財政権等地方自治の基本的権能を附与された地域団体であることを必要とするものというべきである」（最大判1963（昭38）・3・27刑集17巻2号121頁［特別区長間接選挙制事件］）と判示し、特別区を地方公共団体に当たらないとしている。「いまだ市町村のごとき完全自治体としての地位を有して」いないと考えるのである。

3）地方公共団体の機関

①議会と地方公共団体の長

> ①地方公共団体には、法律の定めるところにより、その議事機関として議会を設置する。
> ②地方公共団体の長、その議会の議員及び法律の定めるその他の吏員は、その地方公共団体の住民が、直接これを選挙する。［93条］

　中央政治と同じように、地方公共団体にも議会をおき、執行機関をおくことが憲法で定められている。つまり、地方公共団体は、立法と行政について自主的な権能をもつ。ただし、司法権はもたない。

　ここで注意すべきは、中央の政治においては、行政の長が議会によって選出

される議院内閣制をとっているのに対し、地方政治においては、行政の長は住民による直接選挙で選出される大統領制に近い形をとっていることである。ただし、長には条例（案）を含む議案提出権や議会の解散権をもっている点で、アメリカの大統領制などとは異なる。

また、議会は行政の長の不信任案を出すことはできるが、単純過半数の賛成をもって不信任し辞職に追い込むことは認められない。また、行政の長にも議会の解散権があるが、その行使は、長に対する不信任案が可決された場合に限る。行政の長による議会の解散は、不信任案が可決されたとき、それに対する対抗手段としてのみ認められる。（国政における、7 条解散のようなことはできないようになっている。）地方自治法 178 条 * では、議会が行政の長を不信任するためには、2/3 以上の議員が出席したうえで 3/4 以上の多数の賛成が必要と、かなり厳しい要件になっている。

長および議会の議員の任期は、4 年である。地方自治においては、住民の直接政治参加の度合いが大きく、住民が議員や行政の長の解職請求を行うことができる（後述）。

②住民

住民は市（区）町村や都道府県の域内に住所を有する者をいう。ここには外国人も含まれる。

---

* 地方自治法第 178 条

1. 普通地方公共団体の議会において、当該普通地方公共団体の長の不信任の議決をしたときは、直ちに議長からその旨を当該普通地方公共団体の長に通知しなければならない。この場合においては、普通地方公共団体の長は、その通知を受けた日から十日以内に議会を解散することができる。
2. 議会において当該普通地方公共団体の長の不信任の議決をした場合において、前項の期間内に議会を解散しないとき、又はその解散後初めて招集された議会において再び不信任の議決があり、議長から当該普通地方公共団体の長に対しその旨の通知があつたときは、普通地方公共団体の長は、同項の期間が経過した日又は議長から通知があつた日においてその職を失う。
3. 前二項の規定による不信任の議決については、議員数の三分の二以上の者が出席し、第 1 項の場合においてはその四分の三以上の者の、前項の場合においてはその過半数の者の同意がなければならない。

第Ⅱ部　日本国憲法論

（A）住民の憲法上の権利

a）選挙権・被選挙権

　　選挙権：満 18 歳以上であること、日本国民であること、3 か月以上市
　　　　　　町村の区域内に住所を有すること

　　被選挙権：市町村長、地方議会の議員＝満 25 歳以上、都道府県知事
　　　　　　　＝満 30 歳以上

b）地方特別法の住民投票権

　憲法 95 条は「一の地方公共団体のみに適用される特別法は、法律の定め
るところにより、その地方公共団体の住民の投票においてその過半数の同意を
得なければ、国会は、これを制定することができない」と規定している。この規
定の趣旨は、特定の地方公共団体の住民が、国会の制定する法律によって不
利な扱いを受けることを防止することにある。地方特別法の具体例としては、広
島平和都市建設法、旧軍港市転換法などが挙げられる。

（B）住民の地方自治法上の権利

　地方自治法では、住民の意思を直接自治体に反映させるさまざまな制度を規
定している。

a）直接請求：選挙権者が一定数以上の連書をもって、当該地方団体の特
　　定事項について請求する権利。

・　条例の制定・改廃請求：ただし直接請求が成立しても、議会の議決
　　が必要。

・　事務監査請求、議会解散請求：住民の政治的見解を表明する請求
　　権

・　議員・長・役職員などに対する解職請求（リコール）：解職請求成立後、
　　60 日以内に住民投票が行われ、その過半数の同意で解散・解職が
　　成立する。

b）住民監査請求：地方公共団体の財政が法規に基づき運営されているか
　　どうかを住民が監視する制度。地方財政の運営における腐敗を防止す
　　るために設けられた住民の監査権。したがって、住民監査請求は、選挙
　　権の有無、自然人、法人を問わずに行使でき、また、人数に制限がなく

第6章　統治機構

直接請求の制度

〈注〉（　）内は地方自治法の条数

種類	必要署名数	受理機関	取扱い
条例の制定・改廃の請求(74)	その地域の有権者の50分の1以上	地方公共団体の長	首長が議会にかけ、その結果を公表する。(イニシアティブ)
事務監査の請求(75)	同50分の1以上	監査委員	監査結果を公表し、議会・首長等にも報告。
*議会の解散請求(76)	同3分の1以上	選挙管理委員会	住民投票にかけ、過半数の同意があれば解散。(リコール)
*議院の解職請求(80)	所属選挙区の有権者の3分の1以上	選挙管理委員会	住民投票にかけ、過半数の同意があれば失職。(リコール)
*首長の解職請求(81)		選挙管理委員会	同上
*首長の解職請求(81)	その地域の有権者の3分の1以上		
*主要公務員の解職請求(副知事・副市町村長など)(86)	同3分の1以上	地方公共団体の長	議会にかけ、2/3以上の議員の出席でその3/4以上の同意があれば失職。(リコール)

〈注〉このほか、教育委員などの解職請求の制度もある。
＊有権者総数40万を超える普通地方公共団体について。

$$（40万を超える数）\times \frac{1}{6} + 40万 \times \frac{1}{3}$$

　　住民一人でも行使できる点で、a）の直接請求とは異なる。
　c）住民訴訟：住民監査請求の結果や措置に不服がある場合には、裁判所
　　に訴え、その違法性・不当性を司法的に解決することができる。b）と同
　　様、有権者でなくても行使でき、人数の制限もない点で、a）の直接請求
　　とは異なる。

4）地方公共団体の権能

①自治行政権

> 「地方公共団体は、その財産を管理し、事務を処理し、及び行政を執行する権能を有」する。[94条]

　　この憲法条文の趣旨は、事務の性質上国が一元的に処理すべきもの（たとえ

201

第Ⅱ部　日本国憲法論

ば外交・国防）については国が行うが、それ以外の事務は地方公共団体にできるだけ任せるようにするというものである。条文の上では、確かに地方自治を重要視しているが、以前は実情を見ると必ずしもそうなっていなかった。日本の地方自治は未成熟であったといわざるをえない状態であった。その原因は大きく3つある。

a) 中央政府が機関委任事務を通じて地方に対して指揮・監督権を行使し、これが地方の自治を大きく阻害していた。機関委任事務とは、国などの権限に属する事務で法令によって都道府県知事や市町村長に委任したものを指す。旅券の発給、国政調査、外国人登録事務など、広範囲にわたり、都道府県事務の7〜8割、市町村事務の3〜4割を占めていた。機関委任事務を処理するための、財政的・時間的なコスト負担は膨大なものであった。機関委任事務の中には、形の上では国の事務になっていても、実質的には地方の判断で実施されるべきものも多く、事務執行のための費用も地方公共団体が支出することが原則となっていた。にもかかわらず、国が最終的な決定権、指揮監督権をもっていた。これは、戦前の国政事務を引き継いだものであり、中央政府の地方支配を象徴する制度として批判が強かった。

b)「3割自治」という言葉に代表されるように、地方公共団体の自主財源（地方税収入）は3割台であり、財政的基盤が脆弱である。財政の7割をしめる地方交付税、国庫支出金、地方債などは中央政府の管理下に置かれており（地方債の発行も中央政府の許可が必要）、国が財政的にも地方自治を制約することになった。

c) 中央政府の縦割り行政の影響が地方にもおよび、地方公共団体は総合的施

---

* 法定受託事務には、第一号法定受託事務と第二号法定受託事務の2種があり、地方自治法で次のように定義されている。
第一号法定受託事務＝「法律又はこれに基づく政令により都道府県、市町村又は特別区が処理することとされる事務のうち、国が本来果たすべき役割に係るものであつて、国においてその適正な処理を特に確保する必要があるものとして法律又はこれに基づく政令に特に定めるもの」
第二号法定受託事務＝「法律又はこれに基づく政令により市町村又は特別区が処理することとされる事務のうち、都道府県が本来果たすべき役割に係るものであつて、都道府県においてその適正な処理を特に確保する必要があるものとして法律又はこれに基づく政令に特に定めるもの」

策を実施することが難しかった。

地方分権推進のために、地方分権推進法（1995年）に基づき地方分権推進委員会が第一次勧告（1996年）を発表し、機関委任事務の廃止を提言した。2000年4月から施行された地方分権一括法によって、国・地方の上下関係の見直しが行われ、機関委任事務および従来からの事務区分は廃止され、地方公共団体が行う事務は、自治事務と法定受託事務とに再編された。

地方自治法では、自治事務について「地方公共団体が処理する事務のうち、法定受託事務以外のもの」と定義してある。では、法定受託事務とはなにか。法定受託事務＊は、国の統治の基本に関連する事務のなかで、地方公共団体が引き受けた方が便利な事務を、地方公共団体に法令に基づいて委任するものである。例としては国政選挙、国道管理、旅券発行、戸籍事務などがある。それでは、この法定受託事務は、それ以前の機関委任事務とどこが違うのか。もっとも大きな相違点は、地方公共団体は、公権力の行使にあたる国の関与に不服がある場合、国地方係争処理委員会に審査請求できるようになったことである。機関委任事務の廃止によって、地方公共団体の自己決定権が拡大して地方自治の範囲が広がり、地方の実情に即したきめの細かい政策の立案が可能になった。また、地方税の増強、国庫支出金の削減、地方交付税の見直しを同時に推進するいわゆる「三位一体の改革」が進められ、地方自治は新しい分権時代に入ったといえよう。

②自主立法権

法律の範囲内で条例を制定することができる。［94条］

条例とは地方公共団体が定める法規範のことであり、法源の一つとして認められている。条例は法律の委任の枠を超えない（法律に矛盾しない）ことが原則であるが、最近は「上乗せ条例」が認められている。たとえば、ひどい公害に悩まされている地方公共団体においては、国の基準よりも厳しい公害基準を条例として設けることが現在では許されている。公害で実際に苦しんでいるのは、当該地域の住民である。「上乗せ条例」はこうした実情を反映させるものである。

第Ⅱ部　日本国憲法論

5）地方公共団体の先進的政策

　中央政府の干渉が大きいなかでも、地方公共団体は独自の制度を実現してきた。以下はその例である。

a) 高度成長期の公害・環境問題の発生以来、さまざまな住民運動が登場し、地域住民の政治意識の高揚、政治参加が行われた。

b) オンブズマン制度、情報公開制度、プライバシーの保護などは、中央政府に先駆けて、地方公共団体が取り組んできた。

c) 外国人児童就学問題、外国人地方参政権問題、外国人の地方公務員への採用問題（国籍条項の撤廃）など、国際化の波に地方公共団体は先駆的に対応した。

d) 村おこし、町おこし運動を積極的におこなって地域の独自の発展を目指してきた。

e) 地方公共団体の機関が住民の意思と合致した政治を行っていないように見える場合に、住民投票条例を制定し、一定の政策の実現や政策の変更を決定した。

　　ex) 新潟県巻町の原子力発電所の設置をめぐる町民投票条例
　　　　岐阜県御嵩町の産廃施設建設をめぐる町民条例

第6章　統治機構

[主要参考文献]

佐藤功　2001『日本国憲法概説[全訂第5版]』学陽書房

大沢秀介　2003『憲法入門　第3版』成文堂

田中成明　2005『法学入門』有斐閣

末川博編　2006『法学入門[第5版補訂2版]』有斐閣

初宿正典・他編　2007『目で見る憲法　第3版』有斐閣

伊藤正巳　2008『憲法入門[第4版補版]』有斐閣

浦部法穂　2008『世界史のなかの憲法』共栄書房

芦部信喜(高橋和之補訂)　2011『憲法(第五版)』岩波書店

野中俊彦・中村睦男・高橋和之・高見勝利　2012『憲法I第5版)』有斐閣

野中俊彦・中村睦男・高橋和之・高見勝利　2012『憲法II(第5版)』有斐閣

松浦一夫編著　2012『憲法入門』三和書籍

毛利透　2014『グラフィック　憲法入門』新世社

高橋和之・長谷部恭男・石川健治編　2007『憲法判例百選I[第5版]』有斐閣

高橋和之・長谷部恭男・石川健治編　2007『憲法判例百選II[第5版]』有斐閣

芹沢斉・市川正人・阪口正二郎　2011『新基本法コンメンタール　憲法』日本評論社

『2015　新政治・経済資料』(三訂版)　実教出版

『政治・経済資料　2015』とうほう

吉本隆明　1995「社会党首班政権の批判」、所収『超資本主義』徳間書店

多木浩二　1999『戦争論』岩波新書

中曽根康弘「外交権の発動として多国籍軍に協力を」『文藝春秋』2001年10月緊急増刊号

長谷部恭男　2004『憲法と平和を問いなおす』ちくま新書

田中伸尚　2005『憲法九条の戦後史』岩波新書

沢野義一・井端正幸・出原政雄・元山健(編)　2005『総批判 改憲論』法律文化社

千葉真・小林正弥(編著)　2007『平和憲法と公共哲学』晃洋書房

千葉真　2009『「未完の革命」としての平和憲法』岩波書店

樋口陽一　2009『憲法という作為——「人」と「市民」の連関と緊張』岩波書店

新藤宗幸　2009『司法官僚——裁判所の権力者たち』岩波新書

孫崎享　2012『戦後史の正体 1946-2012』創元社

寺島俊穂　2015『戦争をなくすための平和学』法律文化社

（付録）日本国憲法

[1946（昭和21）.11.3公布　　1947（昭和22）.5.3施行]

（上諭）

　朕は、日本国民の総意に基いて、新日本建設の礎が、定まるに至つたことを、深くよろこび、枢密顧問の諮詢及び帝国憲法第七十三条による帝国議会の議決を経た帝国憲法の改正を裁可し、ここにこれを公布せしめる。

　　御名御璽

　　昭和21年11月3日

内閣総理大臣兼外務大臣	吉田茂
国務大臣　　男爵	幣原喜重郎
司法大臣	木村篤太郎
内務大臣	大村清一
文部大臣	田中耕太郎
農林大臣	和田博雄
国務大臣	斎藤隆夫
逓信大臣	一松定吉
商工大臣	星島二郎
厚生大臣	河合良成
国務大臣	植原悦二郎
運輸大臣	平塚常次郎
大蔵大臣	石橋湛山
国務大臣	金森徳次郎
国務大臣	膳桂之助

日本国憲法（前文）

　日本国民は、正当に選挙された国会における代表者を通じて行動し、われらとわれらの子孫のために、諸国民との協和による成果と、わが国全土にわたつて自由のもたらす恵沢を確保し、政府の行為によつて再び戦争の惨禍が起ることのないやうにすることを決意し、ここに主権が国民に存することを宣言し、この憲法を確定する。そもそも国政は、国民の厳粛な信託によるものであつて、その権威は国民に由来し、その権力は国民の代表者がこれを行使し、その福利は国民がこれを享受する。これは人類普遍の原理であり、この憲法は、かかる原理に基くもの

である。われらは、これに反する一切の憲法、法令及び詔勅を排除する。

日本国民は、恒久の平和を念願し、人間相互の関係を支配する崇高な理想を深く自覚するのであつて、平和を愛する諸国民の公正と信義に信頼して、われらの安全と生存を保持しようと決意した。われらは、平和を維持し、専制と隷従、圧迫と偏狭を地上から永遠に除去しようと努めてゐる国際社会において、名誉ある地位を占めたいと思ふ。われらは、全世界の国民が、ひとしく恐怖と欠乏から免かれ、平和のうちに生存する権利を有することを確認する。

われらは、いづれの国家も、自国のことのみに専念して他国を無視してはならないのであつて、政治道徳の法則は、普遍的なものであり、この法則に従ふことは、自国の主権を維持し、他国と対等関係に立たうとする各国の責務であると信ずる。

日本国民は、国家の名誉にかけ、全力をあげてこの崇高な理想と目的を達成することを誓ふ。

第1章　天皇

第1条〔天皇の地位と主権在民〕

　　天皇は、日本国の象徴であり日本国民統合の象徴であつて、この地位は、主権の存する日本国民の総意に基く。

第2条〔皇位の世襲〕

　　皇位は、世襲のものであつて、国会の議決した皇室典範の定めるところにより、これを継承する。

第3条〔内閣の助言と承認及び責任〕

　　天皇の国事に関するすべての行為には、内閣の助言と承認を必要とし、内閣が、その責任を負ふ。

第4条〔天皇の権能と権能行使の委任〕

　1　天皇は、この憲法の定める国事に関する行為のみを行ひ、国政に関する権能を有しない。

　2　天皇は、法律の定めるところにより、その国事に関する行為を委任することができる。

第5条〔摂政〕

　　皇室典範の定めるところにより摂政を置くときは、摂政は、天皇の名でその国事に関する行為を行ふ。この場合には、前条第一項の規定を準用する。

第6条〔天皇の任命行為〕

　1　天皇は、国会の指名に基いて、内閣総理大臣を任命する。

　2　天皇は、内閣の指名に基いて、最高裁判所の長たる裁判官を任命する。

第7条〔天皇の国事行為〕

　　天皇は、内閣の助言と承認により、国民のために、左の国事に関する行為を行ふ。

　一　憲法改正、法律、政令及び条約を公布すること。

　二　国会を召集すること。

　三　衆議院を解散すること。

　四　国会議員の総選挙の施行を公示すること。

　五　国務大臣及び法律の定めるその他の官吏の任免並びに全権委任状及び大使及び公使の信任状を認証すること。

　六　大赦、特赦、減刑、刑の執行の免除及び復権を認証すること。

七　栄典を授与すること。

八　批准書及び法律の定めるその他の外交文書を認証すること。

九　外国の大使及び公使を接受すること。

十　儀式を行ふこと。

第8条〔財産授受の制限〕

　　皇室に財産を譲り渡し、又は皇室が、財産を譲り受け、若しくは賜与することは、国会の議決に基かなければならない。

第2章　戦争の放棄

第9条〔戦争の放棄と戦力及び交戦権の否認〕

　　1　日本国民は、正義と秩序を基調とする国際平和を誠実に希求し、国権の発動たる戦争と、武力による威嚇又は武力の行使は、国際紛争を解決する手段としては、永久にこれを放棄する。

　　2　前項の目的を達するため、陸海空軍その他の戦力は、これを保持しない。国の交戦権は、これを認めない。

第3章　国民の権利及び義務

第10条〔国民たる要件〕

　　日本国民たる要件は、法律でこれを定める。

第11条〔基本的人権〕

　　国民は、すべての基本的人権の享有を妨げられない。この憲法が国民に保障する基本的人権は、侵すことのできない永久の権利として、現在及び将来の国民に与へられる。

第12条〔自由及び権利の保持義務と公共福祉性〕

　　この憲法が国民に保障する自由及び権利は、国民の不断の努力によつて、これを保持しなければならない。又、国民は、これを濫用してはならないのであつて、常に公共の福祉のためにこれを利用する責任を負ふ。

第13条〔個人の尊重と公共の福祉〕

　　すべて国民は、個人として尊重される。生命、自由及び幸福追求に対する国民の権利については、公共の福祉に反しない限り、立法その他の国政の上で、最大の尊重を必要とする。

第14条〔平等原則、貴族制度の否認及び栄典の限界〕

　　1　すべて国民は、法の下に平等であつて、人種、信条、性別、社会的身分又は門地により、政治的、経済的又は社会的関係において、差別されない。

　　2　華族その他の貴族の制度は、これを認めない。

　　3　栄誉、勲章その他の栄典の授与は、いかなる特権も伴はない。栄典の授与は、現にこれを有し、又は将来これを受ける者の一代に限り、その効力を有する。

第15条〔公務員の選定罷免権、公務員の本質、普通選挙の保障及び投票秘密の保障〕

　　1　公務員を選定し、及びこれを罷免することは、国民固有の権利である。

　　2　すべて公務員は、全体の奉仕者であつて、一部の奉仕者ではない。

　　3　公務員の選挙については、成年者による普通選挙を保障する。

　　4　すべて選挙における投票の秘密は、これを侵してはならない。選挙人は、その選択に

付録　日本国憲法

関し公的にも私的にも責任を問はれない。

第16条〔請願権〕

　何人も、損害の救済、公務員の罷免、法律、命令又は規則の制定、廃止又は改正その他の事項に関し、平穏に請願する権利を有し、何人も、かかる請願をしたためにいかなる差別待遇も受けない。

第17条〔公務員の不法行為による損害の賠償〕

　何人も、公務員の不法行為により、損害を受けたときは、法律の定めるところにより、国又は公共団体に、その賠償を求めることができる。

第18条〔奴隷的拘束及び苦役の禁止〕

　何人も、いかなる奴隷的拘束も受けない。又、犯罪に因る処罰の場合を除いては、その意に反する苦役に服させられない。

第19条〔思想及び良心の自由〕

　思想及び良心の自由は、これを侵してはならない。

第20条〔信教の自由〕

　1　信教の自由は、何人に対してもこれを保障する。いかなる宗教団体も、国から特権を受け、又は政治上の権力を行使してはならない。

　2　何人も、宗教上の行為、祝典、儀式又は行事に参加することを強制されない。

　3　国及びその機関は、宗教教育その他いかなる宗教的活動もしてはならない。

第21条〔集会、結社及び表現の自由と通信秘密の保護〕

　1　集会、結社及び言論、出版その他一切の表現の自由は、これを保障する。

　2　検閲は、これをしてはならない。通信の秘密は、これを侵してはならない。

第22条〔居住、移転、職業選択、外国移住及び国籍離脱の自由〕

　1　何人も、公共の福祉に反しない限り、居住、移転及び職業選択の自由を有する。

　2　何人も、外国に移住し、又は国籍を離脱する自由を侵されない。

第23条〔学問の自由〕

　学問の自由は、これを保障する。

第24条〔家族関係における個人の尊厳と両性の平等〕

　1　婚姻は、両性の合意のみに基いて成立し、夫婦が同等の権利を有することを基本として、相互の協力により、維持されなければならない。

　2　配偶者の選択、財産権、相続、住居の選定、離婚並びに婚姻及び家族に関するその他の事項に関しては、法律は、個人の尊厳と両性の本質的平等に立脚して、制定されなければならない。

第25条〔生存権及び国民生活の社会的進歩向上に努める国の義務〕

　1　すべて国民は、健康で文化的な最低限度の生活を営む権利を有する。

　2　国は、すべての生活部面について、社会福祉、社会保障及び公衆衛生の向上及び増進に努めなければならない。

第26条〔教育を受ける権利と受けさせる義務〕

　1　すべて国民は、法律の定めるところにより、その能力に応じて、ひとしく教育を受ける権利を有する。

　2　すべて国民は、法律の定めるところにより、その保護する子女に普通教育を受けさせる義務を負ふ。義務教育は、これを無償とする。

第27条〔勤労の権利と義務、勤労条件の基準及び児童酷使の禁止〕

1 すべて国民は、勤労の権利を有し、義務を負ふ。
2 賃金、就業時間、休息その他の勤労条件に関する基準は、法律でこれを定める。
3 児童は、これを酷使してはならない。

第28条〔勤労者の団結権及び団体行動権〕

勤労者の団結する権利及び団体交渉その他の団体行動をする権利は、これを保障する。

第29条〔財産権〕

1 財産権は、これを侵してはならない。
2 財産権の内容は、公共の福祉に適合するやうに、法律でこれを定める。
3 私有財産は、正当な補償の下に、これを公共のために用ひることができる。

第30条〔納税の義務〕

国民は、法律の定めるところにより、納税の義務を負ふ。

第31条〔生命及び自由の保障と科刑の制約〕

何人も、法律の定める手続によらなければ、その生命若しくは自由を奪はれ、又はその他の刑罰を科せられない。

第32条〔裁判を受ける権利〕

何人も、裁判所において裁判を受ける権利を奪はれない。

第33条〔逮捕の制約〕

何人も、現行犯として逮捕される場合を除いては、権限を有する司法官憲が発し、且つ理由となつてゐる犯罪を明示する令状によらなければ、逮捕されない。

第34条〔抑留及び拘禁の制約〕

何人も、理由を直ちに告げられ、且つ、直ちに弁護人に依頼する権利を与へられなければ、抑留又は拘禁されない。又、何人も、正当な理由がなければ、拘禁されず、要求があれば、その理由は、直ちに本人及びその弁護人の出席する公開の法廷で示されなければならない。

第35条〔侵入、捜索及び押収の制約〕

1 何人も、その住居、書類及び所持品について、侵入、捜索及び押収を受けることのない権利は、第三十三条の場合を除いては、正当な理由に基いて発せられ、且つ捜索する場所及び押収する物を明示する令状がなければ、侵されない。
2 捜索又は押収は、権限を有する司法官憲が発する各別の令状により、これを行ふ。

第36条〔拷問及び残虐な刑罰の禁止〕

公務員による拷問及び残虐な刑罰は、絶対にこれを禁ずる。

第37条〔刑事被告人の権利〕

1 すべて刑事事件においては、被告人は、公平な裁判所の迅速な公開裁判を受ける権利を有する。
2 刑事被告人は、すべての証人に対して審問する機会を充分に与へられ、又、公費で自己のために強制的手続により証人を求める権利を有する。
3 刑事被告人は、いかなる場合にも、資格を有する弁護人を依頼することができる。被告人が自らこれを依頼することができないときは、国でこれを附する。

第38条〔自白強要の禁止と自白の証拠能力の限界〕

1 何人も、自己に不利益な供述を強要されない。

付録　日本国憲法

　　2　強制、拷問若しくは脅迫による自白又は不当に長く抑留若しくは拘禁された後の自白は、これを証拠とすることができない。
　　3　何人も、自己に不利益な唯一の証拠が本人の自白である場合には、有罪とされ、又は刑罰を科せられない。

第39条〔遡及処罰、二重処罰等の禁止〕
　　何人も、実行の時に適法であつた行為又は既に無罪とされた行為については、刑事上の責任を問はれない。又、同一の犯罪について、重ねて刑事上の責任を問はれない。

第40条〔刑事補償〕
　　何人も、抑留又は拘禁された後、無罪の裁判を受けたときは、法律の定めるところにより、国にその補償を求めることができる。

第4章　国会

第41条〔国会の地位〕
　　国会は、国権の最高機関であつて、国の唯一の立法機関である。

第42条〔二院制〕
　　国会は、衆議院及び参議院の両議院でこれを構成する。

第43条〔両議院の組織〕
　　1　両議院は、全国民を代表する選挙された議員でこれを組織する。
　　2　両議院の議員の定数は、法律でこれを定める。

第44条〔議員及び選挙人の資格〕
　　両議院の議員及びその選挙人の資格は、法律でこれを定める。但し、人種、信条、性別、社会的身分、門地、教育、財産又は収入によつて差別してはならない。

第45条〔衆議院議員の任期〕
　　衆議院議員の任期は、四年とする。但し、衆議院解散の場合には、その期間満了前に終了する。

第46条〔参議院議員の任期〕
　　参議院議員の任期は、六年とし、三年ごとに議員の半数を改選する。

第47条〔議員の選挙〕
　　選挙区、投票の方法その他両議院の議員の選挙に関する事項は、法律でこれを定める。

第48条〔両議院議員相互兼職の禁止〕
　　何人も、同時に両議院の議員たることはできない。

第49条〔議員の歳費〕
　　両議院の議員は、法律の定めるところにより、国庫から相当額の歳費を受ける。

第50条〔議員の不逮捕特権〕
　　両議院の議員は、法律の定める場合を除いては、国会の会期中逮捕されず、会期前に逮捕された議員は、その議院の要求があれば、会期中これを釈放しなければならない。

第51条〔議員の発言表決の無答責〕
　　両議院の議員は、議院で行つた演説、討論又は表決について、院外で責任を問はれない。

第52条〔常会〕
　　国会の常会は、毎年一回これを召集する。

第53条〔臨時会〕

211

内閣は、国会の臨時会の召集を決定することができる。いづれかの議院の総議員の四分の一以上の要求があれば、内閣は、その召集を決定しなければならない。

第54条〔総選挙、特別会及び緊急集会〕

1 衆議院が解散されたときは、解散の日から四十日以内に、衆議院議員の総選挙を行ひ、その選挙の日から三十日以内に、国会を召集しなければならない。

2 衆議院が解散されたときは、参議院は、同時に閉会となる。但し、内閣は、国に緊急の必要があるときは、参議院の緊急集会を求めることができる。

3 前項但書の緊急集会において採られた措置は、臨時のものであつて、次の国会開会の後十日以内に、衆議院の同意がない場合には、その効力を失ふ。

第55条〔資格争訟〕

両議院は、各々その議員の資格に関する争訟を裁判する。但し、議員の議席を失はせるには、出席議員の三分の二以上の多数による議決を必要とする。

第56条〔議事の定足数と過半数議決〕

1 両議院は、各々その総議員の三分の一以上の出席がなければ、議事を開き議決することができない。

2 両議院の議事は、この憲法に特別の定のある場合を除いては、出席議員の過半数でこれを決し、可否同数のときは、議長の決するところによる。

第57条〔会議の公開と会議録〕

1 両議院の会議は、公開とする。但し、出席議員の三分の二以上の多数で議決したときは、秘密会を開くことができる。

2 両議院は、各々その会議の記録を保存し、秘密会の記録の中で特に秘密を要すると認められるもの以外は、これを公表し、且つ一般に頒布しなければならない。

3 出席議員の五分の一以上の要求があれば、各議員の表決は、これを会議録に記載しなければならない。

第58条〔役員の選任及び議院の自律権〕

1 両議院は、各々その議長その他の役員を選任する。

2 両議院は、各々その会議その他の手続及び内部の規律に関する規則を定め、又、院内の秩序をみだした議員を懲罰することができる。但し、議員を除名するには、出席議員の三分の二以上の多数による議決を必要とする。

第59条〔法律の成立〕

1 法律案は、この憲法に特別の定のある場合を除いては、両議院で可決したとき法律となる。

2 衆議院で可決し、参議院でこれと異なつた議決をした法律案は、衆議院で出席議員の三分の二以上の多数で再び可決したときは、法律となる。

3 前項の規定は、法律の定めるところにより、衆議院が、両議院の協議会を開くことを求めることを妨げない。

4 参議院が、衆議院の可決した法律案を受け取つた後、国会休会中の期間を除いて六十日以内に、議決しないときは、衆議院は、参議院がその法律案を否決したものとみなすことができる。

第60条〔衆議院の予算先議権及び予算の議決〕

1 予算は、さきに衆議院に提出しなければならない。

付録　日本国憲法

2　予算について、参議院で衆議院と異なつた議決をした場合に、法律の定めるところにより、両議院の協議会を開いても意見が一致しないとき、又は参議院が、衆議院の可決した予算を受け取つた後、国会休会中の期間を除いて三十日以内に、議決しないときは、衆議院の議決を国会の議決とする。

第61条〔条約締結の承認〕
条約の締結に必要な国会の承認については、前条第二項の規定を準用する。

第62条〔議院の国政調査権〕
両議院は、各々国政に関する調査を行ひ、これに関して、証人の出頭及び証言並びに記録の提出を要求することができる。

第63条〔国務大臣の出席〕
内閣総理大臣その他の国務大臣は、両議院の一に議席を有すると有しないとにかかはらず、何時でも議案について発言するため議院に出席することができる。又、答弁又は説明のため出席を求められたときは、出席しなければならない。

第64条〔弾劾裁判所〕
1　国会は、罷免の訴追を受けた裁判官を裁判するため、両議院の議員で組織する弾劾裁判所を設ける。
2　弾劾に関する事項は、法律でこれを定める。

第5章　内閣

第65条〔行政権の帰属〕
行政権は、内閣に属する。

第66条〔内閣の組織と責任〕
1　内閣は、法律の定めるところにより、その首長たる内閣総理大臣及びその他の国務大臣でこれを組織する。
2　内閣総理大臣その他の国務大臣は、文民でなければならない。
3　内閣は、行政権の行使について、国会に対し連帯して責任を負ふ。

第67条〔内閣総理大臣の指名〕
1　内閣総理大臣は、国会議員の中から国会の議決で、これを指名する。この指名は、他のすべての案件に先だつて、これを行ふ。
2　衆議院と参議院とが異なつた指名の議決をした場合に、法律の定めるところにより、両議院の協議会を開いても意見が一致しないとき、又は衆議院が指名の議決をした後、国会休会中の期間を除いて十日以内に、参議院が、指名の議決をしないときは、衆議院の議決を国会の議決とする。

第68条〔国務大臣の任免〕
1　内閣総理大臣は、国務大臣を任命する。但し、その過半数は、国会議員の中から選ばれなければならない。
2　内閣総理大臣は、任意に国務大臣を罷免することができる。

第69条〔不信任決議と解散又は総辞職〕
内閣は、衆議院で不信任の決議案を可決し、又は信任の決議案を否決したときは、十日以内に衆議院が解散されない限り、総辞職をしなければならない。

第70条〔内閣総理大臣の欠缺又は総選挙施行による総辞職〕
内閣総理大臣が欠けたとき、又は衆議院議員総選挙の後に初めて国会の召集があつたと

きは、内閣は、総辞職をしなければならない。

第71条〔総辞職後の職務続行〕

前二条の場合には、内閣は、あらたに内閣総理大臣が任命されるまで引き続きその職務を行ふ。

第72条〔内閣総理大臣の職務権限〕

内閣総理大臣は、内閣を代表して議案を国会に提出し、一般国務及び外交関係について国会に報告し、並びに行政各部を指揮監督する。

第73条〔内閣の職務権限〕

内閣は、他の一般行政事務の外、左の事務を行ふ。

一　法律を誠実に執行し、国務を総理すること。

二　外交関係を処理すること。

三　条約を締結すること。但し、事前に、時宜によつては事後に、国会の承認を経ることを必要とする。

四　法律の定める基準に従ひ、官吏に関する事務を掌理すること。

五　予算を作成して国会に提出すること。

六　この憲法及び法律の規定を実施するために、政令を制定すること。但し、政令には、特にその法律の委任がある場合を除いては、罰則を設けることができない。

七　大赦、特赦、減刑、刑の執行の免除及び復権を決定すること。

第74条〔法律及び政令への署名と連署〕

法律及び政令には、すべて主任の国務大臣が署名し、内閣総理大臣が連署することを必要とする。

第75条〔国務大臣訴追の制約〕

国務大臣は、その在任中、内閣総理大臣の同意がなければ、訴追されない。但し、これがため、訴追の権利は、害されない。

第6章　司法

第76条〔司法権の機関と裁判官の職務上の独立〕

1　すべて司法権は、最高裁判所及び法律の定めるところにより設置する下級裁判所に属する。

2　特別裁判所は、これを設置することができない。行政機関は、終審として裁判を行ふことができない。

3　すべて裁判官は、その良心に従ひ独立してその職権を行ひ、この憲法及び法律にのみ拘束される。

第77条〔最高裁判所の規則制定権〕

1　最高裁判所は、訴訟に関する手続、弁護士、裁判所の内部規律及び司法事務処理に関する事項について、規則を定める権限を有する。

2　検察官は、最高裁判所の定める規則に従はなければならない。

3　最高裁判所は、下級裁判所に関する規則を定める権限を、下級裁判所に委任することができる。

第78条〔裁判官の身分の保障〕

裁判官は、裁判により、心身の故障のために職務を執ることができないと決定された場合を除いては、公の弾劾によらなければ罷免されない。裁判官の懲戒処分は、行政機関が

付録　日本国憲法

これを行ふことはできない。

第79条〔最高裁判所の構成及び裁判官任命の国民審査〕

1　最高裁判所は、その長たる裁判官及び法律の定める員数のその他の裁判官でこれを構成し、その長たる裁判官以外の裁判官は、内閣でこれを任命する。

2　最高裁判所の裁判官の任命は、その任命後初めて行はれる衆議院議員総選挙の際国民の審査に付し、その後十年を経過した後初めて行はれる衆議院議員総選挙の際更に審査に付し、その後も同様とする。

3　前項の場合において、投票者の多数が裁判官の罷免を可とするときは、その裁判官は、罷免される。

4　審査に関する事項は、法律でこれを定める。

5　最高裁判所の裁判官は、法律の定める年齢に達した時に退官する。

6　最高裁判所の裁判官は、すべて定期に相当額の報酬を受ける。この報酬は、在任中、これを減額することができない。

第80条〔下級裁判所の裁判官〕

1　下級裁判所の裁判官は、最高裁判所の指名した者の名簿によつて、内閣でこれを任命する。その裁判官は、任期を十年とし、再任されることができる。但し、法律の定める年齢に達した時には退官する。

2　下級裁判所の裁判官は、すべて定期に相当額の報酬を受ける。この報酬は、在任中、これを減額することができない。

第81条〔最高裁判所の法令審査権〕

最高裁判所は、一切の法律、命令、規則又は処分が憲法に適合するかしないかを決定する権限を有する終審裁判所である。

第82条〔対審及び判決の公開〕

1　裁判の対審及び判決は、公開法廷でこれを行ふ。

2　裁判所が、裁判官の全員一致で、公の秩序又は善良の風俗を害する虞があると決した場合には、対審は、公開しないでこれを行ふことができる。但し、政治犯罪、出版に関する犯罪又はこの憲法第三章で保障する国民の権利が問題となつてゐる事件の対審は、常にこれを公開しなければならない。

第7章　財政

第83条〔財政処理の要件〕

国の財政を処理する権限は、国会の議決に基いて、これを行使しなければならない。

第84条〔課税の要件〕

あらたに租税を課し、又は現行の租税を変更するには、法律又は法律の定める条件によることを必要とする。

第85条〔国費支出及び債務負担の要件〕

国費を支出し、又は国が債務を負担するには、国会の議決に基くことを必要とする。

第86条〔予算の作成〕

内閣は、毎会計年度の予算を作成し、国会に提出して、その審議を受け議決を経なければならない。

第87条〔予備費〕

1　予見し難い予算の不足に充てるため、国会の議決に基いて予備費を設け、内閣の責任

でこれを支出することができる。

2　すべて予備費の支出については、内閣は、事後に国会の承諾を得なければならない。

第88条〔皇室財産及び皇室費用〕

すべて皇室財産は、国に属する。すべて皇室の費用は、予算に計上して国会の議決を経なければならない。

第89条〔公の財産の用途制限〕

公金その他の公の財産は、宗教上の組織若しくは団体の使用、便益若しくは維持のため、又は公の支配に属しない慈善、教育若しくは博愛の事業に対し、これを支出し、又はその利用に供してはならない。

第90条〔会計検査〕

1　国の収入支出の決算は、すべて毎年会計検査院がこれを検査し、内閣は、次の年度に、その検査報告とともに、これを国会に提出しなければならない。

2　会計検査院の組織及び権限は、法律でこれを定める。

第91条〔財政状況の報告〕

内閣は、国会及び国民に対し、定期に、少くとも毎年一回、国の財政状況について報告しなければならない。

第8章　地方自治

第92条〔地方自治の本旨の確保〕

地方公共団体の組織及び運営に関する事項は、地方自治の本旨に基いて、法律でこれを定める。

第93条〔地方公共団体の機関〕

1　地方公共団体には、法律の定めるところにより、その議事機関として議会を設置する。

2　地方公共団体の長、その議会の議員及び法律の定めるその他の吏員は、その地方公共団体の住民が、直接これを選挙する。

第94条〔地方公共団体の権能〕

地方公共団体は、その財産を管理し、事務を処理し、及び行政を執行する権能を有し、法律の範囲内で条例を制定することができる。

第95条〔一の地方公共団体のみに適用される特別法〕

一の地方公共団体のみに適用される特別法は、法律の定めるところにより、その地方公共団体の住民の投票においてその過半数の同意を得なければ、国会は、これを制定することができない。

第9章　改正

第96条〔憲法改正の発議、国民投票及び公布〕

1　この憲法の改正は、各議院の総議員の三分の二以上の賛成で、国会が、これを発議し、国民に提案してその承認を経なければならない。この承認には、特別の国民投票又は国会の定める選挙の際行はれる投票において、その過半数の賛成を必要とする。

2　憲法改正について前項の承認を経たときは、天皇は、国民の名で、この憲法と一体を成すものとして、直ちにこれを公布する。

付録　日本国憲法

第10章　最高法規

第97条〔基本的人権の由来特質〕

　この憲法が日本国民に保障する基本的人権は、人類の多年にわたる自由獲得の努力の成果であつて、これらの権利は、過去幾多の試錬に堪へ、現在及び将来の国民に対し、侵すことのできない永久の権利として信託されたものである。

第98条〔憲法の最高性と条約及び国際法規の遵守〕

　1　この憲法は、国の最高法規であつて、その条規に反する法律、命令、詔勅及び国務に関するその他の行為の全部又は一部は、その効力を有しない。

　2　日本国が締結した条約及び確立された国際法規は、これを誠実に遵守することを必要とする。

第99条〔憲法尊重擁護の義務〕

　天皇又は摂政及び国務大臣、国会議員、裁判官その他の公務員は、この憲法を尊重し擁護する義務を負ふ。

第11章　補則

第100条〔施行期日と施行前の準備行為〕

　1　この憲法は、公布の日から起算して六箇月を経過した日〔昭二二・五・三〕から、これを施行する。

　2　この憲法を施行するために必要な法律の制定、参議院議員の選挙及び国会召集の手続並びにこの憲法を施行するために必要な準備手続は、前項の期日よりも前に、これを行ふことができる。

第101条〔参議院成立前の国会〕

　この憲法施行の際、参議院がまだ成立してゐないときは、その成立するまでの間、衆議院は、国会としての権限を行ふ。

第102条〔参議院議員の任期の経過的特例〕

　この憲法による第一期の参議院議員のうち、その半数の者の任期は、これを三年とする。その議員は、法律の定めるところにより、これを定める。

第103条〔公務員の地位に関する経過規定〕

　この憲法施行の際現に在職する国務大臣、衆議院議員及び裁判官並びにその他の公務員で、その地位に相応する地位がこの憲法で認められてゐる者は、法律で特別の定をした場合を除いては、この憲法施行のため、当然にはその地位を失ふことはない。但し、この憲法によつて、後任者が選挙又は任命されたときは、当然その地位を失ふ。

出典：国立国会図書館ホームページ『日本国憲法の誕生』、見出しについては『現行法規総覧』
　　　第一法規による。

【著者略歴】

石川晃司（いしかわ・こうじ）

1954 年生。1977 年、慶応義塾大学法学部政治学科卒業。1983 年、慶応義塾大学大学院法学研究科博士課程単位取得退学。法学博士（慶応義塾大学、1995 年）。湘南工科大学助教授、岐阜聖徳学園大学教授を経て、現在、日本大学文理学部教授、東洋英和女学院大学国際社会学部講師、慶應義塾大学法学部講師。

著書　『保守主義の理路』木鐸社　1996.

共著　『モダーンとポスト・モダーン』木鐸社　1992.　『近代国家の再検討』慶應義塾大学出版会 1998.　『慶應の政治学　政治思想』慶應義塾大学出版会　2008.　など

大学教科書 (共著)　『現代政治の理論と諸相』三和書籍　2002.　『現代政治過程』三和書籍　2010.　『少子高齢化——21 世紀日本の課題』文眞堂　2014.　『アジアにおける地域協力の可能性』芦書房　2015.　など

論文　「政治権力批判の視座」『政経研究』第 39 巻第 3 号 2002.　「吉本隆明の初期思想 (1)」『法学研究』第 77 巻第 7 号 2004.　「吉本隆明の初期思想 (2・完)」『法学研究』第 77 巻第 8 号 2004.　「非知と自立——吉本隆明の親鸞論を中心として」『政経研究』第 41 巻第 4 号 2005.　「日本国憲法第 9 条と国民国家」『研究紀要』（日本大学文理学部人文科学研究所）第 80 号 2010.　「対幻想の含意」『法学研究』第 84 巻第 2 号 2011.　「共同幻想論の振幅」1-4『研究紀要』（日本大学文理学部人文科学研究所）第 82,85,86,88 号　「言語本質論の思想的拡張——吉本隆明の思想をめぐって」『政経研究』第 50 巻第 3 号 2014. など

翻訳 (共訳)　C. ウルフ／J. ヒッティンガー『岐路に立つ自由主義』ナカニシヤ出版　1999 など

国民国家と憲法

2016 年 5 月 20 日　第 1 版第 1 刷発行	著　者　　石　川　晃　司 ©2018 K.Ishikawa
2017 年 4 月 27 日　第 2 版第 1 刷発行	
2018 年 4 月 13 日　第 2 版第 2 刷発行	

発行者　　高　橋　考

発　行　　三　和　書　籍

〒 112-0013　東京都文京区音羽 2-2-2
電話 03-5395-4630　FAX 03-5395-4632
郵便振替 00180-3-38459
info@sanwa-co.com
http://www.sanwa-co.com/

印刷／製本　モリモト印刷株式会社

乱丁、落丁本はお取替えいたします。定価はカバーに表示しています。
本書の一部または全部を無断で複写、複製転載することを禁じます。

ISBN978-4-86251-197-3 C3032

本書の電子版（PDF形式）はAmazon、Google、Book Pubにてお買い求めいただけます。